btb

Buch

Bolechów, Sommer 1938: eine kleine, prosperierende Stadt am Rande der Karpaten im ehemaligen Ostgalizien, nun unter polnischer Verwaltung. Hier leben Polen, Ukrainer und Juden seit Jahrhunderten zusammen. Zwar nicht als ein Herz und eine Seele, aber die verschiedenen Volksgruppen lassen einander in Ruhe. Zwar munkelt man in jüdischen Kreisen über unglaubliche Vorgänge in Deutschland, aber so schlimm wird es nicht sein; Antisemitismus kennt man schließlich auch aus nächster Umgebung. Dann überschlagen sich die Ereignisse: Erst kommen die Russen, dann die Deutschen. Und damit beginnt die systematische Aussonderung und Vernichtung der Juden. Von über sechstausend jüdischen Einwohnern leben 1945 noch genau achtundvierzig. Unter ihnen der Holzhändler Moses Grünschlag und zwei seiner Söhne.

Damals in Bolechów schildert das Schicksal der Familie Grünschlag: von der Friedenszeit bis zum Kriegsausbruch, von der Enteignung unter der russischen Besatzung bis zum Einmarsch der Deutschen, von den ersten Erschießungsaktionen bis zu dem Zeitpunkt, als Moses Grünschlag beschließt, mit den zwei letzten Überlebenden seiner Familie in einem Erdloch im Wald zu verschwinden, um dort unter schier unvorstellbaren Bedingungen das Ende des Schreckens abzuwarten.

Ein bewegendes Dokument über Zerstörung und Liquidation, über den unglaublichen Überlebenswillen einiger weniger und darüber, wie viel Schlauheit, Beharrlichkeit und Glück zum Überleben notwendig waren.

Autor

Anatol Regnier, Chansonsänger, Gitarrist, Textdichter und Komponist, wurde 1945 in St. Heinrich am Starnberger See geboren. Als Achtzehnjähriger war er zum ersten Mal in Israel; seitdem ist er mit dem jüdischen Volk eng verbunden. Er ist verheiratet mit der israelischen Sängerin Nehama Hendel. Eine zufällige Begegnung in Australien mit einem der Grünschlag-Söhne gab den Anstoß zu diesem Buch.

Anatol Regnier

Damals in Bolechów
Eine jüdische Odyssee

*Mit einem Beitrag
von Thomas Sandkühler*

btb

Umwelthinweis:
Alle bedruckten Materialien dieses Taschenbuches
sind chlorfrei und umweltschonend.

btb Taschenbücher erscheinen im Goldmann Verlag,
einem Unternehmen der Verlagsgruppe Bertelsmann.

1. Auflage
Copyright © 1997 bei Wilhelm Goldmann Verlag GmbH, München
Umschlaggestaltung: Design Team München
Umschlagmotiv: Foto G + J / Photonica
Satz: IBV Satz- und Datentechnik GmbH, Berlin
CV · Herstellung: Augustin Wiesbeck
Made in Germany
ISBN 3-442-72168-7

DEM ANDENKEN VON MOSES GRÜNSCHLAG
UND ALLEN VÄTERN GEWIDMET.

INHALT

ANHANG

1. KAPITEL

Beschreibung einer Stadt

1930

Es gibt Städte, die organisch wachsen und sich geordnet entwickeln. Andere werden durch Feuer oder Krieg zerstört und von ihren Bewohnern wieder aufgebaut. Wieder andere entstehen schnell und planlos, huldigen nur einem Zwecke und werden verlassen, ist dieser erfüllt, wie beispielsweise die Goldgräberstädte im australischen Westen. Und dann gibt es Städte, deren Gebäude weder zerstört noch verlassen werden, die sich aber so gründlich, so radikal von innen heraus verändern, daß sie zu existieren aufhören und eine vollkommen neue Identität annehmen.

Solch eine Stadt ist Bolechów.

Eine kleine Stadt, vierhundert Meter über dem Meeresspiegel, in den Ausläufern der Beskiden – die wiederum Teil der Karpaten sind –, hundert Kilometer südlich der ostgalizischen Hauptstadt Lemberg, die heute Lviv heißt und von den Polen Lwów genannt wurde, und fünfundzwanzig Kilometer südöstlich der Kreisstadt Stryj. Nach Südwesten blickt man über die waldbewachsenen Berge, auf deren Gipfel der Schnee bis in den Mai liegenbleibt, im Osten dehnt sich bis zum Horizont flaches, offenes Land. Die Sukiel, Bolechóws Fluß, führt Wasser von den Bergen in die Ebene. Während der Schneeschmelze tritt sie aus ihrem breiten Kiesbett, überflutet die buschbestandenen Wiesen bis fast zu den Schwellen der Häuser und beschädigt die hölzerne Brücke.

Bolechów, etwa 1930 – die letzte Stadt vor den Bergen. Dahinter gab es nur noch Dörfer, einsamer, ärmer und wilder, je höher man kam. Die Häuser waren einstöckig, von Gärten und kleiner Landwirtschaft umgeben, die Straßen ungepflastert, staubig, baumbestanden, mit Straßengräben an beiden Seiten. Brücken führten in die Toreinfahrten der Anlieger. Autos gab es kaum, Pferdefuhrwerke viele, Fahrräder kamen in Mode. Man ging zu Fuß.

Kein Haus hatte fließendes Wasser. Pumpen – man nannte sie Brunnen – standen in Gärten oder an der Straße. Toiletten waren primitive Holzsitze über Löchern im Erdboden in kleinen Hütten, mit gevierteltem Zeitungspapier griffbereit auf gebogenem Draht. Alles floß direkt ins Grundwasser, Krankheiten waren trotzdem selten. Zweimal im Jahr kam ein Ukrainer mit einem Jauchefaß, entleerte die Grube und verteilte den Inhalt auf Wiesen oder unter Obstbäumen. Das stank gewaltig, fiel aber nicht weiter auf, denn in Bolechów roch es sowieso nicht sonderlich gut: Gerbereien verbreiteten beißende Dämpfe, und Haftels Leimfabrik, in der aus Knochen Klebstoff hergestellt wurde, tat das ihrige. Trotzdem sang man: *»Bolechów ukochany, to miasto przemysłowe, ma piękne okolice i dziewczęta morowe«* – Geliebtes Bolechów, fleißige Stadt mit herrlicher Umgebung und wunderbaren Mädchen. Und was man sang, meinte man.

Zentrum der Stadt war der Ringplatz – auf polnisch nannte man ihn Rynek, und jede galizische Stadt hatte einen. Hier gab es zweistöckige Häuser, und jedes beherbergte mindestens ein Geschäft. Ihre Besitzer wohnten darüber oder dahinter, in den Höfen waren Lagerschuppen mit kleinen Handwerksbetrieben. Es gab ein Gasthaus, in dem neben Bier und Schnaps auch Eier mit Zwiebeln, Fleischsuppe und andere einfache Gerichte angeboten wurden. Mitten auf dem Platz standen zwei Kioske. Fiaker warteten auf Fahrgäste.

Das Rathaus, mit stuckverzierten Fenstern und einem viereckigen Turm, wurde Magistrat genannt – ein Überbleibsel aus österreichischer Zeit. Unmittelbar daneben lag die ukrainische

10

Kirche, Bolechóws stattlichstes Gebäude. Ihre mit Kupferblech beschlagene Kuppel blitzte im Sonnenlicht, die Heiligenbilder an der Stirnseite waren von leuchtender Farbigkeit. Sonntags wurde drinnen wunderschön gesungen. Ukrainermädchen in bestickter Tracht kamen barfuß aus den Dörfern, die kostbaren Schuhe zusammengebunden über der Schulter. Vor der Kirchentür wurden sie angezogen, dann ging es würdig in den Gottesdienst.

Direkt gegenüber der Kirche, etwas kleiner und ohne Turm, aber mit Bogenfenstern aus bleigefaßtem, buntem Glas, stand die Große Synagoge. Etwa zehn weitere jüdische Gebetshäuser befanden sich in unmittelbarer Nähe. Vom Ringplatz nach Süden führte die Schustergasse in das sogenannte Judenviertel, ein Gewirr von hölzernen Wohnhäusern, Werkstätten und Kleingärten. Am Ende der Schustergasse, erhöht und von mächtigen Eichen überschattet, lag der jüdische Friedhof — schon fast außerhalb der Stadt.

Bolechów war um 1600 im Auftrag eines polnischen Großgrundbesitzers von Juden gegründet worden und hatte noch vor ein paar Generationen mehr jüdische als christliche Einwohner gehabt. Aber gegen Ende des 19. Jahrhunderts waren sie in Scharen ausgewandert. Jetzt gab es in New York einen Bolechów-Club und dem Vernehmen nach mehr Bolechówer Juden als in Bolechów selbst.

Aber wem man 1930 gesagt hätte, von Bolechóws zwölftausend Einwohnern seien nur ein Drittel Juden, der hätte es kaum geglaubt. Allem Anschein nach war es immer noch eine rein jüdische Stadt. Überall hörte man Jiddisch oder österreichisch gefärbtes Deutsch; schließlich war Ostgalizien zwischen der ersten polnischen Teilung 1772 bis zum Ende des Ersten Weltkriegs österreichisches Kronland gewesen. Kaiser Franz Joseph, der Judenfreund, wurde immer noch liebevoll »Ephraim Jossele« genannt. Es gab kein einziges nichtjüdisches Geschäft. Freitag nachmittags ertönte eine Sirene. Man stellte die Arbeit ein, ging ins Schwitzbad, zog frische Wäsche an, war ein neuer

Mensch. Am Schabbat war das Straßenbild geprägt von Juden, die mit umgehängtem Tallis zur Schul liefen. Wer dem Rabbi begegnete, machte Platz, und als sein Sohn heiratete, feierte die ganze Stadt. Am Jom Kippur wurde gefastet, jegliches Geschäftsleben kam zum Erliegen, und auch Nichtjuden respektierten den Ernst des Tages.

In den dreißiger Jahren hatte Bolechów einen nicht unbedeutenden wirtschaftlichen Aufschwung genommen. Das heimische Wasser eignete sich zur Lederherstellung. So gab es etwa vierzig Gerbereien und Lederverwertungsbetriebe, alle in jüdischem Besitz. Bolechóws Lederwaren, aus Boxkalf und Chevreau, wurden ihrer guten Qualität wegen gern gekauft, »Bolechówer Juchten« wurde an der Börse in Lemberg gehandelt; in der polnischen Armee hatte man einen zuverlässigen Großkunden. Tierhaare wurden zu Filz und Rinderhörner zu Kämmen verarbeitet, aus Knochen wurde Leim gemacht.

Und die Karpatenwälder waren schier unerschöpflich.

So wichtig war der Holzhandel, daß eine dieselbetriebene Bahn, die sogenannte »Waldbahn«, jeden Morgen ein kilometerlanges, verzweigtes Schmalspurnetz bergauf fuhr und Holz ins Tal brachte. Sie war eine technische Meisterleistung und gleichzeitig eine unternehmerische Großtat des Juden Griffel, der zu seiner besten Zeit nicht weniger als zweitausend Arbeiter beschäftigte.

Weitere Zeichen des neuen Geistes waren das Elektrizitätswerk, in dem mit Dieselgeneratoren Strom für Bolechów und die nähere Umgebung produziert wurde, und die Ölraffinerie, im Besitz der jüdischen Familie Backenroth. Eine neue Unternehmerklasse war entstanden. Man arbeitete hart, aber lebte komfortabel, mit Dienerschaft, Hauslehrern und gelegentlichen Ausflügen nach Wien.

Daneben gab es bitterste Armut. Kleine Läden, die eine Familie kaum ernähren konnten, wurden oft in Partnerschaft betrieben. Die Verkäufe beliefen sich meist nur auf Groschen, aber man stand von sieben bis sieben Uhr bei offener Tür im

Geschäft und wärmte sich im Winter die Hände an Kohlebecken. Jeder Laden hatte einen Hintereingang, um Verkäufe auch spätabends, am Schabbat und an Sonntagen zu ermöglichen. Kinder mußten draußen Wache stehen, denn die Polizei konnte empfindliche Strafen verhängen und mußte bestochen werden. Die Steuerlast war erdrückend, Waren wurden auf Kredit gekauft, und kaum ein Tag war frei von materiellen Sorgen. Aber wenn Bettler kamen, und es gab deren viele, so wurde gegeben, und in keinem Haus fehlten die blauen Blechbüchsen des Keren Kayemet.

Besonders die Frauen hatten es unvorstellbar schwer. Mit dem Joch auf dem Rücken schleppten sie Wasser, und nachdem die Familie gebadet hatte, wurde darin die Wäsche unter Zusatz von Holzasche ausgekocht. Sie halfen im Geschäft, kochten, nähten, strickten, rechneten, sprachen den Männern Mut zu und erzogen die Kinder. Donnerstag nachts wurde gebacken, freitags das Haus für den Schabbat gereinigt. Freitag abend verhüllten sie ihre Häupter, breiteten die Hände über die Schabbatkerzen und führten sie an die Stirn, so daß das Licht in sie eindringen möge. Später dann, wenn die Kinder schliefen, öffneten sie ihre Beine für ihre Männer, wie die Tradition es für diese Nacht empfiehlt.

Je ärmer die Verhältnisse, desto inbrünstiger der Wunsch, daß die Kinder es besser haben sollten. Der Weg dahin führte über das Lernen. Mit vier Jahren begann der Unterricht im Cheder, jener jüdischen Elementarschule, in der zunächst das hebräische Alphabet und das schnelle Hersagen der Gebete, dann das Lesen und Interpretieren biblischer Texte gelehrt wurde. Die Methode war denkbar einfach: Der Lehrer, Melamed genannt, sagte vor, die Kinder sprachen nach. Am Samstag wurde abgefragt. Auf tieferes Verständnis wurde wenig Wert gelegt, aber das Gedächtnis hervorragend trainiert.

Dann ging es weiter, in die Schule, aufs Gymnasium und, wenn möglich, auf die Universität. Aber so einfach war das nicht. Des Numerus Clausus wegen konnten Juden oft nur im

13

Ausland studieren, in Wien, Prag und Budapest, sogar in Italien oder Frankreich. Also wurde noch mehr gearbeitet, noch strenger gespart – und dabei vergessen, daß man alles im eigenen Leben bereits vorexerziert hatte. Man hatte studiert, besaß Kultur, las Schiller und Goethe, konnte Heines Gedichte auswendig – und war trotzdem arm. Die polnische Innenpolitik war unverhohlen antisemitisch. Juden wurden nur in Ausnahmefällen im Staatsdienst beschäftigt und auch privat begrenzt zugelassen. Für körperliche Arbeit galten sie als zu schwach; selbst jüdische Arbeitgeber zogen Nichtjuden vor.

Die verschiedenen Volksgruppen kannten sich genauestens. Man war aufeinander angewiesen und hatte Seite an Seite in der österreichischen Armee gekämpft. Aber es war ein empfindliches Gleichgewicht. Den Ukrainern saß die Wut im Bauch. Sie betrachteten Ostgalizien als ihr Land und hatten seit Menschengedenken erfolglos um Anerkennung und Unabhängigkeit gekämpft. Außerdem waren sie arm. Ihre Bauernhöfe hatten Lehmfußböden, und der Rauch zog durch die Tür ab. Im Frühjahr, wenn die Ernte verkauft oder aufgegessen war, hungerten sie und kamen nach Bolechów, um Holz zu hacken oder Straßengräben zu säubern.

Die neuen Herren, die Polen, waren Verwaltungsleute, Beamte und Lehrer. Tausende waren nach 1919 hier angesiedelt worden – um die eigene Präsenz zu stärken und ein Bollwerk gegen die schwelende Unzufriedenheit zu errichten.

Die Juden hatten sich in nahezu tausend Jahren des Zusammenlebens geweigert, sich ihrer Umgebung anzupassen – und genauso alt war der Antisemitismus. Früher waren sie als Geldeintreiber und Verwalter des Großgrundbesitzes verhaßt gewesen, jetzt, mit Bürgerrechten ausgestattet, stellten sie die eigentliche Wirtschaftsmacht dar; fremd waren sie noch immer.

Montags war Markttag. Der Ringplatz war voll von Wagen und Verkaufsständen, die Luft erfüllt vom Gackern der Hühner und dem Schnattern der Enten und Gänse. Ukrainische Bauersfrauen mit bunten Kopftüchern verkauften Äpfel, Birnen, Kirschen, Pflaumen, Eier, Gemüse, Milch, Quark und in Kohlblätter gewickelte Butter. Sommers gab es Pilze und Waldbeeren im Überfluß, im Winter hingen Eiszapfen an den Schnurrbärten der Bauern. Die Kunden waren Juden. Später tranken die Ukrainer in jüdischen Schenken und kauften bei Juden, was sie nicht selbst produzierten – Petroleum, Salz, Zündhölzer, Nägel, Werkzeuge, Stoffe, Leder, bunte Bänder – und trugen das Geld wieder zurück. Wenn Ukrainer ihre Schnapsgläser mit dem Spruch erhoben: »Gott soll helfen, daß die Juden sterben«, und Steine durchs Fenster warfen, reagierten die Gastwirte nicht; sie wußten, wer Messer im Gürtel hatte und mit Äxten bewaffnet war. Wenn dieselben Ukrainer auf der Straße ihrem jüdischen Arbeitgeber begegneten, zogen sie die Mützen und verbeugten sich.

Um wirklich gute Butter zu kaufen oder sich ein hochwertiges Möbelstück bauen zu lassen, überhaupt für alles, was qualitativ wertvoll und zuverlässig sein sollte, ging man zu den »Schwaben«, wie alle Deutschen genannt wurden. Sie waren die bei weitem kleinste Bevölkerungsgruppe, aber tüchtig und wohlorganisiert. Sie wohnten in der »deutschen Kolonie« jenseits der Brücke oder in Pechersdorf, fünf Kilometer außerhalb von Bolechów. Ihre Höfe waren stattlich und ihre Pferde so stark, daß sie, verglichen mit ihren ukrainischen Artgenossen, die fünffache Last ziehen konnten. Auch das erweckte Neid.

So war es, kurz gesagt, in Bolechów.

Ob es den Kanal noch gibt? Die Mühlen und Gerbereien? Den eisenbeschlagenen Baumstamm, der Rinde zur Herstellung von Gerblauge zerkleinerte? Den Wasserfall, unter dem man baden konnte – »Baden unter dem Sturz« nannten es die Kinder. Der Boden ist sicher noch genauso schwarz und sumpfig, und es gibt keinen Grund anzunehmen, daß die Schneeglöckchen zur entsprechenden Jahreszeit weniger üppig blühen. Züge kommen an, und die Bahnhofstraße trifft an der gleichen Stelle auf die Dolinaskastraße.

Und doch ist alles anders.

Es leben noch Menschen, die sich erinnern. Aber keiner war je wieder dort. So träumen sie von Bolechów, weinen gelegentlich und streiten sich, ob die Schenke an der Ecke der Schustergasse rechts oder links gestanden hat.

Ich habe fast alle von ihnen kennengelernt. Über Monate und Jahre hinweg sind wir Freunde geworden. Alles, was in diesem Buch steht, haben sie mir erzählt.

Die Erinnerung liegt so weit zurück, daß es fast so ist, als sei das alles nie gewesen. Dennoch war es, denn die Wunden unter den Narben brennen noch.

2. KAPITEL

Beschreibung eines Tages

1935

»He, Gazdo!« schrie Józio Bilinski von seiner langen Leiter auf den Ringplatz hinunter. »Wie spät?«

Ein zufällig vorbeigehender Bauer schaute nach der Sonne. »Ungefähr halb zehn!«

»Danke«, brummte Józio und richtete die Rathausuhr. »Daß man sich auch um alles kümmern muß! Polizist und Gemeindediener nicht genug? Kann ich dafür, daß sich die Krähen immer auf den großen Zeiger setzen und ihn verstellen? Sollen sie sich einen anderen Versammlungsplatz suchen!«

Mißmutig schleppte er die Leiter in den Schuppen neben den Gefängniszellen. Dann zog er sich in sein Dienstzimmer zurück und war vorerst nicht mehr zu gebrauchen.

Schade, denn der Ausblick von dort oben war ganz hübsch: Bolechóws Ringplatz war kopfsteingepflastert, von stattlichen Häusern umgeben und von der diagonal geführten Staatsstraße in zwei Dreiecke geteilt, was aus der Vogelperspektive besonders gut zu erkennen war. Józio hätte, an der Schustergasse vorbei, auf die Schenke, Kimelmans Apotheke und Dickmans Friseurladen schauen können. Zweifelsohne wären ihm inmitten des Platzes auch die beiden Kioske von Moische Erster und Schloime Schapiro aufgefallen. Hinter der Häuserreihe hätte er die Sukiel ahnen können, und vielleicht hätte ihn der Anblick der blauen, dunstigen Karpatenberge erfreut.

Aber Józio Bilinski kannte das ja alles und hatte sowieso nicht viel Geduld.

Während er sich einen Tee kochte – für Schnaps war es noch etwas früh –, war auf dem Ringplatz nicht viel los. Ladenbesitzer saßen auf den Stufen vor ihren Geschäften, teils um zu sehen, ob sich jemand Ansprechbarer näherte, teils um in Erfahrung zu bringen, wie sich der Geschäftsmorgen bei der Konkurrenz gestaltete. Nun, auch nicht besser als der eigene, denn Kunden waren um diese Stunde kaum unterwegs.

Überhaupt war Bolechów bis zehn Uhr tot. Aber dann erschien Gabbale, sein Wägelchen voller Zeitungen, die mit dem Frühzug aus Lemberg gekommen waren, und aus allen Richtungen eilten Menschen auf ihn zu.

Kauften sie die seriöse »Chwila«, war Gabbale freundlich wie ein wohlwollender Patriarch. Verlangten sie die sensationslüsterne »Wiek«, schimpfte er wie ein Rohrspatz.

»Lest was Gescheites und nicht verrotzte Blätter wie dieses. Studenten wollt ihr sein?«

Die so Angesprochenen wollten das durchaus. Denn nur wer studiert hatte, durfte hoffen, es besser zu haben – und auch dann war es schwer genug. Die Herren Studenten, die jetzt in Scharen den Ringplatz bevölkerten, waren, um der Wahrheit Ehre zu geben, durchweg arbeitslos. Sie wohnten zu Hause, halfen im Geschäft und träumten von großen Taten. Bis es dazu kam, versammelten sie sich hier, und sie waren nicht die einzigen.

Menschentrauben umstanden die beiden Kioske. Schapiro und Erster verkauften Limonade, Sodawasser, Tee, Süßigkeiten und goldbraune, fetttriefende, aus rohen Kartoffeln herausgebackene Bulboweniks. Wer setzte sich in Schenken oder Gasthäuser, wenn der Ringplatz einlud? Frische Luft, geringe Kosten und jede Menge Publikum. Die allmorgendliche Diskussions- und Selbstdarstellungsrunde war bald in vollem Gange. Jeder hatte eine ausgeprägte Meinung, und jeder wußte alles besser. Gelegentlich sprach man wohl auch von dem Verrückten, dem Hitler, der in Deutschland jetzt schon zwei Jahre an der Macht war. Gott sei Dank war er weit weg.

Józio Bilinski war kein Jude, sondern Pole, und stolzer Kriegsveteran dazu. Verordnungen der Regierung zu verkünden fiel in seinen Aufgabenbereich. Er setzte die rote Dienstmütze auf, klopfte den strammsitzenden Uniformrock zurecht, nahm Posthorn und Ledermappe – und mußte sich schon wieder ärgern, denn die Juden hörten kaum hin, selbst wenn er sie auf jiddisch ansprach, was er fließend beherrschte. Statt dessen trieben sie ihren Spaß mit einem alten Mann, der gerade auf einem klapprigen Wagen um die Ecke gebogen kam.

»Ojser, wo ist deine Kalle?« Der dürre, alte Ojser schlug mit der Peitsche nach den Rufern. Natürlich hatte er keine. Wer würde ihn schon nehmen?

»Schau mal sein Pferd an. Darf ich meinen Hut an seinen Hüftknochen hängen? Er versucht seinen Pferden beizubringen, statt Hafer Luft zu fressen. Schade, daß noch keines das Experiment überlebt hat!«

Ojser drohte mit der Faust. Man lachte und schlug sich auf die Schultern. Das Leben war doch zu schön!

Bilinski stand auf verlorenem Posten.

In der vierten Klasse der jüdischen Grundschule, ein paar Minuten vom Ringplatz entfernt in der Schustergasse gelegen, hörte man derweilen nur das Kratzen von Federn auf Papier und das Zungenschnalzen des Schuldirektors, Herrn Dogilewski, der sich, wie immer, mit seinen Zähnen beschäftigte. Der Legende nach soll ihn vor vielen Jahren der Fußtritt eines zur Züchtigung niedergehaltenen Knaben fast die gesamte obere Zahnreihe gekostet haben. Niemand wußte Genaues, aber das Geräusch des Hin- und Herbewegens des Gebisses war unüberhörbar und seit langem beliebter Gegenstand humoristischer Darbietungen – in sicherer Entfernung, versteht sich, denn Dogilewskis Strenge und Sarkasmus waren gefürchtet. Dabei war er so alt, daß er sich zum Teil sogar an die Großväter seiner jetzigen Zöglinge erinnerte.

Jakob Grünschlag, genannt Jankusch, einer der etwa fünfunddreißig schreibenden Knaben und eigentlich ein gewissenhafter Schüler, hatte ein Problem: Er hatte das Gedicht nicht auswendig gelernt, und er wußte, daß Dogilewski kein Nachsehen haben und ihn schlagen würde. Jankusch hatte, man konnte es nicht anders nennen, Angst. Er kannte Fälle, wo die Angst vor Herrn Dogilewski Kindern die ganzen Sommerferien verdorben hatte, und, mit mulmigem Gefühl in seiner Bank sitzend, konnte er gut verstehen, warum.

»Mit dem Schreiben aufhören, Hefte einpacken!«

Im Handumdrehen saßen die Knaben vorschriftsmäßig gerade, beide Arme hinter dem Rücken verschränkt.

»Wir hören jetzt das Gedicht, das zur Hausaufgabe aufgegeben war. Artman!«

Mundek Artman, ein lustiger, frecher Kerl, nicht eben der Fleißigste, stellte sich neben die Bank. Bereits nach wenigen Zeilen blieb er stecken, begann von vorne, mußte wieder aufgeben. Die Klasse saß regungslos, das Zungenschnalzen des Direktors, etwas heftiger geworden, war das einzige Geräusch.

»Artman, dein Kopf ist eigentlich groß genug. Ein kleines Gedicht müßte darin Platz haben. Du wirst es uns jetzt von vorne bis hinten ohne Fehler aufsagen. Darf ich den jungen Herrn bitten?«

Der war mittlerweile so verstört, daß außer ein paar gestammelten Worten nichts aus ihm herauskam. So nahm das Schicksal seinen Lauf: drei Schläge mit dem Rohrstock auf jede Handfläche, die den dürren Mundek kleine Luftsprünge machen ließen, und als Dreingabe zwei auf die nackten Waden.

»Surkis!«

Abraham Surkis war Mundeks bester Freund und auch nicht eben der Typ eines Gelehrten, aber gestern muß der Fleiß ihn geritten haben, denn das Gedicht wurde ohne größere Pannen aufgesagt.

»Danke, setzen. Frailich!«

Auch diese Vorführung verlief ohne Zwischenfall, ebenso die zwei oder drei nächsten. Dogilewski saß am Pult und schnalzte mit der Zunge. Jankusch begann zu hoffen, aber vergeblich.

»Grünschlag!«

Schwindlig vor Angst fühlte er sich aufstehen. Die erste Strophe gelang einigermaßen, dann wußte er nicht weiter. Dogilewski, scheinbar gelangweilt, schaute aus dem Fenster. Mit dem Mut der Verzweiflung tat Jankusch, was ihm später mehrere Male das Leben retten würde: Er redete einfach drauflos, ohne nachzudenken, borgte sich Zeilen aus anderen Gedichten oder ersetzte sie durch eigene. Die Schlußphrase kam ihm in Erinnerung. Er sagte sie auf und schwieg, voller Furcht vor dem, was ihn erwartete.

»Danke, setzen. Der nächste, bitte.«

Dogilewski fuhr mit der Hand in den Mund, um das Gebiß fester anzudrücken.

Es dauerte eine Weile, bis der Klasse bewußt wurde, daß eben ein historischer Beweis erbracht worden war – DOGILEWSKI HÖRTE NICHT ZU!

In der polnischen Staatsschule, jenseits der Brücke gegenüber dem Gerichtsgebäude und Dr. Blumentals Haus gelegen, war nicht allein Lehrerstrenge das Problem. Abraham Grünschlag, genannt Bumek, der jüngere Bruder des eben so glücklich davongekommenen Jankusch, war mit seinem Freund Józek Adler der einzige jüdische Knabe seiner Klasse und deshalb Anfeindungen ausgesetzt, die er in diesem Ausmaß nicht erwartet hatte. In den Mädchenklassen war das anders. Da die jüdische Schule nur Knaben aufnahm, hatten Mädchen keine Alternative zur Staatsschule und bildeten manchmal sogar die Mehrheit. Wie man hörte, gingen sie problemlos bei ukrainischen oder polnischen Freundinnen ein und aus, um sich die Aufgaben zu holen, die sie am Schabbat versäumt hatten. Jüdische Knaben in der Staatsschule hingegen waren eine Ausnahme.

Dabei hatte sich Bumek Grünschlag durchaus selbst in diese schwierige Lage gebracht. Er hatte es sich nämlich in den Kopf gesetzt, kein Jude sein zu wollen. Die jüdische Welt erschien ihm eng, dunkel und langweilig. Trotz seiner sechs Jahre hatte er den feinen Unterschied genau herausgespürt, hatte gemerkt, daß er anders war als die starken ukrainischen Bauernburschen, die selbstbewußten Polen oder die stämmigen »Schwabenjungen« der deutschen Kolonie. Bumek wollte Pole sein, freiheitsliebend, unabhängig und stolz auf das eigene Vaterland, kein kleiner Jude, der nicht dazugehörte.

Mit vier Jahren hatte er sich glatt geweigert, in den Cheder zu gehen. Sein Bruder Jankusch zum Beispiel hatte, wie alle anderen auch, bei Schloime Hoszower hebräische Buchstaben lesen und schreiben gelernt. Fand der Unterricht bei gutem Wetter unter Bäumen statt, hatte man sich gefreut, war der Melamed schlechter Laune, hatte man sich gefürchtet und versucht, den Schlägen des Kantschuk auszuweichen. Kaum einer war gern gegangen. Man hatte den alten Hoszower gründlich geärgert, einmal sogar Klebstoff an das Pult geschmiert, so daß er mit seinem Bart hängenblieb – aber sich grundsätzlich zu verweigern war geradezu unerhört, zumal jemand, der nicht Hebräisch konnte, verachtet und als »grober Jing« abgetan wurde. Bumek hatte das alles nicht angefochten. Mochte er nachts seine Kissen naßweinen, er blieb stark in seiner Trotzhaltung. Kein jiddisches Wort kam je über seine Lippen, und er sprach polnisch ohne Akzent. Den Besuch der Staatsschule hatte er bei den Eltern durchgesetzt, und seinen besten Freund Józek Adler, einen stillen, fleißigen Jungen, gleich mit hinübergenommen. Nun mußten sie mit den Folgen ihrer Tat leben.

Vor einigen Wochen war Geld für einen Fußball gesammelt worden. Die Väter beider Knaben hatten großzügig gespendet. Heute durfte in der Pause zum ersten Mal damit gespielt werden. Bumek, klein für sein Alter, versuchte mitzuspielen, mußte aber feststellen, daß er immer beiseite gestoßen wurde. Als er noch einmal Anlauf nahm, wurde ihm ein Bein gestellt, so daß er der Länge nach hinfiel. Lautes Lachen begleitete seinen Sturz. Józek, den Rücken zur Mauer, hatte sich gar nicht erst am Spiel beteiligt. Nun rollte der Ball auf ihn zu, und er trat ihn in den Pausenhof zurück. Fesko, ein breitschultriger ukrainischer Junge mit plattem Gesicht, hob den Arm und ging langsam auf Józek zu, der sich unwillkürlich halb zur Seite gedreht hatte. Fesko packte Józek an der Jacke, zog ihn hoch und sagte laut: »Ein jüdischer Fuß berührt unseren Fußball nicht! Verstanden?« Dann schubste er Józek, so daß dieser an der Mauer zu Boden sank. Bumek vergaß den eigenen Schmerz, stürzte sich auf den viel Größeren und konnte ihm gerade noch einen Schlag ins Gesicht versetzen, bevor der aufsichthabende polnische Lehrer meinte, einschreiten zu müssen. Die Ruhe war wiederhergestellt, aber in der darauffolgenden Turnstunde sagte derselbe Lehrer: »Ich möchte jetzt unsere jüdischen Meisterathleten vorbitten, die sich beim Fußball in der Pause schon so hervorgetan haben.« Und beide mußten vorturnen, wobei alles getan wurde, sie der Lächerlichkeit preiszugeben. An solchen Tagen waren sie heilfroh, wenn die Schule endlich vorüber war.

Auch nach Schulschluß war der Ringplatz voll von Menschen. Die Lebensmittelbuden beim kleinen Park, dem sogenannten »Pantoffelgarten«, hatten aufgemacht. Sruel Nebbitschke stand auf seinem Wagen und verkaufte aus einem Bottich zappelnde Fische. Morgen war Freitag, Erev Schabbat, und ein Schabbes war kein Schabbes ohne Karpfen. Wie Sruel Nebbitschke richtig hieß, wußte niemand; seinen Namen verdankte er dem Umstand, daß kein Satz aus seinem Mund kam, der nicht das vieldeutige, alle Schattierungen des Bedauerns ausdrückende Wort »nebbich« enthielt: »Hob' ich nebbich heite nich« – »Is nebbich geworden teirer« – »Wird nebbich morgen regnen«.

Jankusch Grünschlag wurde wegen seiner Heldentat gebührend gefeiert. Der von Lehrer Dogilewski gezüchtigte Mundek Artman schien sich glänzend erholt zu haben und war den schiefen Kastanienbaum beim Magistrat hinaufgeklettert, um den sich die Kinder bevorzugt versammelten. Von dort aus gab er eine Vorstellung.

»Grünschlag, sage das Gedicht auf! Das Gedicht! Hörst du mich? Was? Lauter! Ich verstehe nicht!«

Er fuhr mit beiden Daumen in den Mund, schnalzte mit der Zunge, knickte plötzlich zur Seite und schnarchte. Sein Publikum brüllte vor Lachen.

»Was? Ihr lacht? Ich werd's euch zeigen!«

Damit erhob er sich und schlug sich selbst auf den Hintern, verlor das Gleichgewicht und fiel vom Baum.

Auch Bumek und Józek hatten wieder zu sich selbst gefunden; schließlich kamen sie beide aus angesehenen Familien. Die Ukrainerkinder waren größtenteils in ihre Dörfer zurückgekehrt und hätten sich auf der Straße sowieso kaum Übergriffe erlaubt. Außerdem mußte man sie ja vor morgen nicht wiedersehen.

Irgend etwas gab es immer zu bestaunen. Gerade ging Dr. Raifaizen vorbei, das Kinn mit dem schwarzen Bart erhoben, das Gesicht wie immer ernst. Statt des üblichen Hutes trug er eine Mütze, und, konnte man es glauben, er trug sie mit dem Schirm nach hinten! Dabei war er Bolechóws bester Advokat, und anerkannter Talmudgelehrter dazu. Leider eben Freidenker, vielleicht sogar Kommunist, in jedem Fall Junggeselle, was zur Folge hatte, daß getuschelt wurde, wenn man ihn auch nur von ferne sah: »Schaut ihn an! Der vertrachte Mensch – an was denkt er? An seine polnische Sekretärin? Oder gleich an die Sara Kohane?«

Wer kannte nicht die schöne, schwarzhaarige, üppige, immer lachende Sara? Die Knie könnten einem weich werden. Ihr Verlobter wollte nach Argentinien. Die Frage, ob sie mitgehen würde, hielt Bolechów seit Monaten in Atem. Dr. Raifaizen, so hörte man, kümmerte sich um Visa und Papiere.

»Und wißt ihr, was ich möchte? Mit dem Flugzeug abstürzen und direkt auf die Sara Kohane fallen!«

Der Doktor schien die auf ihn gerichteten Blicke nicht zu bemerken und ging ruhig auf die Brücke zu, auf deren anderer Seite seine Kanzlei lag.

Die Versammlung begann sich bereits aufzulösen, als auf einmal Abbale erschien. Da blieb man natürlich! Unter Bolechóws zahlreichen kuriosen Gestalten war er eine der bekanntesten – und keineswegs mit Gabbale, dem Zeitungsverkäufer, zu verwechseln. Abbale war ein kleines, geschäftiges Männchen, mit Schirmmütze, brauner Weste und kniehohen Stiefeln. Man sagte, er sei nur im Sommer verrückt, und richtig: Er bestieg eine Bank. Gleich würde er seine Rede halten. Man kannte sie auswendig, denn er hielt sie seit Jahren.

»Ich will nicht Móscicki sein, ich will auch nicht Pilsudski sein! Keiner kann mich vom Gegenteil überzeugen, und ich kann euch leider nicht helfen!«

Prasselnder Applaus. Die Rede war beendet. »Recht hat er«, sagten die Leute. »Bringt doch nur Tsures…«

Menschen wie Abbale wurden geliebt. Mindestens ein »Stadtmeschuggener« wurde zu jeder Zeit finanziell unterstützt. Fürchtete er, in Vergessenheit zu geraten, warf er rasch ein paar Fensterscheiben ein oder wurde auf andere Weise seinem Ruf gerecht. Ein aussichtsreicher Bewerber war Leimel, ein armer Schlucker mit neun Kindern. Anstatt zu arbeiten, lief er durch die Straßen und forderte dazu auf, die Koffer zu packen und nach Palästina auszuwandern. Als ihm geraten wurde, sich mehr um seine Familie zu kümmern, war er empört. »Für eine Frau und neun Kinder werd ich das ganze Volk Israel verkaufen?«

Wer gab für solche Antworten nicht gern ein paar Groschen?

Es war Zeit für die Schulkinder, nach Hause zu gehen. Für einige bedeutete das, einfach die Tür zum elterlichen Geschäft aufzumachen. Andere verschwanden in dem Durchgang, der den Ringplatz mit der Kazimierzowskastraße verband. Wenn man dort die genagelten Stiefelabsätze in bestimmter Weise auf die Pflastersteine knallte, konnte man Funken erzeugen – ein beliebter Zeitvertreib.

Jankusch und Bumek Grünschlag hatten erst ihre Großmutter Rachel Reis besucht, die in ihrer Schenke am Ringplatz ein eisernes Regiment führte, und gingen jetzt mit Józek Adler in südlicher Richtung stadtauswärts die Dolinska hinunter. Zu Jankuschs heimlicher Freude hatte sich die hübsche Dyzia Lew zu ihnen gesellt, und es störte nur wenig, daß auch ihr Vater dabei war, denn Bernhard Lew war allseits beliebt – ein großer, gutaussehender Mann, Direktor des Elektrizitätswerkes und Verwalter des reichen Griffel. Er hatte die Jacke lässig über der Schulter hängen, der Rauch seiner Tabakspfeife mischte sich würzig mit der frischen Luft. Man sah ihn niemals ohne sie, deshalb wurde er auch »der Mann mit der Pfeife« genannt.

Als Jankusch und Bumek in die schöne, lindenbestandene Bahnhofstraße einbogen (auf polnisch nannte man sie Kolejówka), kam ihnen von dem aus österreichischer Zeit stammenden Bahnhofsgebäude ihr älterer Bruder Gedale entgegen, der in Stryj auf das Handelsgymnasium ging. Neben ihm, mit Hut und Anzug, eine Aktenmappe in der Hand, ging ihr Vater Moses Grünschlag. Wenn er sich freute, seine Söhne zu sehen, ließ es der wache Blick seiner grauen Augen nicht merken. Jankusch, der ihn über alles liebte, wäre gern so selbstverständlich auf ihn zugegangen wie Dyzia auf ihren Vater. Statt dessen gab er seinem älteren Bruder Gedale einen Rippenstoß. Hier konnte man Gefühle zeigen, dem Vater gegenüber nicht. Denn Moses Grünschlag, soviel Respekt man ihm auch entgegenbrachte, war kein Mann, der Herzenswärme verbreitete.

Moses Grünschlag war der Prototyp des jüdischen Unternehmers im Polen der dreißiger Jahre – ein Mann, der sich durchgebissen hatte und das Erreichte eifersüchtig verteidigte. Sein Vater war früh verstorben, und statt etwas zu lernen, hatte er auf dem Holzhof seines älteren Bruders arbeiten müssen, was damals nicht ungewöhnlich war. Aber die verlorenen

Moses Grünschlag, Holzgroßhändler aus Bolechów, auf dem Höhepunkt seines Wohlstands in der Mitte der dreißiger Jahre.

Jahre erfüllten ihn noch heute mit Bitterkeit. Er hatte schuften, für Mutter und Schwester sorgen und Verantwortung übernehmen müssen, die seinem Alter ganz und gar nicht entsprach. Rastloses Lernen sollte Versäumtes nachholen, aber Militärdienst und Krieg machten ihm einen Strich durch die Rechnung. 1917 kam er schwer verwundet von der russischen Front zurück, sechsundzwanzig Jahre alt, aber endlich frei. Die Mutter war gestorben, die Schwester nach Amerika ausgewandert und der Bruder nach Boryslaw gezogen.

Seitdem war ihm jeder Tag zu kurz. Er verkaufte das elterliche Haus am Ringplatz und erwarb vom Schuster Dudzinski, seinem jetzigen Nachbarn, ein 5000 Quadratmeter großes Sumpfgrundstück an der Kolejówka, das er mit viel Kosten und Mühe trockenlegen ließ. Jetzt bot es Platz für ein Holzlager, das an Qualität und Reichhaltigkeit in Bolechów seinesgleichen suchte. Er heiratete Dora Reis, baute am Rand des

Grundstücks das ebenerdige, geräumige Wohnhaus mit Veranda und Wintergarten und wurde innerhalb von zehn Jahren einer der reichsten Juden der Stadt. Seine Exportverbindungen reichten in fast alle Länder Europas. Als Beispiel für Grünschlags unternehmerischen Weitblick mochte folgendes dienen: Als in Morzyn Heilquellen entdeckt wurden, kaufte er sofort Land und baute zwei Villen. Möblieren ließ er sie von Handwerkern, die ihm Geld schuldeten. Jetzt war Morzyn so beliebt, daß eine direkte Bahnverbindung von Warschau eingerichtet werden sollte.

Vor kurzem war Moses Grünschlag sogar in den Stadtrat gewählt worden. Kein Zweifel, er hatte Karriere gemacht.

Er redete nichts Überflüssiges, kam sofort zur Sache, überholte beim Gehen alle anderen. Man sagte ihm nach, jeden Baum mit einem Blick auf Verwendungszweck und Profit kalkulieren zu können. Seine Konkurrenten nahmen sich in acht, denn sie kannten seinen wachen, den eigenen Vorteil blitzschnell erkennenden Geschäftssinn. Wer ihn nicht fürchtete, behandelte ihn zumindest mit Respekt.

Das Mittagessen war gut und nahrhaft gewesen, wie in der polnisch-jüdischen Küche üblich. Dora Grünschlag beherzigte den einfachen Wahlspruch »Je mehr die Kinder essen, desto größer werden sie«. Es hatte Bohnensuppe gegeben, dann gekochtes Fleisch mit Kartoffeln und süßen Mohrrüben, zum Schluß Kompott. Jetzt stand Moses Grünschlag am Küchenfenster, schlürfte seinen Kaffee und wartete auf den Zug. Er nutzte damit den strategischen Vorteil, an der Kolejówka zu wohnen: Sah er den Zug kommen, ergriff er seine Aktentasche und lief los. Ein paarmal hatte es deswegen schon Ärger gegeben, weil der polnische Stationsvorsteher absichtlich so gepfiffen hatte, daß ihm der Zug vor der Nase weggefahren war. Aber Moses Grünschlag, mit dem in solchen Situationen nicht zu spaßen war, hatte sich beschwert, und der Mann war versetzt worden.

Gedale und Jankusch hatten vom Brunnen Wasser geholt, ihre Teller gewaschen und saßen bei den Hausaufgaben. Bumek, der über sein Erlebnis auf dem Pausenhof wohlweislich geschwiegen hatte, hockte hinter dem kaffeetrinkenden Vater auf dem Sofa und spielte mit dem Finger im Wasser des Waschtrogs, der neben dem gemauerten Herd auf dem Seitentisch stand. Plötzlich, er wußte nicht wie, machte er eine ungeschickte Bewegung, das Schaff kippte um, und der Inhalt ergoß sich auf den Bretterfußboden. Sein Vater konnte gerade noch zur Seite springen, aber ehe an Schadensbegrenzung gedacht wurde, bekam Bumek schon seine Tracht Prügel. So war der Vater eben.

»Der Zug kommt«, rief die Mutter.

Grußlos und mit nassen Hosenbeinen verließ Grünschlag das Haus. Man sah ihn am Fenster vorbei zur Straße hasten, dann war er weg.

»Bumek«, sagte die Mutter, »kannst du nicht aufpassen?«

Dora Grünschlag war ganz anders als ihr Mann: gutmütig, warmherzig, ein wenig phlegmatisch. Wenn die Kinder etwas zerbrachen, war ihr Kommentar: »Kaputt hast du's machen können – kannst du's auch wieder zusammensetzen?« Im Umgang mit Kunden und Lieferanten, die auf dem Holzhof ein und aus gingen, zeigte sie durchaus Geschäftssinn, mitunter sogar Härte, aber zu Hause schimpfen tat sie eigentlich nie.

»Hilf mir aufwischen, und dann nimmst du dir frische Kleider.«

Bumek rieb sein schmerzendes Hinterteil und hatte den Eindruck, daß heute nicht sein Glückstag war. Da ging er lieber zu Adlers. Dort war es sowieso lustiger.

Adlers Lederfabrik lag um die Ecke an der Dolinska, der Hauptstraße, die stadtauswärts nach Dolina führte. Sie wurde von den Brüdern Israel, Hermann und Adolph Adler gemeinsam geführt. Daß es dort »lustiger« als anderswo zuging, lag aus Bumeks Sicht nicht nur an dem dort herrschenden weltoffenen Geist und an der Gegenwart seines Schulfreundes Józek,

Dora Grünschlag mit ihren Söhnen Jankusch, Bumek und Gedale (v. l.) im Kurort Morzyn, 1935.

sondern auch an dessen um ein Jahr jüngeren Vetter Salomon, Salek genannt, einem wahren Wirbelwind, der keinen Blödsinn als zu gering erachtete, um ihn nicht mit vollem Einsatz durchzuführen. Bumek, Salek und Józek bildeten ein gefürchtetes Trio, und ihre jeweiligen Eltern konnten sicher sein, sie nach gemeinsamen Ausflügen bis in die Haarwurzeln verdreckt und mit zerrissener Kleidung zurückzubekommen, was Vater Grünschlag zu der ständigen Drohung veranlaßte, ihnen »blecherne Hoisen und eiserne Schuh« zu kaufen.

Heute versuchten sie, mittels eines Feuerhakens Äpfel durch

das vergitterte, knapp über dem Erdboden liegende Fenster des Adlerschen Vorratskellers zu holen.

»Bumek, dein Vater hat gerade eine große Holzlieferung bekommen – warum spielt ihr nicht dort?« fragte lärmgeplagt durchs Fenster der kinderlose Onkel Srulek alias Israel Adler. Wie um seiner Aufforderung Nachdruck zu verleihen, griff er in die Westentasche, dort, wo die goldene Uhrkette endete, und fischte mit Daumen und Zeigefinger Geldstücke heraus.

»Bitteschön, meine Herren. Wünsche einen angenehmen Nachmittag.«

Geld von Onkel Srulek zu bekommen, war etwas Besonderes. Er stand in dem Ruf, eine »goldene Hand« zu haben und Geld magnetisch anzuziehen – eine Fähigkeit, die durch eindrucksvolle Lotteriegewinne schon wiederholte Male bestätigt worden war.

Des Trios Aktivitäten wurden wunschgemäß verlegt. Grünschlags Keller lief wegen des hohen Grundwasserspiegels oft voll Wasser. Die Kinder setzten sich in hölzerne Waschwannen und fuhren bei völliger Finsternis Boot. Mehrmaliges Umkippen führte zu gründlicher Nässe, und Mutter Grünschlag mußte erneut für frische Kleidung sorgen. Es gelang ihr, sie für ein paar Minuten in der Küche zum Aufwärmen zu halten, bevor sie mit Geschrei wieder ins Freie liefen und sich in neue Abenteuer stürzten.

Jankusch und Gedale saßen währenddessen bei Lehrer Bratspies im »Tarbut«, einer kürzlich gegründeten Schule, in der Hebräisch in moderner sephardischer Aussprache gelehrt wurde. Der Cheder hatte progressiven Elementen nicht mehr genügt. Man wollte Hebräisch als Umgangssprache lernen und nicht ohne Verständnis eingepaukt bekommen. Zudem nahm man als Zionist gern die Gelegenheit wahr, dem religiös-orthodoxen Flügel eins auszuwischen. Das »Tarbut« wurde von wohlhabenden Bolechówer Juden privat finanziert. Man hatte einen dynamischen, ehrgeizigen Direktor namens Pesach Lew von außerhalb kommen lassen und den gutmütigen Lehrer

Bratspies eingestellt. Jankusch und Gedale gingen weniger ungern hin als früher in den Cheder, hätten aber auch nicht protestiert, wenn gar nichts Derartiges stattgefunden hätte. Zwei Stunden jeden Nachmittag waren eine lange Zeit, besonders wenn man daran dachte, was andere währenddessen anstellen konnten. Zum Glück bot sich Lehrer Bratspies als Zielscheibe für Schabernack an – allein seines Namens wegen.

Moses Grünschlag hatte den Zug nach Morzyn genommen, um dort mit den zwei Witwen zu verhandeln, die jeden Sommer seine Villen für Kurgäste mieteten. Er ahnte schon, daß sie um Preisnachlaß bitten würden, und er benutzte die fünfundzwanzig Minuten dauernde Fahrt, die Angelegenheit noch einmal genau zu durchdenken. Alles wurde von Jahr zu Jahr teurer, die beiden Damen würden diesen Sommer mehr Profit machen als im letzten Jahr, und aus Mitleid tätigte man sowieso und grundsätzlich keine Geschäfte. Der Fall war also klar: Er würde keinen Nachlaß gewähren, sondern im Gegenteil den Mietpreis anheben. Und wenn Moses Grünschlag sich einmal zu etwas entschlossen hatte, war es kaum möglich, ihn umzustimmen. Das erfuhren am heutigen Nachmittag auch die beiden Witwen in Morzyn.

In Adlers Lederfabrik waren die Arbeiter nach Hause gegangen. Der geschäftsführende Direktor Adolph Adler, genannt Dolek, saß mit Freunden beim Kartenspiel, des schönen Wetters wegen auf Korbmöbeln im Obstgarten. Wie so oft war auch heute der Abt des ukrainischen Klosters von Hoszow mit von der Partie. Das imposante, mit Kuppeln und Türmen ausgestattete Kloster, weithin sichtbar vier Kilometer außerhalb von Bolechów auf einem Berg gelegen, war ein berühmter Wallfahrtsort, zu dem sogar Gläubige aus dem Ausland gepilgert kamen. Der Abt war ein lebensfroher Mann, der sich prächtig mit Adolph Adler verstand.

»Schaut mal, wieviel Kleingeld er heute wieder hat«, zwinkerte Dolek seinen Mitspielern zu. »Er wird's doch am Ende nicht aus der Kollekte genommen haben?«

Wie sein Sohn Salek tat Dolek alles mit Begeisterung und viel zuviel Energie und sorgte in seinem Überschwang für gute Laune, flottes Arbeiten und, seiner deftigen Sprüche wegen, für gelegentliches Kopfschütteln. »Tauglichkeitsstufe Arsch«, sagte er, wenn etwas nicht paßte, und wenn er beim Spiel gewann, sang er: »Das Glück ist mir hold, mein Schatz, für Reue ist immer noch Platz...« Dabei schlug er seiner Frau auf den Rücken. Sara Adler fand das alles weniger komisch. Sie war religiös erzogen worden und klagte manchmal Rabbi Perlov ihr Leid. Aber der war ein vernünftiger Mann, der den fröhlichen Dolek von klein auf kannte und wußte, daß man sich um ihn keine Sorgen zu machen brauchte.

Als Moses Grünschlag mit dem Abendzug aus Morzyn zurückkam, hatte er schon wieder Anlaß, sich über Bumek zu ärgern. Fabrikbesitzer Max Blecher, den er am Bahnhof traf, erzählte ihm, er habe Bumek und die Adler-Buben in Dr. Raifaizens Garten erwischt, wo sie Erdbeeren geklaut hätten und auf Apfelbäume geklettert seien – wohl, um für die Zeit der Fruchtreife zu üben. Max Blecher, ein bekannter Choleriker, wohnte in Dr. Raifaizens schönem zweistöckigen Haus zur Miete und fühlte sich deshalb verantwortlich. Die Kinder mochten ihn nicht, weil er sie anschrie und an den Haaren zog, die Arbeiter seiner Faßfabrik fürchteten ihn, weil er sie hetzte und von ihnen verlangte, mit ähnlich verbissener Energie zu arbeiten, wie er selbst es tat. Seine Tüchtigkeit und Kompetenz standen außer Zweifel, aber sein feuriges Temperament führte oft zu Problemen, besonders weil er überaus groß und kräftig war – »a schwerer Jid«, wie man sagte.

»Danke für die Information, Herr Blecher. Ich werde mit Bumek sprechen.« Grünschlag erkannte in Blecher einen Wesensverwandten. Was es mit dem »Sprechen« auf sich haben würde, konnte man ahnen. Dabei wußte er das Schlimmste gar nicht!

Bumek und die Adler-Buben hatten sich nicht gescheut, mit

Die Vettern Salek und Józek Adler (v. l.). Stehend links Saleks Tante
Pepcia Diamant, rechts seine Schwester Miriam.

dem von Onkel Srulek erhaltenen Geld am späteren Nachmittag das Geschäft des polnischen Metzgers Ignacy Lewandowski zu betreten, das schräg gegenüber von Grünschlags an der
Ecke von Kolejówka und Dolinska lag.

»Sieh an, Avremale Melamed steht vor der Tür«, hatte Herr
Lewandowski ausgerufen. Abraham, der Hebräischlehrer – so
nannte er Bumek immer und spielte damit auf dessen weidlich
bekannte Abneigung gegen alles Jüdische an. Herr Lewandowski war selbst kein ausgesprochener Judenfreund, obwohl er
die jiddische Sprache fast so gut beherrschte wie seine eigene.

»Womit kann ich dienen?«

Sie wollten mit der Sprache nicht heraus. Womit wohl? Herr Lewandowski wußte Bescheid. »Ein paar Scheiben vom Allerbesten? Hab ich's erraten?«

Er wetzte das lange Messer und schnitt kunstgerecht hauchdünne Scheiben jenes saftig gekochten Schinkens ab, für den er in ganz Bolechów berühmt war.

»Bitte sehr, die jungen Herren! Avremale Melamed wird es schmecken, und euch beiden wohl auch. Ich decke Zeitungspapier darüber, dann sieht es weder die Mutter noch der liebe Gott. Beides wäre gefährlich!«

Die Kinder verzogen sich zum Hintereingang des Adlerschen Wohnhauses, wo Saleks Vater Dolek, Papier und Stift zur Hand, eine Ladung von Rinderhäuten aufnahm.

»Bin ich nicht immer ein guter Sohn gewesen?« fragte Salek. »Wenn ja, kannst du auch mal etwas für mich tun. Wir brauchen Brot aus der Küche, und Mutter soll nichts merken...«

Der gutmütige Dolek konnte sich das Lachen nicht verkneifen und ging, das Gewünschte zu holen. Er brachte sogar einen Teller mit und belegte die Brotscheiben eigenhändig mit dem Verbotenen. Eher gedankenlos leckte er sich danach den Zeigefinger ab.

»Jetzt hab ich dich!« rief der peinigende Sohn. »Wenn du mich noch einmal schimpfst, erfährt Mutter davon!«

Dolek mußte wieder lachen und überließ die Kinder ihrem Genuß.

Die Kinder bewegten sich dabei in einer Grauzone. Ihre Eltern verboten es nicht ausdrücklich, obwohl es streng untersagt war, das Unaussprechliche ins Haus zu bringen. Aber daß Bumek mit einem angebissenen Schinkenbrot nach Hause lief und dasselbe seinem Bruder Jankusch, als dieser ahnungslos vom »Tarbut« zurückkam, über den Mund rieb, ging in jeder Hinsicht zu weit. Jankusch wankte spuckend ins Haus, wusch Mundhöhle und Gesicht mit Seife und trocknete sich dann ab, bis die Haut gerötet war, um nur ja nichts von dem verfluchten

Zeug in sich aufzunehmen. Bumek war natürlich längst über alle Berge – die Abrechnung würde später erfolgen. Jetzt war dafür keine Zeit, denn jetzt kam für Jankusch und Gedale der Höhepunkt des Tages: die abendliche Zusammenkunft der zionistischen Jugend »Hanoar Hazioni«.

Als sie in der Holzscheune auf dem Gelände der jüdischen Schule ankamen, war die Stimmung bereits erwartungsvoll gespannt. Der Anlaß war besonders wichtig: Ein Schaliach machte von Palästina aus eine Rundreise durch Polen und hatte seinen Besuch angesagt. Er hieß Mosche Ben-Zvi. Allein beim Klang des Namens konnte man ins Schwärmen geraten!

Fast alle jüdischen Jugendlichen gehörten einer zionistischen Organisation an. Einig war man sich im Bekenntnis zur Errichtung eines jüdischen Heimatlandes und in der Abgrenzung gegen die »ewig Gestrigen«, die Religiösen. Abgesehen davon tobte der Konkurrenzkampf. Die linke »Haschomer Hazair« predigte Pioniergeist und gleiches Recht für alle, während Jabotinskis »Betar« vom Großreich Israel träumte und *»Schtei gadot la Jarden, su schelanu, su gamken«* sang. Die zionistische Jugend »Hanoar Hazioni«, zu der die Grünschlag-Buben gehörten, lag politisch in der Mitte und hatte etwa 150 Mitglieder beiderlei Geschlechts und verschiedener Altersgruppen, die sich an mehreren Abenden der Woche trafen.

Jankusch liebte diese Stunden. Er fühlte immer wieder, wie seine jüdische Identität seiner Seele Kraft gab, trotz der Herabsetzung, die jeder Jude in Polen zu spüren bekam. Wenn er daran dachte, wie man kürzlich seine Tasche aus dem Zugfenster werfen wollte, einfach so, um sich einen Spaß zu machen, bebte er immer noch vor Zorn, besonders weil die beiden Erwachsenen, die ihn genau kannten, einfach weggeschaut hatten. Aber wenn er daran dachte, wie er gekämpft, getreten, seine Peiniger in die Hand gebissen und am Ende die Tasche behalten hatte, dann war er stolz, nicht nur weil Jakob Grünschlag, sondern auch weil der Jude Jakob Grünschlag gesiegt hatte.

Jemand spielte Pionierlieder auf dem Akkordeon. Man rückte zur Seite, machte den Grünschlag-Brüdern Platz. Der Freundeskreis aus der Schule war hier wieder vollständig versammelt. Der örtliche Madrich begrüßte die Anwesenden.

»Guten Abend und Schalom. Während wir hier in relativer Sicherheit leben, geht es unseren Brüdern anderswo schlecht. Besonders aus Deutschland hört man, daß die dortige Regierung scharfe Maßnahmen gegen die Juden ergriffen hat. Man sollte meinen, daß die Zeit der Pogrome und Verfolgungen vorbei sei und es Juden gestattet sein sollte, überall in Freiheit und Gleichberechtigung zu leben. Deshalb, Freunde, müssen wir unsere Kraft dafür einsetzen, immer bessere Bedingungen für unser Volk zu schaffen – und am besten tun wir dies im Aufbau unseres Heimatlandes Eretz Israel. Ich stelle euch Mosche Ben-Zvi vor, der die weite Reise nicht gescheut hat, um zu uns zu sprechen. Ein neues Lied hat er auch mitgebracht!«

Der Angesprochene stand auf. Sein Polnisch war akzentfrei, denn Mosche Ben-Zvi war als Moses Perlman in Warschau geboren; sein Name war wie üblich in Palästina hebräisiert worden. Zuerst gab er einen Überblick über die generelle Lage und erinnerte daran, daß die »Balfour-Erklärung« von 1917 und das Völkerbund-Mandat von 1922 den Juden das Recht gab, in Palästina ein Heimatland aufzubauen.

»Die zionistische Idee hat einen langen Weg zurückgelegt, aber das Ziel ist längst nicht erreicht. Das Zusammenleben mit den Arabern ist durch steigende Spannungen gekennzeichnet. Unsere Organisation, das wißt ihr, ist auf Ausgleich bedacht, aber nicht alle teilen unsere Meinung. Die britische Regierung, die seinerzeit vielleicht nicht mit unserer Entschlossenheit gerechnet hat, verteilt immer weniger Einreisezertifikate. Daher sind viele Pioniere gezwungen, auf Aliah Beth auszuweichen. Dennoch gibt es nur einen Weg – den Weg nach vorn.«

Aliah Beth, das wußte man, war die illegale Einwanderung, meist mit billigen, ausgedienten Schiffen und heimlichem An-Land-Schwimmen – wenn man überhaupt soweit kam.

Dann erzählte Mosche Ben-Zvi von Leben und Arbeit im Kibbuz, von den Feldern des Emek Jesre'el zwischen den Bergen Tavor und Gilboa, wo König Saul seinen Tod gefunden hatte, von nächtlichem Baden im See Genezareth und dem Nachmittagswind aus Beth Schean. Durch die Scheune in Bolechóws Schustergasse zog die Sehnsucht in schweren Wolken. Jankusch sah die Berge vor sich, spürte das Flimmern der Hitze und die Kühle des Windes. Dieser junge Mann, das mußte er sich immer wieder klarmachen, war leibhaftig dort gewesen.

Das neue Lied wurde gelernt. *»Chuschu achim chuschu, narima peameinu, chuschu achim chuschu, le'eretz avoteinu«* – Beeilt euch, Brüder, laßt uns aufbrechen ins Land unserer Väter...

Zum Schluß standen alle im Kreis, um die »Hatikwa« zu singen, das Lied der Hoffnung, das zur Nationalhymne des jüdischen Volkes geworden war. Jankusch kniff seinen Bruder Gedale in den Arm, um ihn zu erinnern, daß Naftali Herz Imber, der Dichter der »Hatikwa«, ein direkter Vorfahre ihres Vaters Moses Herz Grünschlag war.

Als sie in der Dunkelheit die stille Dolinska hinuntergingen, fühlte Jankusch sich, als schwebte er, so glücklich war er. In Rotenbergs Restaurant brannte noch Licht, aber bei Rabbi Perlov war bereits alles finster, wie in den meisten anderen Häusern auch, obwohl es gerade zehn Uhr war. Fernweh hin, Fernweh her, im Grunde war es doch nirgendwo schöner als hier, im lieben, vertrauten Bolechów.

Vom Spätzug kam ihnen Solomon Jeckel, der »Zettelführer«, entgegen, ein altes Männchen, gebeugt von lebenslangem Lastentragen. Den ganzen Tag hatte er, bepackt wie ein Pferd, in Lemberg Briefe und Pakete seiner Bolechówer Auftraggeber verteilt – eine Alternative zur langsamen polnischen Post.

Und war da nicht noch jemand? Richtig – eine lange, hagere Gestalt drückte sich am Zaun entlang.

»Es ist Bertholt«, flüsterte Jankusch.

Bertholt Saphierstein war Bolechóws Berufsdieb. Wer ihn sah, hielt seine Brieftasche fest, deshalb betätigte er sich immer mehr in anderen Städten. Er kam aus guter Familie, seine Eltern litten Qualen wegen ihres mißratenen Sohnes. Trotzdem hätte man ihn nicht missen wollen – sein Unterhaltungswert war unbestreitbar. Jankusch mußte jetzt noch lachen, wenn er daran dachte, wie Bertholt auf seine großspurige Weise bei Schapiros Kiosk erzählt hatte, daß sein Onkel aus Amerika ihm Geld geschickt habe, so daß er ein Handwerk lernen könne.

»Wofür brauche ich ein Handwerk?« hatte er gefragt. »Ich habe doch schon eins!«

Jankusch, unfähig, sich zu beherrschen, hatte ihn angetippt: »Sag mir, Bertholt, was ist denn dein Handwerk?«

Bertholt hatte mit seinem knochigen Finger gedroht und gesagt: »Paß auf, Grünschlagl, du wirst noch an meinem Grab weinen...«

Diese Antwort hatte Jankusch dann doch etwas erschreckt.

Bei Grünschlags war schon alles zu Bett gegangen. Vaters Zeitung lag auf dem Küchentisch, Bumek träumte in seinem Bett am Fußende der elterlichen Schlafstätte. Als auch Jankusch und Gedale das Licht löschten, konnte man sagen, daß dieser Tag in Bolechów nun zu Ende gegangen war.

3. KAPITEL

Das letzte Jahr der Kindheit

1938/39

Das Jahr 1938 begann damit, daß der Kaminkehrer an die Tür klopfte und einen Kalender brachte. Er tat das jedes Jahr, und er war immer derselbe: ein fabelhaft aussehender, jovialer Ukrainer, Bolechóws Haupt-Kaminkehrer. Alles an ihm war schwarz – Haare, Augen, Schnurrbart, Hände, Hals, Gesicht, Kleidung –, besonders gegen den gleißend weißen Schnee. Aber dieses Jahr war sein Weltbild getrübt: Man hatte ihm einen kleinen, aufdringlichen Polen vor die Nase gesetzt, der seinen um zwei Köpfe größeren Kollegen herumkommandierte und keinen Zweifel daran ließ, wer nun das Sagen habe. In Polen mußte die Stelle des Haupt-Kaminkehrers mit einem Polen besetzt werden, natürlich. Der Ukrainer war darüber sichtlich verbittert.

In diesem Winter hatte der Schnee zuerst gar nicht kommen wollen. Jankusch Grünschlag, der mittlerweile wie sein Bruder Gedale auf das Handelsgymnasium in Stryj ging und über solche Sachen eigentlich erhaben sein sollte, war darüber so erbost, daß er gegen die Alleebäume der Kolejówka trat, um durch den herabfallenden Reif wenigstens etwas Weiß auf den Boden zu zaubern.

Aber dann sah der Himmel sein Versäumnis ein. Jankusch und seine Freunde fuhren auf dem Hügel zwischen Strasmans Haus und den Gleisen der Waldbahn Schlitten, Salek und Józek Adler ließen sich von einem alten Pferd auf Skiern durch die verschneiten Straßen ziehen. Dr. Raifaizen, in sportlicher

Kleidung, begab sich gar zum Skifahren in höher gelegene Gebiete der Karpaten, worüber, wie könnte es anders sein, ausgiebig geredet wurde. Kinder liefen Ski – aber erwachsene Männer? Wer hatte solchen Unsinn je gehört? Dann ereignete sich ein Skiunfall: Dr. Raifaizen kam mit gebrochenem Bein zurück, und Bolechów hatte ein neues Stadtgespräch.

Ein weiterer Höhepunkt war Israel Adlers sensationeller Lotteriegewinn. Das Syndikat, das er mit vier Partnern unterhielt, hatte den Haupttreffer erzielt – eine Million Zloty! Saleks Vater war mit zehn Prozent beteiligt. Eine moderne deutsche Blanchiermaschine, Marke »Turner«, wurde gekauft und in der Fabrik installiert. Onkel Srulek leistete sich ein neues Radio, das durch Lautsprecher mit den anderen Häusern verbunden war. Auf diese Weise kontrollierte er das Programm, aber alle hatten etwas davon. Sowieso schon überlebensgroß, gewann Onkel Srulek in den Augen ehrfürchtiger Mitbürger noch mehr an Statur, während sein Bruder Dolek mit weniger schlechtem Gewissen, aber zu gleichbleibendem Leidwesen seiner Frau den Spielsalon im ersten Stock der Schenke am Ringplatz besuchte.

Dann wurde Józek Adlers Wintermantel während des Unterrichts in der polnischen Staatsschule mit einer Rasierklinge zerschnitten. Wenn Neid über den plötzlichen Reichtum der Familie Adler das Motiv gewesen sein sollte, so hatte man den Falschen erwischt, denn Józeks Vater Hermann, der dritte der Adler-Brüder, hatte mit dem Lotteriegewinn nichts zu tun und lehnte Glücksspiele grundsätzlich ab. Aber da dieser Zwischenfall alles bisherige übertraf und eigentlich nicht ignoriert werden konnte, beschwerte er sich bei der Schulleitung. Die reagierte verständnisvoll, meinte aber, der oder die Täter ließen sich schwer ermitteln. Der Turnlehrer scheute sich auch danach nicht, vor der Klasse von schmutzigen und unsportlichen Juden zu reden, und in der Pause flogen Steine wie zuvor.

Der neunjährige Józek tat sein Bestes, sich nichts anmerken zu lassen, aber der Vorfall hatte ihn empfindlich getroffen. Er

Hermann und Luba Adler, Józeks Eltern.

war ein nachdenklicher, stiller Junge und wollte verstehen, warum seine Kameraden sich derartig feindselig verhielten. Der einzige Mensch, dem er eine plausible Antwort auf diese Frage zutraute, war sein Vater.

Hermann Adler war von seinen Brüdern so verschieden wie Józek von seinem Vetter Salek – ein linksgerichteter, wacher Intellektueller, der meist lesend, schreibend oder grübelnd in seinem Arbeitszimmer saß. Er hatte Arzt werden wollen, aber sein Wiener Medizinstudium war durch den Ersten Weltkrieg unterbrochen worden. Als Gefangener in Rußland muß ihm dann etwas widerfahren sein, das seine Kraft dauerhaft gebrochen hatte. Er sprach nur andeutungsweise darüber, aber man munkelte von grauenhaften Prügeln mit einem Gewehrkolben und von einem tausend Kilometer langen Fluchtmarsch mit einem Sack Salz als einziger Habe auf dem Rücken. Luba, seine Frau, drängte ihn immer wieder, sein Studium zu beenden, aber er entgegnete stets, er könne es nicht, seine Kraft reiche nicht aus. In der Firma besorgte er die Buchführung und überließ das Geschäftemachen seinen Brüdern, wofür ihm mitunter mangelnde Aktivität vorgeworfen wurde. Er wollte es nicht anders. Mochte die Welt ohne ihn zurechtkommen – ihm war es wichtiger, sich mit seinem Sohn zu beschäftigen, der wenn möglich erreichen sollte, was ihm versagt geblieben war. Józek Adler wiederum kannte nichts Schöneres, als bei seinem Vater im Schein der Schreibtischlampe über Büchern zu sitzen und von ihm zu lernen.

»Warum haben sie meinen Mantel zerschnitten?« fragte er ihn. »Ich habe ihnen doch nichts getan.«

»Vielleicht gerade deshalb. Deine Kameraden fürchten dich nicht genügend. Deshalb nehmen sie sich dir gegenüber Gemeinheiten heraus, die sie bei anderen nicht wagen würden. Dazu kommt, daß du Jude bist.«

»Warum mag man die Juden nicht? In der Schule rufen sie immer ›Christusmörder‹. Was bedeutet das?«

»Es lebte einmal ein Jude namens Jesus, der eine neue Lehre verkündete. Seine Jünger sagten, er sei der Messias. Viele haben es geglaubt, aber die meisten Juden haben ihn abgelehnt. Er wurde von den Römern ans Kreuz geschlagen – in Jerusalem vor fast zweitausend Jahren. Man beschuldigt uns nach wie vor, seinen Tod verursacht zu haben. Die Zahl seiner Anhänger ist seitdem ins Unermeßliche gewachsen, unsere weit weniger. Also sind wir immer in der Minderheit.«

»Auch in Bolechów?«

»Auch hier. Ukrainer und Polen zusammen sind fast doppelt so viele wie wir.«

»Mir scheint, die Ukrainer hassen uns mehr als die Polen.«

»Weil sie sich unterdrückt fühlen. Für sie sind auch die Polen Eindringlinge, und sie werfen uns vor, zu denen zu halten.«

»Stimmt das?«

»In gewisser Weise ja. Aus ihrer eigenen schwachen Position als Geduldete heraus versuchen Juden eigentlich immer, sich mit den Machthabern gut zu stellen. Sie haben keine große Wahl.«

»Werden Ukrainer in Bolechów wirklich unterdrückt?«

»Sie stehen, sagen wir so, auf der sozialen Leiter ganz unten. Schau sie dir an – verrichten sie nicht die schwersten Arbeiten? In unserer Fabrik, so glaube ich sagen zu können, werden die Arbeiter anständig behandelt, aber das ist nicht überall so. Für Erntehilfe, zum Beispiel, kriegen Ukrainer oft nur Essen, aber kein Geld. Warum soll der Gutsverwalter mehr bezahlen als allgemein üblich, fragt er sich. Aber die Bauern gehen unzufrieden nach Hause und vergessen es nicht. Sie wissen selbst, daß sie arm sind.«

»Sind nicht auch viele Juden arm?«

»Natürlich, manche sogar noch ärmer, denn sie haben keinen eigenen Acker. Aber sie sehen nicht so arm aus! Der ärmste Jude lernt Hebräisch, liest Bücher und Zeitungen, hat Verwandte im Ausland, spricht mehrere Sprachen. So jemand soll arm sein? Unmöglich! Dabei muß der Fisch, den er am Schabbat ißt, vielleicht für die ganze Woche reichen. Solche Mißverständnisse lassen sich nur schwer ausräumen und sind außerdem gefährlich. Ukrainer und Juden sprechen zuwenig miteinander, und zu viele Juden stecken den Kopf in den Sand. Wie bedrohlich es werden kann, erlebst du in der Schule; der zerschnittene Mantel ist nur ein Beispiel. Ist es verboten, in der Lotterie zu gewinnen? Nein. Hat dein Vater einen Vorteil davon? Kaum. Aber der Neid macht keine Unterschiede.«

Józek schlich gesenkten Kopfes davon. Er verstand nun die Zusammenhänge etwas besser, aber was der Vater ihm erzählt hatte, beruhigte ihn ganz und gar nicht. Die Beschwerde über den Mantel verlief, wie zu erwarten, im Sand.

Auch bei Grünschlags hatte der Winter für Aufregung, allerdings von anderer Art, gesorgt. Eines Tages im Februar, als draußen hoher Schnee lag, kam Moses Grünschlag wütend nach Hause.

»Schnell, gib mir was zu essen und ein paar Decken. Ich muß sofort weg, die Polizei ist schon verständigt.«

»Was ist denn los?« fragte seine Frau.

»Meine drei besten Holzstämme sind im Wald gestohlen worden.«

Drei Stämme – aus Hunderten, vielleicht sogar aus Tausenden? Man muß sich wundern, daß er den Verlust überhaupt bemerkt hat. Aber Moses Grünschlag schien wirklich jeden Stamm zu kennen und war eben ein Mann von Prinzip. Die Polizei hatte ihm einen Gendarm mit Pferdeschlitten zur Verfügung gestellt, und so ausgerüstet ging er jetzt auf Verbrecherjagd.

Die Spuren im Wald führten nach Stryj, einer Stadt von immerhin 45 000 Einwohnern. Aber Grünschlag, den Gendarm im Schlepptau, zog von Holzhof zu Holzhof und ließ nicht locker, bis er seine Stämme gefunden, identifiziert und zurückerhalten hatte.

»Sag mal«, fragte Dora Grünschlag, als er abends erschöpft am Herd saß, »waren diese drei Stämme wirklich den ganzen Aufwand wert?«

»Frau, du verstehst das nicht. Hätte ich sie nicht zurückgeholt, würde man glauben, Grünschlag sei schwach geworden. Und dann, darauf kannst du wetten, würde man mich blind stehlen.«

Jankusch saß mit gespitzten Ohren am Küchentisch über seinen Hausaufgaben. Ja, so stark, selbstbewußt und entschlossen muß man sein, dachte er, und wieder einmal hatte er nur den einen Wunsch, nämlich so zu werden wie sein Vater.

Den zu bewundern gab es bald darauf einen weiteren Anlaß. Unangekündigt und unerwartet kam der polnische Großgrundbesitzer Zakrzewski zu Besuch. Ehe man sich des hohen Gastes richtig bewußt war, lehnte er sich schon entspannt im Wohnzimmersessel zurück, ganz im Gegensatz zum Vater, der steif und förmlich die Szene mit dem wachen Blick seiner grauen Augen beobachtete. Die Mutter legte schnell die Schürze ab, und Ruzia, Grünschlags ukrainische Magd, mußte Kaffee in besonderen Tassen servieren.

Der adlige Zakrzewski entstammte einer der wenigen wirklich wohlhabenden Familien Ostgaliziens und besaß Hunderte von Milchkühen, eine Butterfabrik, zahlreiche Dörfer und riesige Wälder. Er war Junggeselle und verbrachte die Winter in Monte Carlo. Die Grünschlag-Söhne, die in der Küche die Hälse reckten, um möglichst viel mitzubekommen, wußten, daß ihr Vater von ihm jedes Jahr einige Hektar Wald kaufte – aber war das ein Grund, ihn zu besuchen?

Plötzlich stand der Vater auf, bat den vornehmen Herrn in sein Arbeitszimmer und schloß die Tür. Kurze Zeit später verabschiedete sich Zakrzewski. Sein Kutscher grüßte, knallte mit der Peitsche und fuhr die Kolejówka hinauf.

»Was wollte er?« fragten die Kinder. Vater hüllte sich in Schweigen, aber die Mutter sagte es ihnen im Vertrauen: Zakrzewski hatte Geld gebraucht – Spielschulden oder eine ungünstig ausgegangene Spekulation. Was es auch war, der Tatbestand blieb: Ein polnischer Adliger kam in Geldnöten zu dem Juden Moses Grünschlag – konnte man anders, als stolz auf den Vater zu sein?

Rückgrat, vielleicht sogar ein leicht übertriebenes, bewies Vater auch in der Angelegenheit von Jankuschs Rausschmiß aus der hebräischen Sprachschule »Tarbut«. Es hatte damit begonnen, daß die Schüler einen Zuruf seiner Frau an Lehrer Bratspies mitbekommen hatten, der lautete: »Bratspies, willst du heute Borscht?« Naturgemäß hatten sie diese Frage sehr lustig gefunden und sie dementsprechend oft wiederholt, was dem gutmütigen Lehrer nicht verborgen bleiben konnte. Als Jankusch dann im Unterricht einem Mitschüler mit den Worten auf die Schulter klopfte: »Na, Bratspies, willst du heute Borscht?«, war das Maß voll, und Jankusch wurde der Schule verwiesen. Moses Grünschlag ärgerte sich – die Gründung der Schule war nicht zuletzt durch seine Spenden ermöglicht worden. Da wollte man seinen Sohn wegen einer Lappalie ausschließen? Er stellte Pesach Lew, den Direktor, zu Rede, aber der wollte sich keine Blöße geben und blieb hart. Grünschlag kündigte nicht nur jegliche finanzielle Unterstützung, sondern

Schüler der hebräischen Sprachschule »Tarbut«. Rechts mit Hut Lehrer Bratspies.

nahm Gedale ebenfalls von der Schule und überredete andere Väter, ein Gleiches zu tun. Seine Söhne erhielten fortan Privatunterricht. Pesach Lew, etlicher zahlungskräftiger Väter beraubt, fürchtete um den Fortbestand seines Instituts und überwand sich zu einem Friedensgesuch an Moses Grünschlag, leider vergeblich, denn der war nicht gewillt, seinen Entschluß rückgängig zu machen. Jankusch selbst hätte gern eingelenkt, war dem Vater gegenüber aber machtlos.

Im März hörte Gedale zufällig im Radio die Nachricht vom Anschluß Österreichs an das deutsche Reich. Am nächsten Tag las man es in den Zeitungen. Die Entwicklung löste eher Erstaunen als Beunruhigung aus, denn Einheitsbestrebungen der beiden Länder waren seit Ende des Krieges immer wieder im Gespräch gewesen. Bolechóws Juden waren allesamt als österreichische Staatsangehörige mit Deutsch als Muttersprache groß geworden, und trotz der scharfen Propaganda aus

47

Berlin hatte alles Deutsche einen heimeligen Klang. Der Angst-gegner hieß Rußland, das war schon immer so gewesen, und es war schlichtweg unvorstellbar, daß es anders sein könnte.

Man nahm die veränderte Sachlage zur Kenntnis und ging zur Tagesordnung über. Pessach stand vor der Tür, da gab es allerhand vorzubereiten.

Schon Wochen vorher wurden überall der Hausrat gereinigt und die Zimmer neu gestrichen. Schneiderinnen und Nähmäd-chen arbeiteten Überstunden, denn alle wollten neue Kleider. Zu Adlers kam zu diesem Zweck schon seit Jahren Maria Ra-duchowski aus dem nahe gelegenen Dorf Gerynia, eine freund-liche Ukrainerin, die sich besonders mit Saleks Mutter Sara gut verstand. Auch die Kinder mochten sie gern, denn sie brachte immer etwas mit – ein braunes Ei, eine Blume, einen besonders schönen Apfel. Jetzt saß sie tagelang in der Stube und nähte. Ihr Mann, ein Pole mit einem eindrucksvollen Schnurrbart, ar-beitete in Adlers Fabrik. Salek und Józek wurde je ein neuer Anzug angemessen, und Saleks Schwester Miriam bekam ein geblümtes Kleid mit dazu passender Jacke, denn mit ihren vier-zehn Jahren war sie bereits eine junge Dame.

Bei Grünschlags wurde der Eßtisch mit Brettern fast um das Zweifache vergrößert und das Pessach-Geschirr vom Boden geholt. Mutter kaufte Unmengen von Eiern, da der Genuß von Speisen, die Hefe enthielten, während der ganzen Woche ver-boten war. Jankusch wurde von seinem Vater mit der jährli-chen Geldspende zu Rabbi Perlov geschickt.

»Warum gehst du nicht selbst?« fragte er.

»Ich habe keine Zeit, und der Rabbi redet mir zuviel.«

Aber zum Seder besuchte der Vater doch die Synagoge. Während vorne in halsbrecherischem Tempo gebetet wurde, unterhielt man sich hinten über Politik und Geschäft. Das war in Bolechów Tradition und nicht eigentlich despektierlich. Synagoge heißt auf hebräisch »Beth Knesseth« – Haus der Ver-sammlung; von ausschließlichem Beten ist nicht die Rede. Man war unter sich, konnte entspannen und fühlte sich sicher.

»Schaut mal, wie weit sie in der anderen Schul sind«, schickte Vater die Buben los. »Was? Schon fertig? Na, dann gehen wir auch…«

Jankusch, der sich das ganze Jahr auf diesen Abend freute, war bereits auf dem Heimweg in feierlicher Stimmung, nicht nur seiner neuen Kniehose und Jacke aus braungemustertem Tuch wegen. Aus allen Häusern atmeten Sauberkeit und Ordnung, man sah den Kerzenschein durch die Fenster, Bekannte grüßten und wünschten ein frohes Fest. Die große, schweigende Gestalt des Vaters war Garant für Sicherheit und Frieden. Die Einheit der Familie – Jankusch spürte sie zum Greifen nah – war Teil einer größeren Einheit von Heimat und Brauchtum.

Die Mutter, in ihrem besten Kleid, wartete zu Hause. Es roch köstlich nach Hühnersuppe und Braten. Die lange Tafel, mit dem bunten Pessach-Geschirr und den tuchbedeckten Tellern mit Matze stand bereit. Am Kopfende sitzend, las der Vater die Hagaddah. Das Essen schmeckte himmlisch.

Später kam, wie jedes Jahr, der polnische Metzger Ignacy Lewandowski mit Familie zu Besuch. In Kenntnis seiner Vorliebe für ungesäuerte Matze hatte Dora Grünschlag gleich ein paar Kilo mehr besorgt. Die Teilnahme der christlichen Nachbarn an dem jüdischen Fest drückte Wohlwollen und Toleranz aus und wurde von beiden Seiten als angenehm empfunden. Verbotene Käufe in Herrn Lewandowskis Geschäft blieben an diesem Abend natürlich unerwähnt.

Im Mai hatte Jankusch seine Bar-Mizwa. Zur Feier des Tages durfte er Vaters Uhr tragen und kam sich ungeheuer erwachsen vor. Aber die Freude war kurz – schon nach einer halben Stunde faßte der Vater in die Tasche.

»Wo ist meine Uhr? Ach ja, Jankusch hat sie. Gib sie her, ohne Uhr werde ich nervös.«

»Manchmal glaube ich, daß er uns gar nicht wahrnimmt«, beschwerte sich Jankusch später bei seinem Bruder Gedale. »Neulich hat jemand gefragt, wie alt Bumek ist. Meinst du, er hätte es gewußt? Bumek mußte für sich selbst antworten.« Gedale nickte traurig; ihm kam es oft so vor, als würde er noch häufiger übersehen als seine jüngeren Brüder.

Trotzdem war Jankusch nicht lange unglücklich. Seit er aufs Gymnasium ging, fühlte er sich wie befreit. Ich bin kein Kind mehr, dachte er oft, wie herrlich! Er genoß das frühe Aufstehen und die Eisenbahnfahrt nach Stryj mit Bruder und Freunden. Die Mädchen, unter ihnen die hübsche Dyzia Lew, hatten ihren eigenen Waggon, aber allein ihre Nähe erzeugte wohliges Prickeln. Der Direktor, ein Polendeutscher namens Eduard Liberta, war streng, aber sein Unterricht wesentlich anregender als der von Dogilewski in der jüdischen Grundschule. Auf der Heimfahrt wurde viel Blödsinn gemacht. Der Nachmittag verging mit Hausaufgaben, kleineren Arbeiten auf dem Holzhof und Hebräischunterricht, und abends ging es zur »Hanoar Hazioni«. Jankusch liebte solche ausgefüllten Tage, und für die zionistische Jugend war er nie zu müde. Sollte er in Bolechów als Holzkaufmann in die Fußstapfen seines Vaters treten oder als Pionier in Eretz Israel beim Aufbau des jüdischen Heimatlandes helfen? Beides schien gleichermaßen verlockend.

Letzteres blieb vorläufig anderen vorbehalten. In Lemberg und Krakau gab es sogenannte Palästina-Ämter, deren Aufgabe es war, die begehrten, von der britischen Regierung gewährten Einreisezertifikate zu verteilen. Heuer hatte es, trotz vieler Bewerber, für Bolechów nur zu einem einzigen gereicht! Die Auswahl hatte zu heftigen Auseinandersetzungen geführt, aber schließlich hatte man sich auf einen jungen Mann von der »Betar«-Jugend geeinigt, der als besonders aktiv galt. Je näher der Abreisetag rückte, desto mehr wuchs die Aufregung. Der Glückliche wurde mit Geschenken und guten Ratschlägen überhäuft, und am Bahnhof versammelten sich so viele Menschen, daß kaum durchzukommen war. Ein vollbesetzter, mit Spruchbändern und Wimpeln geschmückter Sonderzug fuhr ein. Die meisten der jungen Pioniere wußten bereits, in welches Kibbuz sie gehen würden. Lieder wurden angestimmt,

Tränen flossen. Jankusch beneidete den jungen Mann, der winkend auf dem Trittbrett stand. Im letzten Moment löste sich ein Mädchen aus der Menge und reichte ihm ein Päckchen hinauf. Dann pfiff der Lokomotivführer, und der Zug wurde in der Ebene immer kleiner. Die Zurückgebliebenen tupften sich die Augen ab, schneuzten sich und kehrten in ihren Alltag zurück.

Im Mai gab es einen handfesten Skandal: Gymnasiumsdirektor Eduard Liberta wurde verhaftet – Spionageverdacht. Besonders seine Schüler konnten es kaum glauben, aber dann erinnerten sie sich, bereits im Winter mit Erstaunen festgestellt zu haben, daß Fräulein Bochanek, die von Liberta engagierte neue Deutschlehrerin, äußerst mangelhaftes Polnisch sprach, obwohl sie angeblich aus Schlesien stammte. Jetzt stellte sich heraus, daß sie in Wirklichkeit Funkerin war und mit Liberta zusammen regelmäßig Nachrichten nach Deutschland gesendet hatte. Entsprechendes Gerät wurde im Speicher des Schulgebäudes gefunden. Mindestens ebensogroß war das Erstaunen, als im Hause der angesehenen Bolechówer Bäckerfamilie Schlamp ein ähnliches Verbrechen aufgedeckt wurde.

»Was gibt es aus Bolechów schon zu berichten?« fragten sich die Juden auf dem Ringplatz. »Daß Ojsers dürres Pferd gestorben ist? Oder wollen sie das Rezept für ›Bulboweniks‹ erfahren...?«

Weiterblickende Leute wie Dr. Raifaizen oder Hermann Adler fanden die Sache weniger komisch. Wer es nötig hat, sich auch über die Randgebiete eines anderen Landes so eingehend zu informieren, mußte etwas im Schilde führen – und das konnte eigentlich nur Krieg bedeuten. Die deutschen Zeitungen, die beide abonniert hatten, sprachen eine deutliche Sprache.

Kurze Zeit später tauchte, aus Hamburg kommend, eine jüdische Familie namens Stern auf. Moritz Stern war als polnischer Staatsbürger von der nationalsozialistischen Regierung ausgewiesen worden, obwohl er von Kindheit an in Deutschland gelebt hatte. Was ihn ausgerechnet nach Bolechów trieb, blieb unklar, aber er ging von Haus zu Haus und suchte Unterkunft. Die großzügigen Adlers rückten zusammen, und Sterns zogen bei ihnen ein. Von ihnen vernahm man die ersten Augenzeugenberichte über die Zustände in Deutschland.

»Die Behörden sind geradezu ordnungswütig, und vielen Bürgern scheint das zu gefallen. Wer nicht pariert oder eine abweichende Meinung hat, muß mit schwerer Strafe rechnen. Leute verschwinden über Nacht. Alles ist auf Deutschtum eingeschworen, und jedes Übel ist Schuld der Juden. Als ob wir nicht auch gute Deutsche wären! Aber wir werden von allem und jedem ausgeschlossen – es geht so weit, daß man sich auf keine Bank mehr setzen und das Schwimmbad nicht mehr benutzen darf. Vollkommen verrückt! Viele Juden haben ihre Stellung verloren, und viele haben die Konsequenz gezogen und sind ausgewandert. Wir wären wahrscheinlich geblieben, wenn man uns nicht ausgewiesen hätte. Aber alle Ausländer müssen gehen.«

Adlers hörten kopfschüttelnd zu.

»Wird es Krieg geben?« fragte Hermann.

»In dieser Hinsicht glaube ich Sie beruhigen zu können«, sagte Herr Stern. »Die deutsche Wirtschaft floriert. Hitler ist kein Dummkopf und hat kampflos bekommen, was er wollte. Und was immer man über seine Anhänger denken mag – organisieren können sie! Es gibt kaum noch Arbeitslose, und auf den Tischen dampft der Suppentopf. Ich glaube nicht, daß sie einen Krieg nötig haben. Schaun Sie, auch wir durften unseren Besitz mitnehmen – wenn wir auch unser Haus in der Eile weit unter Preis verkauft haben. Jetzt sind wir erst einmal froh, in Sicherheit zu sein.«

Sterns hatten zwei Kinder im Vorschulalter, um die sich Józek und Salek kümmerten, soweit ihre eigenen Aktivitäten es zuließen. Die Hauptattraktion der Familie Stern war jedoch eine elektrische »Miele«-Waschmaschine, die im Gepäck mitgekommen war und jetzt in der Waschküche stand. Ein solches bis dahin in Bolechów völlig unbekanntes Gerät im eigenen Haus untersuchen zu können, war natürlich interessant.

Der Sommer kam ins Land. Zum Baden in der Sukiel mußte man nach tiefen Stellen suchen, weil die Schneeschmelze den Uferlauf Jahr für Jahr veränderte. Aber es war ein wunderbares Gefühl, sich an Weidenbüschen festzuhalten und das seidige Naß am Körper entlangfließen zu lassen oder sich im Strom auf den Rücken zu legen und in den Himmel zu schauen. Auch das »Baden unter dem Sturz« war sehr beliebt. Vor dem Wasserfall bei einer der Mühlen war ein Tümpel, in den man hineinspringen konnte. Mutige tauchten sogar hinter den Wasserfall, was mit dem Vergnügen belohnt wurde, das Sonnenlicht durch den rauschenden Vorhang schillern zu sehen.

Das Sommerlager der »Hanoar Hazioni« fand statt, und Grünschlags fuhren, wie jedes Jahr, in die Ferien, diesmal nach Jamna, einem Bergdorf in der Nähe von Stanislawów. Ruzia, die Magd, kam mit, um auf die Kinder aufzupassen. Sie war seit ihrem vierzehnten Lebensjahr bei der Familie. Wie viele Mädchen aus dem Dorf hatte sie sich in Ermangelung anderer Ausbildungsmöglichkeiten bei Juden verdingt, was ihr einen Grundlohn sowie Unterkunft, Verpflegung und ein gewisses Maß an Erziehung sicherte. Ruzia hatte kürzlich geheiratet, und da sie aus armen Verhältnissen stammte, war ihre Mitgift von Moses Grünschlag bezahlt worden – eine ebenso großzügige wie notwendige Geste, denn ohne Mitgift waren die Heiratsaussichten für Mädchen ausgesprochen schlecht. Für diese Ferien hatte ihr Brotgeber mit ihr vereinbart, als Gegenleistung für ihren Aufenthalt vormittags in der Küche der Ferienpension auszuhelfen – und hatte damit möglicherweise einen günstigeren Tarif für seine Familie erwirkt. Bot ein Geschäft sich an, so wurde es gemacht – das war Moses Grünschlags Prinzip.

Nach vielem Drängen und endlosem Hin und Her hatte er sich entschlossen, diesmal selbst mitzukommen – es waren die ersten Ferien seines Lebens. Aber wer sich auf ein entspann-

Der letzte Sommer vor dem Krieg – Moses Grünschlag mit Jankusch, Gedale und Bumek (v. l.) im August 1939.

tes Zusammensein gefreut hatte, wurde enttäuscht. Er konnte sein Geschäft nicht vergessen, saß ständig über Büchern und Kalkulationen und schickte den getreuen Jankusch viele Male täglich mit Telegrammen zur Post. Nach einer knappen Woche hatte er genug und kehrte nach Bolechów zurück, zur spürbaren Erleichterung seiner Familie.

Für Dora Grünschlag ging es in den Ferien hauptsächlich darum, die Kinder essen und wachsen zu sehen. Wenn sie am Ende nicht mindestens fünf Kilo zugenommen hatten, wurde die Sache als Verlustgeschäft betrachtet. »Wofür zahle ich?« fragte der Vater. »Sie hätten gleich zu Hause bleiben können...«

Die Pension in Jamna wurde von einer deutschen Jüdin geleitet, die unter dem Druck des Nazi-Regimes emigriert war und hier mit viel Mühe neu angefangen hatte. Nach einem Abendessen, als über Politik geredet wurde, kam es zu einer Szene, die Jankusch sehr zu denken gab. Ein wohlhabender polnischer Jude, mit seiner Frau in der Pension zu Gast, sagte: »So, wie es die Juden in Deutschland getrieben haben, geschieht ihnen die Behandlung durch Hitler ganz recht.« Die Wirtin brach in Tränen aus und lief aus dem Zimmer.

Jankusch hat sich später oft die Frage gestellt, wie dieser Mann – von der Grobheit ganz zu schweigen – so kurzsichtig sein konnte! Hätte er auch nur die Spur einer Bedrohung für sich selbst empfunden, er hätte unmöglich so reden können.

Es wurde Herbst. Rosch-ha-Schana kam und ging, an Jom Kippur wurde gefastet und gebetet – aber nicht von allen. Bumek zog es vor, sich in Dr. Raifaizens gepflegtem Obstgarten auf Apfeljagd zu begeben. An diesem Tag glaubte er, mit Sicherheit unbeobachtet zu bleiben, denn praktisch die ganze Stadt war von morgens früh bis Sonnenuntergang in den verschiedenen Synagogen versammelt.

Nun wollte es aber das Unglück, daß Fabrikbesitzer Max Blecher, der bei Dr. Raifaizen zur Miete wohnte, mittags auf einen Sprung nach Hause kam und Bumek auf frischer Tat ertappte. In deutlicher Abkehr von der andächtigen Stimmung, in der er sich eigentlich hätte befinden sollen, schrie er sofort los und rannte mit seinen langen Beinen hinter Bumek her – ohne Erfolg zwar, aber er hatte ihn nun einmal gesehen, und das konnte nicht ohne Folgen bleiben. Bumek ertrug sie mannhaft und rühmte sich im Freundeskreis seiner ungeheuerlichen Tat. Jankusch konnte sein Verhalten ganz und gar nicht billigen, während Salek Adler seiner Bewunderung offen Ausdruck verlieh. Einigkeit herrschte lediglich in dem Urteil, daß Max Blecher, den die Sache ja eigentlich nichts anging, ein unangenehmer Mensch war.

Kurz nach den Feiertagen war plötzlich einer von Moses Grünschlags Gehilfen verschwunden. Man wähnte ihn krank, aber Nachforschungen bei seinen Eltern ergaben, daß er sich nach Palästina abgesetzt hatte, auf Aliah Beth, also ohne Zertifikat. Ein riskantes Unternehmen, zu dem man ihm nur Glück wünschen konnte.

Auch andere Juden packten ihre Sachen und verließen Bolechów, unter ihnen Fräulein Semmel, Jankuschs ehemalige Lehrerin in der jüdischen Grundschule. Man könne die Bedrohung nicht länger ignorieren, es gebe bestimmt Krieg, und man müsse gehen, solange man könne, meinte sie. Moses Grünschlags Schwester in Amerika war der gleichen Ansicht und hatte längst die nötigen Papiere geschickt. Aber Grünschlags Geschäfte gingen zu gut, er konnte sich nicht losreißen.

»Wer nichts besitzt, kann leicht gehen«, meinte er im Hinblick auf Fräulein Semmel. »Hat man etwas aufgebaut, ist es schwer.«

Auch die Nachricht von der sogenannten Reichskristallnacht wischte er ungeduldig beiseite: Man solle ihn nicht mit schlechten Nachrichten behelligen, er brauche seine Kraft und Konzentration für sein Geschäft.

Bei Adlers traf ein Brief einer Verwandten aus Palästina ein: »Ich sehe dunkle Wolken über Europa. Nehmt, was ihr könnt, und lauft...«

Hermann Adler, der die Drohung ernst nahm, fehlte die nötige Entschlußkraft; seine Brüder reagierten ähnlich wie Moses Grünschlag.

Also ging das Leben wie gewohnt weiter – für Adlers und Grünschlags zumindest war es ein gutes Leben: Die Arbeiter waren willig, die Betriebe warfen Gewinn ab. Die Bedürftigen der Gesellschaft wurden aber nicht vergessen. Donnerstag abends machten Salek und Józek die Runde mit Körben voller Brot und Backwaren, und freitags gaben sich in beiden Häusern Frauen die Klinke in die Hand, die um Unterstützung baten; für die Männer war die Schande anscheinend zu groß. Freitag nachmittag wurde Wasser heiß gemacht, und die Buben wuschen sich von Kopf bis Fuß. Am Abend nach dem Kerzensegen saßen die Familien plaudernd, lesend oder Radio hörend beisammen.

Samstags kam Moses Grünschlag um Mittag nach Hause und schlief am Nachmittag, sonntags fuhr er, wie seit Jahren, zum Holz-Syndikat nach Lemberg. Dabei wurde er regelmäßig von seinem Freund Josefsberg begleitet, der eine Gerberei und ein Schuhgeschäft am Ringplatz besaß. Nach der Rückkehr von einer dieser Reisen war Grünschlag besonders guter Laune und erzählte eine lustige Begebenheit. Bei der Ankunft in Lemberg hatte es geregnet, und sie hatten einen Fiaker genommen. Josefsberg war an der Reihe gewesen, zu bezahlen, und hatte dem Kutscher ein kleines Trinkgeld gegeben. »Herr Josefsberg«, hatte dieser vorwurfsvoll gesagt, »Ihr Herr Sohn gibt großzügigere Trinkgelder...« – »Kein Wunder«, hatte Josefsberg geantwortet, »er hat einen reichen Vater, und ich bin Vollwaise!« Grünschlag hatte schallend gelacht, was bei ihm selten vorkam.

Kaum heizte man, kamen auch die beiden alten Männer Nicola Konik und Eli Stolar wieder, um auf Grünschlags Küchensofa beim Herd Geschichten zu erzählen. Sie gehörten zur Kindheit der Buben wie Bolechów selbst. Nicola war Ukrainer, Eli war Jude und hieß eigentlich Zigelstein, aber weil er einmal Zimmermann – auf ukrainisch »Stolar« – gewesen war, nannte man ihn so. Manchmal blieben sie so lange, daß Dora Grünschlag deutlich werden mußte: »Ich gehe jetzt zu Bett – vielleicht ist es besser, ihr verabschiedet euch...«

Eli hatte einen Sohn, den er über alles liebte und immer »mein Jingele« nannte. Grünschlags Buben aber redete er nur mit »junge Herren« an – ungeachtet der Tatsache, daß letztere Kinder waren, während sein Sohn etwa fünfzig Jahre zählte.

Dann schneite es wieder, und Weihnachten nahte. Viele Juden waren christenfeindlich und gingen an Kirchen nur auf der anderen Straßenseite vorbei oder spuckten sogar aus. Jankusch hatte das nie verstehen können. Grünschlags besuchten an Weihnachten ihre Nachbarn Lewandowski so regelmäßig, wie diese an Pessach zu ihnen kamen. Für Jankusch waren beide Abende gleichwertige Höhepunkte; Bumek, der sowieso Pole sein wollte, bekam vor Sehnsucht Herzschmerzen. Es war aber auch zu schön: das warme, gemütliche Zimmer, der geschmückte Baum, leise fallende Schneeflocken und Kinder, die singend von Tür zu Tür zogen. Um Mitternacht machten Lewandowskis sich auf den Weg zur Kirche, während Grünschlags über die Straße nach Hause gingen.

Zu Neujahr brachte der gutaussehende ukrainische Kaminkehrer wieder einen Kalender, mürrisch, im Schatten seines kleinen polnischen Peinigers. Ein paar Tage später erklang von den Hügeln und umliegenden Dörfern wunderbares Singen – ukrainische Weihnacht. Jankusch stand in der Dunkelheit im Schnee und hörte gebannt zu, ein kleiner Jude, der sich fragte, was der Unterschied sei.

Im Februar 1939 wurde Jankusch krank. Erst schien es nur eine Mandelentzündung zu sein, aber dann bekam er heftige Muskel- und Gelenkschmerzen. Doktor Blumental konstatierte rheumatisches Fieber. Er wurde so schwach, daß er wochenlang das Bett hüten mußte, und leider auch das Purim-Spiel verpaßte, das von Dyzia Lew und Saleks älterer Schwester Miriam Adler aufgeführt wurde und nach Aussage aller sehr schön war.

Aber das Leiden hatte eine unerwartete gute Seite: Zum ersten Mal nahm sein Vater sich Zeit für ihn, setzte sich an sein Bett, erzählte aus seinem Leben. Jankusch wagte kaum, seinem Glück zu trauen.

»Warum tut er das?« fragte er die Mutter.

»Warum nicht? Er liebt dich doch...«, antwortete sie.

Wirklich? Hoffentlich hatte sie recht.

Ein fast noch treuerer Krankenbesucher war Józek Adler. Er brachte Bildbände und Atlanten aus der Bibliothek seines Vaters, die sie gemeinsam betrachteten. Ein beliebtes Spiel war das gegenseitige Abfragen von Hauptstädten, aber der um vier Jahre jüngere Józek war darin kaum zu schlagen.

Purim-Spiel in Bolechów. Der Knabe mit dem spitzen Hut in der Mitte ist Salek Adler. Hinten stehen links Lehrer Bratspies, rechts »Tarbut«-Direktor Pesach Lew.

Jankusch genas, aber die Nachwirkungen der Krankheit waren noch lange Zeit zu spüren. Sie hatte ihn ernster gemacht.

Überhaupt schien alles nicht mehr so wie früher zu sein. Als er mit Gedale darüber sprach, bestätigte dieser sein Gefühl. Bumek und die Adler-Buben empfanden Ähnliches.

Man konnte sich des Eindrucks nicht erwehren, daß die Zeit der Kindheit zu Ende ging.

4. KAPITEL

Das Ende der alten Welt

September 1939–Juni 1941

Am 31. August 1939 arbeitete Jankusch nachmittags auf dem Holzhof, wie er es während der Ferien immer tat. Bumek war bei Adlers, Gedale zu Freunden gegangen, der Vater nach Morzyn gefahren.

Eigentlich war heute der letzte Ferientag, aber da morgen Freitag war, hatte man eine Ausnahme gemacht: Die Schule würde erst am Montag beginnen. Drei geschenkte Tage – normalerweise hätte Jankusch sie mit Freuden akzeptiert. Aber diesen Sommer hatte er sich immer wieder dabei ertappt, das Ende der Ferien herbeizusehnen. Alle sprachen von Krieg, und Jankusch hegte die ihm selbst schwer erklärliche Hoffnung, daß er, wenn das geordnete Schulleben erst einmal wieder fest zugegriffen hätte, vielleicht doch nicht ausbrechen würde.

Auf dem Holzhof war es ruhig. Kunden hatten sich schon seit Mittag nicht mehr blicken lassen. Irgendwo krähte ein Hahn, zwei Hunde bellten um die Wette.

»Jankusch!« rief die Mutter von den Stufen, die vom Haus zum Garten führten. »Hier ist ein Telegramm für Vater – zwei Waggonladungen Holz sind in Danzig aufgehalten worden.«

Jankusch wußte, um was es sich handelte: ausgesuchtes Buchen- und Eichenholz für eine englische Werft, woraus Vertäfelungen in Passagierschiffen angefertigt wurden.

»Ich finde, Vater sollte benachrichtigt werden. Beeile dich, dann erwischst du den Nachmittagszug nach Morzyn.«

Froh um die Abwechslung, lief Jankusch zum Bahnhof. Dort

war kein Mensch zu sehen, dafür aber ein großes Plakat, das gestern noch nicht gehangen hatte. Es ordnete die allgemeine Mobilmachung an und war vom polnischen Präsidenten unterzeichnet. Also doch Krieg, dachte er, und in seinem Körper machte sich ein Gefühl bemerkbar, das bis in die Fingerspitzen ausstrahlte, und das er zur Genüge kennenlernen sollte: Angst.

Im Zug war Jankusch der einzige Passagier. Morzyn war wie ausgestorben. Er begegnete lediglich einem älteren Ehepaar aus Bolechów, das sich gemeinsam abmühte, einen Leiterwagen bergauf zu schieben.

»Was machen Sie hier?« fragte Jankusch verwundert.

»Was wir machen?« Der Mann war ungeduldig. »Wir flüchten! Weißt du nicht, daß in Bolechów Krieg ist?« Damit stemmte er sich wieder hinter den Wagen.

Komisch, dachte Jankusch, ich war noch vor einer halben Stunde dort und habe nichts bemerkt. Und wieso mobilisiert man erst dann, wenn der Krieg schon ausgebrochen ist?

Jankusch konnte nicht wissen, daß eine Mobilmachung fast einer Kriegserklärung gleichkommt. Um den großen Nachbarn Deutschland nicht zu reizen, war sie von der polnischen Regierung so lange wie möglich hinausgezögert worden. Man wollte nicht den gleichen Fehler begehen wie vor dem Ersten Weltkrieg, als voreiliges Mobilisieren nach Meinung vieler den Kriegsausbruch beschleunigt hatte.

Moses Grünschlag war außer sich, als er das Telegramm las. Sofort versuchte er, in Danzig anzurufen. Aber es ließ sich keine Verbindung herstellen, und Vater und Sohn kehrten mit dem Abendzug nach Bolechów zurück.

Am nächsten Tag war klar, daß der Krieg tatsächlich ausgebrochen war. Alle, die sich an den 1. September 1939 erinnern, betonen, wie ungewöhnlich schön er war, mit wolkenlos blauseidigem Himmel, ausgewogener Temperatur und die Haut liebkosendem Wind. Man habe förmlich gespürt, daß sogar Tiere und Pflanzen diesen Tag genossen.

Die Schule begann auch am darauffolgenden Montag nicht.

»Bitte, Jankusch, iß! Tu mir den Gefallen!« flehte die Mutter.

»Was ist los, Mutter? Warum weinst du?«

»Nächste Woche sind wir vielleicht schon nicht mehr zusammen. Beim letzten Krieg mußten die Männer auch fort...«

Es klopfte. Mutter trocknete die Tränen ab und ging zur Tür.

»Nanu«, hörte man sie sagen, »wo kommst du denn her?«

Es war ein Neffe von Moses Grünschlag aus Boryslav.

»Tante Dora, ich bin nicht allein. Dürfen wir hereinkommen?«

Und eh man sich's versah, drängten sich an die zwanzig junge Burschen in den Raum.

»Ist dies ein Überfall? Was macht ihr hier?« Grünschlag war ungehalten.

»Wir laufen weg, Onkel Moses.«

»Ihr lauft weg? Vor wem?«

»Vor den Deutschen natürlich. Die sollen schon in Warschau sein...

»Nun mal langsam, eins nach dem anderen...«

Während Mutter einen Topf Kartoffeln aufsetzte, berichtete der Neffe: »Die Wehrmacht hat die polnische Armee so gut wie überrollt. Noch werden die Nachrichten geschönt, aber die Wirklichkeit wird sich nicht mehr lange verdrängen lassen.«

»Und deshalb flüchtet ihr?«

»Ja. Man hört, daß jüdische Männer von den Deutschen verhaftet und in Lager gesteckt würden. Genaues weiß man nicht, aber wir wollen uns nicht überraschen lassen. Wir sind übrigens keineswegs die einzigen.«

»Nein?«

»Die Straßen sind verstopft. Alle wollen nach Rumänien, andere Möglichkeiten gibt es kaum. Ich würde an eurer Stelle auch vorsorgen – besonders was dich betrifft, Onkel Moses. Für die Buben besteht vielleicht keine unmittelbare Gefahr.«

Jankusch sah seine Mutter an. Eben hatte sie davon gesprochen, jetzt war es schon soweit. Würde der Vater sie wirklich allein lassen? Wieder meldete sich die Angst.

Die Nacht war hochsommerlich warm. Die Burschen schliefen im Garten unter Bäumen. Am Morgen zog die Gruppe weiter.

Moses Grünschlag versammelte seine Familie um sich. »Ihr habt gehört, was gestern gesagt wurde. Mutter und ich haben uns in der Nacht besprochen. Zuerst dachten wir, auch Gedale sollte sich vorsorglich absetzen, aber dann haben wir entschieden, daß ich allein gehe. Ich werde den Zug nach Stanislawów nehmen und von dort versuchen, über die rumänische Grenze zu kommen. Geht eurer Mutter zur Hand, ich hoffe, bald wieder hier zu sein.«

Mit einem Rucksack, auf den oben sein Mantel gebunden war, ging er eine Stunde später die Bahnhofstraße hinunter. Bumek heulte, Jankusch war es flau im Magen, Gedale vermochte ihm nicht einmal nachzuschauen. Am Abend war sein Platz leer, und Mutter weinte wieder.

Adlers befürchteten Luftangriffe, vielleicht mit Gas, wie es aus dem letzten Krieg in schlimmer Erinnerung war. In der Tat war Bolechów in den letzten Tagen mehrmals überflogen worden. Die ganze Familie evakuierte sich deshalb in das kleine Dorf Dolska, wo von Krieg nun wirklich nichts zu merken war. Im Gegenteil: Man saß sehr angenehm unter Bäumen und verzehrte Gurken mit Sauermilch. Salek und Józek waren über den Ausflug begeistert.

Aber dann erschien der wohlvertraute Polizist und Stadtausrufer Józio Bilinski mit seiner Trompete: »Die tapfere polnische Kavallerie hat die deutsche Wehrmacht vernichtend geschlagen! Jedermann kann gefahrlos nach Hause zurückkehren!«

Anscheinend waren derartige Nachrichten tatsächlich verbreitet worden. Aber schon auf dem Rückweg sahen Adlers, daß es mit dem polnischen Sieg nicht weit her sein konnte.

Müde, abgerissen und demoralisiert, ohne Helme und Gewehre, zum Teil sogar ohne Schuhe, zogen polnische Verbände die Dolinska entlang nach Osten. Die Soldaten baten in Häusern um Essen. Fahrzeuge, denen der Treibstoff ausgegangen war, wurden einfach stehengelassen.

Aber nicht nur die Armee floh. Grünschlags Neffe war tatsächlich kein Einzelfall gewesen: Auf Pferdewagen, mit Fahrrädern und zu Fuß kamen Juden aus Westpolen. Die Deutschen seien schon in Stryj – nur fort!

»Warum fliehen nicht auch wir?« fragte Jankusch.

»Unmöglich«, sagte die Mutter. »Wenn Vater zurückkommt, muß er wissen, wo wir zu finden sind.«

Dann wurde bekannt, daß sich die polnische Regierung nach Rumänien abgesetzt hatte. Bolechów war ohne Aufsicht. Der Ringplatz füllte sich mit Ukrainern, die Säcke, Äxte und Eisenstangen trugen. Ihre Absicht war unmißverständlich.

»Mütterchen, Schnaps her!« rief ein großer Kerl und lehnte sich über den Schanktisch. Rachel Reis, die Mutter von Dora Grünschlag, hatte ihr Gasthaus eben schließen wollen, als der Mann hereingetreten war.

»Leg das Geld hin, dann kannst du Schnaps haben.«

»Geld? Weißt du nicht, daß eine neue Zeit angebrochen ist? Ab jetzt wird genommen, nicht bezahlt. Schnaps her, sage ich!«

»Und ich sage, daß du Unsinn redest. Bei mir gibts nichts ohne Geld, das solltest du wissen.«

»Das wird sich ändern! Die Deutschen werden euch Judenpack das Laufen beibringen, und was ihr im Keller verborgen und im Garten vergraben habt, wird uns gehören. Gib mir Schnaps, sonst hole ich ihn mir selbst.«

Großmutter Reis war für ihre eisernen Nerven bekannt. Sie hatte nicht nur fünf Töchter allein großgezogen, sondern auch vierzig Jahre in der Schenke am Ringplatz gestanden. Sie kannte ihre Kunden.

»Raus!« sagte sie. »Da ist die Tür. Die frische Luft wird dir guttun!«

»Im Gegenteil – drinnen ist es gemütlicher. Das finden meine Freunde auch. He, kommt mal her! Hier gibt es Schnaps umsonst!«

Auf seinen Zuruf traten vier, fünf andere Ukrainer in den Raum.

»Na, Mütterchen, was sagst du jetzt?«

»Ich sage, daß ihr euch schämen sollt. Ein Haufen ausgewachsener Männer bedroht eine alte Frau! Außerdem sage ich, daß ich einige von euch kenne und daß die Polizei euch holen wird, wenn mir auch nur ein Haar gekrümmt wird. Raus jetzt, sage ich, und laßt euch von euren Müttern die Ohren lang ziehen.«

Sie stützte die Arme auf den Schanktisch und sah dem Anführer direkt ins Gesicht. Im Raum wurde es still. Der Blick ihrer dunklen Augen war hart und furchtlos. Sie merkte, daß er unsicher wurde, sich aber keine Blöße geben konnte.

»So«, sagte sie, »jetzt kriegt jeder von euch einen Schnaps, und dann mache ich meinen Laden zu.«

Ihre Klugheit hatte die Männer besiegt, die nun fast beschämt ihr Glas leerten und sich davonmachten. Großmutter Reis schob die schweren Eisenriegel vor, schloß von innen die Fensterläden und ließ sich auf eine Bank fallen. Der Zwischenfall hatte Kraft gekostet. Sie war einiges gewohnt, aber so aggressiv hatte sie ihre ukrainische Kundschaft noch nie erlebt – und die polnische Polizei gab es wahrscheinlich schon nicht mehr.

Durch einen Spalt blickte sie hinaus. Männer standen in Gruppen beisammen, rauchten, aßen Speck. Schnapsflaschen gingen von Hand zu Hand. Gegenüber, in der Nähe der Apotheke, brannte ein Feuer. Offensichtlich warteten sie nur, daß einer die Initiative ergreifen und losschlagen würde.

Großmutter Reis überlegte, ob sie durch den Hinterausgang zu Grünschlags fliehen sollte. Nein, entschied sie, sie würde nicht weglaufen, sondern zu Bett gehen, wie sonst auch.

Am nächsten Morgen war der Ringplatz leer. Bei Grünschlags erfuhr sie den Grund dafür: Die von den Ukrainern so sehnsüchtig erwarteten Deutschen hatten mit den Russen einen Pakt geschlossen und Polen einfach untereinander aufgeteilt! Der Fluß San war die neue Grenze, und was östlich davon lag, würde Teil der Sowjetunion werden – Bolechów also auch. Das Machtspiel der Diktatoren war den Ukrainern zuvorgekommen, deren Alptraum vom russischen Joch Wirklichkeit geworden.

»Das ist ja noch mal gutgegangen, Gott sei Dank, obwohl die Aussicht, die Sowjets im Haus zu haben, auch nicht rosig ist«, meinte Großmutter Reis.

Damit drückte sie aus, was in Bolechóws jüdischen Häusern gedacht wurde. Zwar fürchtete man den Antisemitismus der Nazis, aber kaum jemand hatte ihn am eigenen Leib erlebt; mit den Russen hatte fast jeder zu tun gehabt, und die Erinnerung daran war selten gut.

Froh, nein, überglücklich waren hingegen Jankusch, Bumek und Gedale, als die Tür aufging und Moses Grünschlag wieder in der Küche stand. Er war gar nicht erst bis Stanislawów gekommen, sondern hatte die Tage bei einem Bauern verbracht, der früher für ihn gearbeitet hatte. Aber auch hier gab es einen Wermutstropfen: Der Vater hatte sie allein gelassen, daran war nicht zu deuteln, und daher mischte sich in die Freude auch eine Spur Kritik.

»Bleibt weg, die schießen auf jeden!« hatte es geheißen.

Aber Jankusch hatte sich hinausgewagt, Bumek und Gedale waren ihm gefolgt. Als sie sich vorsichtig der Dolinska näherten, standen dort schon andere Leute, unter ihnen ein Großteil der Familie Adler. Bald war ganz Bolechów draußen, um ein Schauspiel zu erleben, wie es noch keiner gesehen hatte: Die Rote Armee marschierte vorbei!

Jankusch hätte nie geglaubt, daß es so etwas überhaupt gab. Panzer und Kettenfahrzeuge, deren Lärm einem den Atem verschlug, planenbedeckte, niedrige Transportlaster, offene

Mannschaftswagen mit aufrecht sitzenden Soldaten, von Traktoren gezogene Geschütze (wer hatte in Bolechów je einen Traktor gesehen?), ein schier endloser Strom von Infanteristen und Tausende von Pferden. Schon seit Stunden war es unmöglich, die Straße zu überqueren.

Das also waren die gefürchteten Russen. Eigentlich wirkten sie ganz nett. Sie winkten den Kindern zu, schauten den Mädchen frech in die Augen. Und als Jankusch abends zu der Wiese ging, wo sie in Zelten kampierten, sah er sie von Ferne um ein Feuer sitzen und hörte sie so schön mehrstimmig singen, wie er es sonst nur von den Ukrainern um die Weihnachtszeit kannte.

Am nächsten Tag waren die Straßen von Russen überflutet. So mächtig war ihre Gegenwart, daß die ganze Stadt nach ihnen roch. Machorka-Tabak, vermischt mit Pferdedunst, Ledergeruch und dem Duft imprägnierter Uniformmäntel hing wie eine Wolke über Bolechów, und Jankusch hörte hinter vorgehaltener Hand den ersten Witz der neuen Ära: »Was ist das? Es singt, und es stinkt…« Er mußte lauthals lachen, aber als sein Bekannter ihm den Ellbogen in die Rippen stieß, beherrschte er sich schnell.

Alle Geschäfte waren offen. Flinke Händler hatten Schilder angefertigt, auf denen sie ihre Waren auf russisch anboten. Aber wenige hatten erwartet, was auf sie zukam.

»Was kosten diese Schuhe? Nicht schlecht. In Rußland gibt es zwar bessere, aber ich nehme zehn Paar. Und pack mir auch noch fünf Paar Stiefel ein.«

So ging es überall. Bolechóws Kaufleute glaubten, das goldene Zeitalter sei angebrochen. Bezahlt wurde mit Papierrubeln im Verhältnis eins zu eins. Am Abend standen in manchen Geschäften Säcke voll mit Geld.

Das böse Erwachen kam, als man nach Lemberg fuhr, um neue Waren einzukaufen. Auch dort waren die Vorräte erschöpft. Wie ein Heuschreckenschwarm waren die Russen über Ostgalizien hergefallen und hatten es leergekauft. Wer noch Ware hatte, hielt sie wohlweislich versteckt. Innerhalb einer Woche schnellten die Preise in die Höhe, und es herrschte Mangel an fast allem. Der Rubel, wie sich herausstellte, war so gut wie nichts wert.

Bald zahlten die Russen überhaupt nicht mehr, sondern requirierten. Dabei kam es zur ersten Verhaftung durch das neue Regime. Der Betroffene war ausgerechnet Jehoschua Beglaibter, ein älterer Mann, der in einem kleinen, dunklen Hinterhofgeschäft in der Nähe des Parks Schustereizubehör verkaufte.

Ein Offizier wollte Stiefelwichse. »Es tut mir leid, mein Herr – ich habe nichts mehr. Die Herren Soldaten sind hiergewesen und haben alles weggekauft.«

»Danke«, sagte der Offizier und ging. Aber eine halbe Stunde später kam eine Kommission mit einem Durchsuchungsbefehl und fand, wie konnte es anders sein, einen Vorrat an Nägeln, Pech, Zwirn, Wildschweinborsten und eine ansehnliche Dose Stiefelwichse im Keller. Beglaibter wurde mitgenommen, die Ware konfisziert, das Geschäft geschlossen, die Ladentür zugenagelt. Die Euphorie war verflogen.

Als Ende September endlich die Schule wieder begann, gab es eine Reihe von Überraschungen. Die meisten der alten Lehrer waren fort und durch neue ersetzt worden, die man offenbar eigens aus der Sowjetunion gebracht hatte. Sie sprachen nicht polnisch, sondern ukrainisch – die neue Unterrichtssprache. Den Schülern wurde eröffnet, daß sie wegen der unzureichenden Qualität ihrer bisherigen Erziehung alle ein Jahr wiederholen müßten. Unbekannte Lieder wurden gesungen, mehrmals pro Woche fanden Pioniernachmittage statt. Gleich der dritte oder vierte Schultag war Jom Kippur, jetzt ein Unterrichtstag wie jeder andere.

Daß sie ein Jahr wiederholen mußten, war eine bittere Pille; ansonsten war das Schulleben nicht schlecht. Man mußte nicht mehr mit beiden Armen hinter dem Rücken verschränkt sitzen, sondern konnte sich frei bewegen. Es wurde Wert auf sportliche Betätigung gelegt. Das Singen, hatte man die Lieder einmal gelernt, machte Spaß. Auch die Pioniernachmittage waren erträglich. Dem Vaterland sollte man Treue schwören? Dann schwor man eben. Es gab Schlimmeres.

Saleks Eltern staunten, als ihr Sohn eines Mittags verkündete: »Seid bloß immer lieb zu mir! Und schlagt mich vor allem nie wieder! Unser Lehrer hat gesagt, wir seien junge Staatsbürger, dazu passe körperliche Züchtigung in keiner Weise. Wenn jemand uns schlägt, und seien es die eigenen Eltern, sollen wir Rapport erstatten...«

Was sich hinter dieser Aufforderung verbarg, vermochte Salek nicht zu erkennen. Aber sowohl er als auch Józek und Bumek vermerkten mit Genugtuung, daß die Hänseleien durch ukrainische und polnische Kinder aufgehört hatten.

Gedale und Jankusch, Dyzia Lew und viele andere fuhren weiter täglich mit dem Zug auf das Handelsgymnasium nach Stryj. Die russischen Lehrer waren offensichtlich hervorragend ausgebildet und immer bereit, auch außerhalb der Unterrichtsstunden mit Schülern zu arbeiten. Wer an Mathematik und Naturwissenschaften Interesse hatte, konnte eine Menge lernen. Humanistische Fächer, ein Schwerpunkt der bisherigen polnischen Erziehung, wurden streng nach den Gesichtspunkten des Klassenkampfes unterrichtet. Je nach Veranlagung belächelte oder bemitleidete man aus der Polenzeit übernommene Lehrer, die schlecht mit der ukrainischen Sprache und noch schlechter mit der neuen Ideologie zurechtkamen. Zwei Stunden täglich wurde Russisch gepaukt.

Um diese Jahreszeit war es noch stockdunkel, wenn der Schulzug in Bolechów abfuhr. Dann wurde die Uhr um zwei Stunden zurückgestellt: Moskau-Zeit – danach hatte sich alles zu richten! Ab jetzt stand ganz Bolechów zu nachtschlafener Zeit auf. Die Schule begann umgerechnet um sechs Uhr früh, und in der großen Pause ging gerade die Sonne auf. Man schüttelte den Kopf, hatte aber bereits gelernt, den Mund zu halten.

Zu zweit oder zu dritt, mit Militärautos oder zu Fuß kamen Parteifunktionäre in die Fabriken und baten Besitzer und Direktoren um eine Unterredung. Anschließend wurde die Belegschaft zusammengerufen und das stets gleichlautende Ergebnis bekanntgegeben: Der Betrieb war mit sofortiger Wirkung verstaatlicht und der frühere Brotherr den Arbeitern gleichgestellt. Deren Quittung ließ oft nicht lange auf sich warten.

Fabrikbesitzer Max Blecher zum Beispiel mußte seine Arbeitswut und seine cholerischen Anfälle nun bitter bezahlen. Aufgefordert, ihn als staatlich eingesetzten Verwalter zu akzeptieren, hatten seine Arbeiter einstimmig abgelehnt. »Leuteschinder« und »Tyrann« gehörten zu den milderen Ausdrükken, mit denen er belegt wurde. Obwohl er vor Wut zitterte, war er machtlos. »Wenn Sie sich aufführen, werden Sie sich andernorts wiederfinden«, wurde ihm vor versammelter Mannschaft gesagt, und als er mit soviel Würde, wie er nur irgend aufbringen konnte, seine Fabrik verließ, wurde Beifall geklatscht.

Alles wurde von oben nach unten gekehrt. Bernhard Lew, der freundliche Mann mit der Pfeife und Vater der hübschen Dyzia, verlor seinen Posten als Elektrizitätswerksdirektor und damit auch sein Anrecht auf die Dienstwohnung. Seine Frau Eda nutzte ihre gute Beziehung zu Rabbi Perlov, und durch ihre Vermittlung zog Familie Lew in eines der Häuser des rabbinischen Anwesens am Ringplatz. Bernhard bekam einen Posten als Magistratsschreiber. Sein Nachfolger als Direktor wurde ein blendend aussehender Ukrainer namens Johann Strutynski, der wie ein Komet in Bolechów aufgetaucht war und eine recht unrühmliche Rolle spielen sollte.

Was derartig einschneidende Veränderungen für die Betroffenen bedeuteten, läßt sich unschwer vorstellen. Die Stimmung von Bolechóws früherer Wirtschaftselite war so grau wie das Novemberwetter draußen.

Selbst der menschenfreundliche Rechtsanwalt Dr. Raifaizen, der jahrelang Bedürftige umsonst verteidigt hatte, wurde nicht ungeschoren gelassen. Sein schönes zweistöckiges Haus am Ende der Kolejówka war als Dienstgebäude des NKWD beschlagnahmt worden. Jankusch beobachtete, wie wagenweise Büromöbel angefahren wurden und ein Schwarm von Sekretärinnen und uniformiertem Personal dort ein und aus ging. Allmächtig – das war das einzige Wort, das ihm im Zusammenhang mit dem neuen Regime einfiel.

Jankusch hatte seinen Vater nie anders als aktiv und energisch erlebt, hatte ihn bewundert und sich manchmal gefragt, wie sich ein einzelner Kopf so viele Details merken konnte. Jetzt saß Moses Grünschlag grübelnd zu Hause und erging sich in düsteren Prognosen. Gelegentlich ertappte Jankusch sich dabei, ihn weniger als früher zu fürchten. Das beunruhigte ihn am meisten, und er haßte das neue Regime dafür.

»Ich lasse mich nicht enteignen! Ehe man mir meinen Besitz wegnimmt, verschenke ich ihn lieber.«

»Verschenken? Wie soll das geschehen?«

»Ganz einfach: Ich gebe bekannt, daß der Holzhof zur Selbstbedienung freigegeben ist. Du wirst sehen, wie schnell er leergeräumt ist!«

»Gut, wenn du meinst.« Auch Dora Grünschlag litt unter dem Zustand ihres Mannes.

Treu seiner Natur setzte Moses Grünschlag seinen Entschluß in die Tat um, und kurz darauf konnte man beobachten, wie er mit versteinertem Gesichtsausdruck die Vernichtung seines Imperiums überwachte. Schwärme von Menschen holten sich, was sie wollten. Zuerst machten sie vorsichtige Bogen um den gefürchteten Holzhändler, aber als sie sahen, daß er sie gewähren ließ und nicht einmal protestierte, wenn sie teure Edelhölzer der Einfachheit halber auf der Stelle zerkleinerten, wurden sie kühner und frecher, und statt eines Dankes flog manches hämische Wort in die Richtung des stolzen Mannes. Jankusch glaubte, in seinem Leben nichts so herzzerreißend Trauriges gesehen zu haben.

Binnen weniger Tage war das ganze Sortiment verschwunden, Tausende Klafter kostbaren Holzes, die Frucht jahrelanger Planung und Investition. Zurück blieb eine leere, morastige Fläche mit vergilbtem Stoppelgras.

Vater selbst saß in der Küche und starrte vor sich hin. Die Arbeitsmaschine Moses Grünschlag war abrupt zum Stehen gekommen. Es war, als habe man bei laufendem Motor den Stecker herausgezogen.

Jankusch verstand die Welt nicht mehr.

Aber wie so oft im Leben war das Pech des einen des anderen Glück. Da die Qualifikation neuer Direktoren vielerorts lediglich in der Zugehörigkeit zur Arbeiterklasse und vermeintlicher Linientreue bestand, geriet die Produktivität bald ins Stocken. Schwere Fehler wurden gemacht, und man merkte: Ein Fachmann mußte her. Die Wahl fiel auf Adolph Adler.

In Adlers Lederfabrik waren wie anderswo Funktionäre mit dem Verstaatlichungsbefehl aufgetaucht, aber anders als bei Max Blecher war Adlers Belegschaft traurig und geschockt gewesen. Der stets fröhliche Dolek war bei seinen Leuten ungemein beliebt. Sie vergaßen es ihrem Chef nicht, daß er immer selbst mit angepackt hatte, vergaßen auch nicht die großzügigen Weihnachtsgaben und vor allem nicht die kameradschaftliche Atmosphäre, die er stets verbreitet hatte. Seine manchmal ungeschliffene Ausdrucksweise und seine in einem Boxkampf gebrochene Nase hatten ihn vollends zu einem der ihren gemacht.

So wurde Adolph Adler, der immer schon im Ruf eines Glückspilzes gestanden hatte, zum Lederchef für ganz Bolechów ernannt. Eine Entwicklung ganz nach seinem Geschmack! Mit weitreichenden Vollmachten ausgestattet, standen ihm alle Türen offen, sein Fachwissen wurde genutzt und respektiert, und – ein besonderes Privileg – er konnte reisen, wohin er wollte. In Stryj, Stanislawów und Lemberg hatte er Zugang zu Schwarzmärkten, von denen man in Bolechów nur träumen konnte. Im stillen wurde manches private Geschäft über die Bühne gebracht. Beim Nachhausekommen holte er Geschenke für seine Kinder Miriam und Salek aus der Tasche und zwinkerte seiner Frau zu, wie um ihr zu sagen, daß sich noch anderes darin befände, was er niemandem zu zeigen, aber dennoch gut zu verwahren gedächte.

So blieb das Haus Adler eine Insel der Geborgenheit in einer äußerst unwirtlich gewordenen Umgebung.

Nicht nur war der Winter außergewöhnlich kalt, mit Temperaturen bis zu minus dreißig Grad, das ganze Leben war wie im Frost erstarrt. Althergebrachtes und Vertrautes war einer unverständlichen Ordnung gewichen. Die meisten Geschäfte auf dem Ringplatz waren geschlossen, und die beiden Kioske, einst Zentrum gesellschaftlichen Austauschs, mit Brettern vernagelt. Ebenfalls verschwunden waren die informativen und amüsanten polnischen Zeitungen und alle jiddischen Blätter. An ihrer Stelle gab es die »Prawda« in russisch und ukrainisch. Wenn man daran dachte, wie man sich noch im Sommer vor Begeisterung auf die Schulter geschlagen hatte, wenn Abbale seine tägliche Rede hielt, wie man den alten Ojser getriezt und nach Herzenslust Witze gerissen hatte, dann erschien das wie ein fernes, helles Zeitalter.

Die Furcht vor Denunziationen war nachgerade zum Existenzproblem geworden. Jener joviale, gutaussehende neue Direktor des Elektrizitätswerkes zum Beispiel, der Ukrainer Johann Strutynski, erwarb sich bald einen Ruf als NKWD-Spitzel. Noch schlimmer war, daß er als Adjutant und ständigen Begleiter einen Juden namens Hilsenrath an seiner Seite hatte. Wem konnte man noch trauen? Die jüdische Solidarität, die bisher auch größere Zänkereien und Querelen überdauert hatte, war zum ersten Mal ernsthaft gefährdet. Nicht wenige der sowjetischen Besatzer waren Juden, sogar der Direktor des NKWD. Wenn auch im Umgang mit ihnen nicht die leiseste Spur von Vertrautheit zu bemerken war, wenn auch jüdische Belange mit der gleichen gleichgültigen Kühle wie alles andere behandelt wurden, so veranlaßte die Entwicklung den hellsichtigen Hermann Adler seinem Sohn Józek gegenüber zu der Prophezeiung: »Das wird den Haß der Ukrainer noch mehr schüren. Wieder sehen sie die Juden oben. Wir werden es zu spüren bekommen.«

Bolechóws deutsche Kolonie verabschiedete sich. Das Molotow-Ribbentrop-Abkommen ermöglichte ethnischen Minderheiten, in ihre Heimatländer zurückzukehren. In West-Ost-Richtung wurde es kaum genutzt, aber Deutschstämmige ergriffen begierig die Gelegenheit, dem Kommunismus zu entrinnen. Ein Treck wurde zusammengestellt und mit den starken deutschen Pferden bespannt. Frauen, Kinder und alte Leute saßen vermummt hinter Planen, Männer in Pelze und Decken gewickelt auf dem Bock, Reiter begleiteten die Gefährte, Hunde liefen nebenher. So verschwand Bolechóws deutsche Kolonie in dichtem Schneetreiben auf der Straße nach Stryj. Dyzias Freundin Renate Pfeiffer war noch mit einem Geschenk zu ihr gekommen, und Dyzia hatte ihr einen Spruch ins Poesiealbum geschrieben.

Zur Organisation und Überwachung der »Heimführung« war eine Kommission der SS nach Stryj gekommen, geleitet von keinem anderen als Eduard Liberta, dem ehemaligen Direktor des Handelsgymnasiums. Die Schüler trauten ihren Augen kaum, als sie die einsame, uniformierte Gestalt am Eingang des Pausenhofes stehen sahen. Der Grund seines Besuches wurde klar, als Dyzias Klassenkameradin Esther Heinik aus dem Tor trat. Sein Verlangen nach der schönen Jüdin war schon immer ein offenes Geheimnis gewesen. Esther hakte sich bei ihm ein, und er begleitete sie bis zu ihrem Haus. Die Mädchen fanden, daß die SS-Uniform außerordentlich kleidsam war, und auch Jankusch mußte zugeben, von Libertas schneidiger Eleganz beeindruckt zu sein. Vielleicht waren die Deutschen doch nicht so schlimm, wie man manchmal hörte.

Zu Hause gab es neue Probleme. Die Eltern Grünschlag waren mit Gedale zum Magistrat gegangen, um, wie es das Gesetz erforderte, einen Paß zu beantragen; Jankusch und Bumek, noch nicht sechzehn, brauchten keinen. Als sie nach längerer Wartezeit vorgelassen wurden und vor eine vierköpfige Kommission treten mußten, sah Gedale, wie der Vater zusammenzuckte. Auch die Mutter schien verunsichert.

»Was war los?« fragte Gedale, als sie auf der Dolinska zurückgingen.

»Hast du nicht gesehen, wer da saß? Nathan Engländer! Als Funktionär! Ich hatte keine Ahnung, daß er wieder in Bolechów ist.«

Gedale hatte den Namen zwar gehört, wußte aber nichts damit anzufangen.

»Nathan Engländer hat hier einmal eine Zimmerei besessen. Irgendwann hat er Pleite gemacht und ist untergetaucht. Da er mir Geld schuldete, habe ich ihn angezeigt und mit anderen Gläubigern eine Petition unterschrieben, die seine Auslieferung forderte. Ich kann euch jetzt schon sagen, daß er sich rächen wird. Das habe ich an seinem Gesichtsausdruck gesehen. Außerdem hätte er mich sonst begrüßt.«

»Du siehst immer alles gleich so schwarz«, sagte die Mutter.

»Ich kenne die Menschen«, antwortete der Vater.

Pessimisten haben immer recht. Wortlos wurden Moses Grünschlag eine Woche später drei Pässe ausgehändigt. Unter der Rubrik »Besonderes« war »§ 681« eingetragen. Jeder wußte, was das hieß: unzuverlässiges Element, vorgemerkt für Sibirien.

Ein schwerer Schlag. Mutter packte für jedes Familienmitglied einen Koffer mit warmen Sachen und stellte sie mit Namen versehen in eine Ecke – wenn man abgeholt würde, so hieß es, habe man nur fünf Minuten Zeit. Außerdem buk sie Unmengen von Zwieback, der angeblich jahrelang haltbar war. Den Buben wurden von Schuster Dudzinski feste Stiefel angefertigt.

In seiner Verzweiflung beschloß Moses Grünschlag, Landwirt zu werden. Eine Kuh besaß er ja. Er hatte sie von ukrainischen Nonnen in Hoszów als Bezahlung für einen Wintervorrat an Brennholz bekommen. Die wenig begeisterten Söhne mußten in einem Schuppen auf dem Holzhof einen Stall einrichten und die Kuh von Ruzias Dorf in die Kolejówka treiben. Grünschlag selbst war zu deprimiert, um aktiv mitzuhelfen.

Die ganze Unternehmung war ein Unding. Heubeschaffung und Melken waren ein Alptraum, und überall trat man in Kuhfladen. Selten sah man erfolglosere landwirtschaftliche Bemühungen. Einzig der elfjährige Bumek entwickelte ein gewisses Talent, und die anderen waren froh, ihn machen zu lassen.

Um ein übriges zu tun, gründete Grünschlag mit seinem Freund Josefsberg ein Syndikat zur Herstellung von Ledertaschen. Im Hinterzimmer von Rotenbergs Fischrestaurant richteten sie sich eine Werkstatt ein. Keiner war handwerklich begabt, meist wurde nur geredet, und von der Existenz gefertigter Stücke ist nichts überliefert. Aber wenn Grünschlag nach Hause kam, waren seine Hände schmutzig, und er roch nach Öl. Somit war es für alle sichtbar, daß er arbeitete. Dennoch war die Angst vor dem Abgeholtwerden ständig präsent, besonders nach Einbruch der Dunkelheit.

Eines Abends, es war etwa neun Uhr und Familie Grünschlag saß wie üblich in der Küche, klopfte es. Vater zuckte zusammen und war schon bereit, durch die Hintertür in den Garten zu laufen; aber als Mutter ihm beruhigend die Hand auf den Arm legte, blieb er sitzen. Vor der Tür standen zwei NKWD-Soldaten.

»Das Hausbuch, bitte.«

Mutter holte es aus der Schublade.

»Grünschlag, Moses – das sind Sie? Und hier die Frau? Drei Söhne, wo sind die? Hier – eins, zwei, drei. Wie heißt du?«

»Jakob Grünschlag.«

»Und der Kleine?«

»Abraham Grünschlag.«

»Und das ist der ältere Bruder, nehme ich an. Sonst niemand im Haus? Nein?«

Die Soldaten sahen sich um. Einer öffnete die Tür zum Nebenzimmer.

»Alles in Ordnung. Gute Nacht.«

Moses Grünschlag wischte sich den Schweiß von der Stirn. Diese Kontrollen, obwohl nicht unüblich, waren jedesmal eine arge Nervenprobe.

Zwanzig Minuten später, die Eltern wollten eben zu Bett gehen, fuhr ein Lastwagen die Kolejówka hinunter. Grünschlag legte den Finger an den Mund, alle lauschten. Der Wagen fuhr vorbei, wendete, kam zurück.

»Um Gottes willen – die wollten vorher nur sehen, ob wir da sind!«

Vater zeigte auf die Hintertür. Jankusch und Gedale verschwanden rechts in der Dunkelheit, Bumek kletterte wieselflink auf einen Baum, die Mutter verbarg sich in einem Lagerschuppen. Vater selbst hockte sich an die Hecke beim Zaun.

Alles war still; auch von der Straße hörte man nichts. Und doch schien es Grünschlag, als spürte er eine Gegenwart. Er meinte sogar, Atmen zu hören. Ein Tier vielleicht? Oder war das Anwesen bereits umstellt? Minuten angespannten Lauschens vergingen, dann entfernte sich der Lastwagen.

»Herr Grünschlag?« fragte es leise über den Zaun.

Es war Dudzinski, der polnische Nachbar, der geglaubt hatte, es gelte ihm. Was der Lastwagen in der Kolejówka gewollt hatte, wurde nie bekannt; vielleicht war der Anlaß ein harmloser gewesen. Aber solcherart war die Angst.

Ein in Bolechów heimlich zitierter Spruch besagte, daß es in der klassenlosen Gesellschaft immer noch drei Klassen von Menschen gab: die im Gefängnis waren, die drinnen sind, und die noch hineinkommen. Ein anderer bitterer Spruch lautete: Wer nicht im Gefängnis war, kommt noch hinein – und wer drinnen war, vergißt es nie.

Und trotzdem lebte man. Wohlhabende Juden hatten genügend Geld beiseite gelegt, um sich keine Sorgen um das tägliche Brot machen zu müssen. Ärmere mußten am Arbeitsplatz

Gestohlenes auf dem Schwarzmarkt umsetzen. Das war mühsam und gefährlich, aber tatsächlichen Hunger litten auch sie nicht. Manchen, wie Dolek Adler, ging es ausgesprochen gut, und Moses Grünschlag wurde allen Unkenrufen zum Trotz nicht verhaftet.

Wußte man in Bolechów vom Morden der Deutschen im nur hundert Kilometer entfernten »Generalgouvernement«? Oder war man zu sehr mit sich selbst beschäftigt, um sich Gedanken zu machen?

Im Juni 1940 sollten die Bewohner Ostgaliziens bestimmen, ob sie offiziell zur Sowjetunion gehören wollten. Da eine andere Staatsbürgerschaft nicht zur Debatte stand, war das Resultat eindeutig: Über 99 Prozent stimmten mit Ja.

Juden aus Westpolen, die bei Kriegsausbruch vor den Deutschen geflohen waren, konnten zu ihrer Freude auch die Ausreise in Drittländer beantragen und taten dies natürlich fast vollzählig. In Bolechów allein waren dies mehr als achthundert Menschen.

Eines Freitag abends wurde ihnen mitgeteilt, die Ausreise sei genehmigt worden, und sie sollten sich am Bahnhof einfinden. Ein Güterzug stand bereit, der auf beiden Seiten vom NKWD bewacht wurde. Die ganze Nacht wurden Leute herangeführt. Sie alle hatten die sowjetische Staatsbürgerschaft abgelehnt.

Am Samstag morgen versammelten sich viele Bolechówer am Bahnhof. Salek Adler brachte im Auftrag seiner Mutter Brot, aber die Soldaten ließen niemanden heran. Durch kleine Fenster schauten die Leute heraus. Sie wurden beneidet, denn sie durften fort. Manchem fiel gar nicht auf, daß der Zug nach Osten anstatt nach Westen fuhr. Der Schock war groß, als bekannt wurde, daß sie allesamt nach Sibirien verschleppt worden waren, zusammen mit zehntausend anderen aus ganz Ostgalizien. Mancher dankte seinem Schöpfer und wußte nicht, daß die von ihm Bedauerten gerettet werden würden, während sein eigener Untergang bereits besiegelt war.

5. KAPITEL

Die Deutschen kommen

Juni–September 1941

»Aufwachen! Aufwachen!« Jankusch schüttelte seine Brüder Gedale und Bumek.

Dora Grünschlag stand schon vor dem Haus. Gedale und Bumek torkelten schlaftrunken hinter Jankusch her, auch der Vater kam hinzu. Es war Sonntag, der 22. Juni 1941, kurz nach sechs Uhr früh. Über Bolechów flogen Kampfflugzeuge, der Bahnhof wurde beschossen: Ein brennender Güterwaggon war von der Veranda aus deutlich zu sehen. Moses Grünschlag zog seine Familie ins Haus zurück, alle legten sich auf den Fußboden. Wieder krachte es laut. Als sie nach ein paar Minuten die Haustür öffneten, sahen sie Rauchwolken und hörten das Knistern hochschlagender Flammen.

Noch öfters kreisten Flugzeuge über der Stadt, geschossen wurde nicht mehr. Bolechów hatte seinen ersten und einzigen Luftangriff erlebt. Am Nachmittag kamen viele Leute, um sich den beschädigten Bahnhof und die zerstörten Waggons anzuschauen. Auch ein Bombenkrater auf dem unbebauten Grundstück zwischen Adlers Zaun und der Sumpfwiese wurde scheu und neugierig bestaunt.

Das Deutsche Reich hatte seinen Verbündeten, die Sowjetunion, in einem großangelegten Überraschungsangriff, dem sogenannten Unternehmen Barbarossa, überfallen.

»Die Deutschen führen Krieg gegen die Russen? Ist das gut oder schlecht?« fragte Bumek den Vater.

»Weiß ich nicht. Auf jeden Fall ist es anders.«

So dachte auch Jankusch. Er haßte die Russen und das kommunistische System, vor allem deshalb, weil Vater so darunter gelitten hatte. Als er an jenem Abend ins Bett ging, fühlte er fast so etwas wie festliche Stimmung.

Frühmorgens krachte es wieder. Hinter dem Sägewerk stiegen schwarze Rauchwolken auf. Die Russen hatten die Raffinerie gesprengt und die Restbestände Öl angezündet.

Lange Schlangen bildeten sich vor den Geschäften der russischen Kooperative. Gut oder schlecht – diese Frage wurde überall diskutiert. Die Mehrheit war der Ansicht, daß es eigentlich nicht viel schlechter werden konnte. Wer den letzten Krieg erlebt hatte, spürte jetzt noch die Erleichterung, statt der Russen die gerechtigkeitsliebenden Deutschen in die Stadt reiten zu sehen.

Der russische Rückzug begann sofort. NKWD-Sekretärinnen luden Schreibmaschinen und Akten auf Lastwagen. Jankusch sah ungläubig zu, wie das System, das vor kurzem noch so unüberwindlich erschienen war, binnen Tagen seine Macht verlor.

»Jeder Bürger hat die Wahl, in Bolechów zu bleiben oder in das sowjetische Vaterland auszureisen. Transport wird bereitgestellt.« So war es auf Plakaten zu lesen und im Radio zu hören.

Funktionären wie Nathan Engländer oder anderen, die sich mit dem Regime identifiziert hatten, kam die Einladung wie gerufen; Abenteurer und unverbesserliche Kommunisten mochten sich ebenfalls angesprochen fühlen. Aber der Großteil der Bevölkerung reagierte mit Skepsis und Häme. »Das sieht denen ähnlich – wenn sie uns so nicht kriegen, versuchen sie's eben anders.« Jemand schrieb auf eines der Plakate am Ringplatz: »Sibirien – ohne mich!«

Adolph Adler war anderer Meinung. Er war mit den Russen gut gefahren und hätte nichts dagegen gehabt, auch in Zukunft für sie zu arbeiten, selbst wenn das bedeutete, Bolechów zu verlassen. Seine Fabrik lag darnieder, aber seine optimistische

Natur hatte ihn den Verlust gut verkraften lassen. Veränderung, Erneuerung, die Gelegenheit beim Schopf packen – das waren seine Stärken, und die wollte er weiterhin ausspielen.

Es war ausgerechnet Moritz Stern, der von den Nazis aus Hamburg vertriebene Jude, der ihn beschwor, den Schritt zu unterlassen.

»Mit den Kommunisten wollen Sie gehen? Die Ihnen die Fabrik weggenommen haben? Wie können Sie, Herr Adler?«

»Warum nicht? Es ging mir gut als Funktionär. Ich hatte reichlich Macht und wenig Sorgen.«

»Das war hier, in Bolechów. Hier wurden sie gebraucht! Warten Sie, bis Sie jenseits des Urals sind. Dort pfeift ein anderer Wind. Lassen Sie mich offen sprechen: Ich habe in Deutschland einiges erlebt, aber das kann mich nicht davon abbringen, die Russen letztlich Barbaren zu nennen, und die Kommunisten schon gar. Schaun Sie sich um! Was haben die in zwei Jahren aus Bolechów gemacht? Die Deutschen hingegen, Kristallnacht hin oder her, sind ein Kulturvolk, dem die Welt zahllose Erfindungen verdankt! Tüchtigkeit und Initiative zahlen sich bei denen aus, Leistung wird anerkannt. Sie werden sehen, Herr Adler, Ihre Fabrik kriegen Sie zurück. Hören Sie auf mich: Bleiben Sie!«

Adolph Adlers Frau Sara vertrat eine ähnliche Auffassung und wurde darin durch ihre Vertraute Eda Lew bestärkt. »Bernhard will auch nach Rußland. Für ihn ist das einfach, er spricht russisch. Aber ich habe in Wien studiert, bin mein ganzes Leben lang der deutschen Kultur verbunden gewesen. Was soll ich in Rußland, in der Kälte?« Sie zog ein Gesicht und schüttelte sich. »Außerdem, Sara, sind wir fromme Frauen, oder? Bei den Kommunisten wird man zum Abschwören gezwungen. Möchte Rabbi Perlov uns in Rußland sehen? Ich glaube nicht...«

Bernhard Lew wäre trotzdem gern gegangen. Als Kotler, der Direktor des NKWD, mit einem Armeewagen vor seinem Haus stand und ihm zurief: »Kommen Sie, Lew! Letzte Gelegenheit! Wir fahren!« fühlte er den Drang aufzuspringen. Aber als seine Frau sagte: »Du kannst gehen, wenn du willst. Ich bleibe, und Dyzia auch!« gab er nach. Seine Familie zurücklassen? Dafür müßte man aus anderem Holz geschnitzt sein.

Auch Hermann Adler zögerte. Hätte er mehr Zeit gehabt, wäre er wohl mit den Russen gegangen. Aber die schwerwiegende Entscheidung mußte innerhalb weniger Tage gefällt werden, und schnelles Handeln lag Hermann Adler nun einmal fern.

Für Moses Grünschlag war der Fall klar. Er betrachtete es als ausgesprochen glücklichen Umstand, daß er trotz des »§ 681« in seinem Paß nicht verhaftet worden war – sich freiwillig diesem Risiko weiter auszusetzen, kam nicht in Frage.

Dann war der russische Rückzug abgeschlossen und die Chance verpaßt.

Jankusch wurde zufälligerweise Zeuge eines Vorfalls, der für ihn wie kein zweiter das Ende der russischen Ära symbolisierte. Eine Gruppe Ukrainer versuchte, einen russischen Soldaten vom Pferd zu ziehen – ein undenkbares Bild noch vor wenigen Tagen. Der Soldat trat gegen Köpfe und Schultern seiner Angreifer, schlug mit Fäusten auf sie ein. Das Pferd bäumte sich auf und wieherte. Zwei Männer packten ihn am Gürtel, und schon lag er auf dem Boden.

»Platz!« schrie ein Ukrainer und sprang mit gezücktem Messer auf ihn zu. Der Soldat rollte zur Seite, konnte aufstehen und riß eine Handgranate von der Halterung.

»Haut ab! Ich jage euch alle in die Luft!«

Die Granate als Schutz vor sich hertragend, machte er sich zu Fuß auf den langen Weg zurück nach Rußland.

Bolechów war wieder ohne Aufsicht.

Am Sukiel-Ufer bei der Brücke lag ein flaches Stück Land mit ein paar Gärten und kleinen Häusern. Es war nie richtig bebaut worden, denn bei Hochwasser wurde es leicht überschwemmt. Früher, als noch Wanderzirkusse nach Bolechów kamen, hatten sie hier meist ihre Zelte aufgestellt. Dort wohnte die polnische Familie Lozinski.

Frau Lozinski arbeitete gerade im Garten, als sie Flüche und Schreie vernahm und Menschen die Böschung von der Straße herunterklettern sah. Es waren Ukrainer, die zwei Juden vor sich hertrieben.

»Was wollt ihr von uns? Laßt uns los!«

»Wir machen euch den Garaus. Bolschewisten! Unterdrükker!«

Der Mann trug die weiße Armbinde der seit einigen Tagen existierenden Ukrainermiliz; manche sagten, sie sei noch von den Russen genehmigt worden. Die beiden Juden versuchten verzweifelt, sich loszureißen, wurden aber ans Ufer gezerrt und an Bäume gebunden.

In diesem Moment kam Lozinskis einziger Sohn aus dem Haus gelaufen.

»Laßt die Leute los!« schrie er. »Die haben euch nichts getan, sie sind wehrlos!«

Frau Lozinski hatte Angst um ihn. Was war nur in ihn gefahren? Er war doch sonst kein besonderer Judenfreund.

»Andrzej, komm zurück!« rief sie.

Ein Schuß krachte, der Sohn fiel zu Boden. Frau Lozinski rannte schreiend aus dem Garten und beugte sich über ihn. Er war tot, in den Kopf getroffen. Wieder wurde geschossen, und als sie den Blick hob, sah sie, wie die Leichen der beiden Juden in den Fluß geworfen wurden.

Der jahrhundertealte Status quo im Vielvölkergebiet Ostgalizien war endgültig zusammengebrochen. Das Erscheinen der Deutschen war diesmal gewiß und wurde von den Ukrainern, in der festen Annahme, einen eigenen Staat zu erhalten, wie eine Erlösung erwartet. In der Zwischenzeit nutzte man den rechtsfreien Raum zum Begleichen alter Rechnungen. Die Eltern Lozinski kannten die Mörder ihres Sohnes, aber sie unternahmen nichts – als Polen waren sie nun selbst eine Minderheit.

Haß entsteht nicht über Nacht. Er kann jahrelang schwelen, unbemerkt selbst von dem, in dessen Brust er sich aufstaut. Aber jede Niederlage verstärkt den Druck, und das Unterbewußtsein vergißt nicht. Sobald die Gelegenheit sich bietet, bahnt der Haß sich seinen Weg. Vordergründiges Ziel des jetzt hemmungslos wütenden ukrainischen Hasses war alles, was nach Kommunismus roch. Aber tiefer und weitaus älter war der Haß gegen die Juden, die Fremdlinge, die Mörder Jesu Christi, die immer noch nicht zu Kreuze krochen. Der Begriff »jüdischer Bolschewismus« war daher durchaus bequem – er rechtfertigte so ziemlich jegliches Handeln. Als später die Deutschen Plakate aufhängten, auf denen krummnasige Juden zu sehen waren, die in feisten Händen mit krallenartigen Fingernägeln bluttriefende Messer hielten, war dies kaum nötig, denn der Boden war bestens vorbereitet.

Statt der erwarteten Deutschen kamen aber erst einmal Verbände der ungarischen Armee über die Berge. Wer weiß, wer sie geschickt hatte? Sie waren zumeist freundliche Leute und wurden der Ukrainer in keiner Weise Herr. Diese hatten mittlerweile das Rathaus besetzt und einen unabhängigen Staat ausgerufen. Dann erschienen slowakische Verbände, scheiterten ebenfalls und räumten das Feld. Wer kannte sich noch aus?

Familie Grünschlag hockte in der Küche, die ukrainische Magd Ruzia und ihr Mann waren auf Bitte von Moses Grünschlag ebenfalls anwesend. Draußen patrouillierte die Ukrainermiliz. Großmutter Reis' Schenke war geschlossen, Tür und Fenster mit Eisenstangen gesichert. Hatte sie vor zwei Jahren noch gewaltbereite Männer durch stählerne Blicke zur Räson gebracht, schien das jetzt ganz und gar unmöglich. Bei Adlers waren die Fenster mit Brettern und Holzplatten vernagelt, Onkel Srulek hatte seinen Revolver vor sich auf dem Tisch liegen. Kaum ein Jude traute sich auf die Straße. Dem Vernehmen nach hatte es bereits mehr als hundert Todesopfer gegeben.

Irgendwann wurde es dem quirligen Salek Adler zuviel:

Draußen lachte die Sonne, und außerdem war Ferienzeit. Er stubste seinen Vetter Józek an, und als sie gerade niemand beachtete, huschten sie ins Freie und über das Fabrikgelände zur Dolinska. Kaum waren sie ein paar Meter auf der Straße gegangen, quietschten Bremsen, Staub wirbelte auf, und die beiden Jungen wurden ergriffen und in ein offenes Auto gehoben.

»Die kommen gerade recht«, sagte eine Stimme. »Los, rein in das Kaff.« Deutsche – durchfuhr es Salek.

Das Auto raste stadteinwärts, überquerte Ringplatz und Brücke und bog vor dem Gerichtsgebäude links ab. Vor Dr. Bornsteins Haus wurde gehalten.

»Raus!« kommandierte einer der Männer.

Tierarzt Dr. Bornsteins Haus war eines der schönsten in Bolechów, rosa getüncht, stuckverziert, mit Veranda, Erkerzimmer und Türmchen. Salek und Józek wurden ins Haus geschoben. Es roch nach Farbe, Hammerschläge waren zu hören. Putzeimer, Lappen und Soda wurden ihnen in die Hand gedrückt.

»Saubermachen, aber gründlich. Kein Stäubchen darf bleiben! Man muß vom Fußboden essen können. Der deutsche Kommandant wird hier wohnen. Wenn ihr schlampt, gibt's Himmelfahrtskommando!«

Es war das erste Mal, daß sie dieses Wort hörten, aber es war anscheinend bereits in den örtlichen Wortschatz eingedrungen: Ein großer Ukrainer in Arbeitskleidung packte Salek bei den Schultern, hob ihn hoch und lachte ihm ins Gesicht: »Himmelfahrtskommando!« Beim Weggehen zeigte er mit dem Finger nach oben.

Salek und Józek, vom ersten Schreck erholt, machten sich an die Arbeit. In der gutausgestatteten Küche rieben sie die Kacheln blank, kratzten Schmutz aus Ritzen, säuberten den Herd und schrubbten den Boden bis in den letzten Winkel. Mittags gab es ein Stück Brot und etwas Heißes zu trinken. Am Abend sagte jemand: »Genug, verschwindet!« Der große Ukrainer deutete noch einmal vielsagend in Richtung Himmel.

Bei Adlers war man fast verrückt vor Angst um die Vettern

gewesen. Sara Adler weinte, als sie ihren Salek verdreckt, aber unbeschädigt in die Arme schloß. Natürlich wurde auch ein bißchen geschimpft, aber Gott sei Dank war das Abenteuer ja gut ausgegangen. Und wenigstens wußte man jetzt, daß die Deutschen tatsächlich in der Stadt waren.

Dora Grünschlag nähte Armbänder mit Davidstern für ihre Familie. Ohne ein solches durfte kein Jude mehr die Straße betreten. Gedale las in einem Buch, Bumek spielte auf dem Fußboden. Jankusch starrte aus dem Fenster und dachte nicht ohne Sehnsucht an die Zeit zurück, als die Russen das Schulsystem umgekrempelt hatten. Die jetzige Regelung übertraf an Absurdität nun wirklich alles Bisherige: Weder Beibehaltung des alten Systems noch Schaffung eines neuen, sondern schlichtweg keine Schule, Punkt. Rückfall ins Mittelalter? Konnte man jungen Menschen Bildung einfach verweigern? Dann erinnerte er sich, daß dies ja nur für Juden galt! Ukrainer- und Polenkinder gingen zur Schule wie bisher. Wo würde das noch hinführen?

Es klopfte. Dr. Raifaizen trat herein, mit noch ernsterem Gesicht als sonst.

»Herr Grünschlag, ich muß Sie sprechen.«

Moses Grünschlag erhob sich von der Küchenbank und bat ihn ins Arbeitszimmer. Die Unterredung dauerte ziemlich lange und wurde teilweise heftig geführt, was durch die Doppeltür deutlich zu hören war. Vaters Gesicht war rot, als er herauskam. Dr. Raifaizen, höflich wie stets, verabschiedete sich.

»Nun?« fragte die Mutter.

»Ich soll im ›Judenrat‹ mitmachen, und ich will nicht.«

»Was ist das überhaupt?«

»Ein Gremium aus Juden, das zwischen der deutschen Verwaltung und der jüdischen Bevölkerung vermitteln soll. Raifaizen ist Präsident, außerdem sind Dr. Schindler, Dr. Kleinberg und verschiedene Geschäftsleute dabei. Ich sage euch: Das bringt nichts als Ärger!«

»Ist das so sicher?«

»Natürlich! Ihr habt gesehen, wie die Deutschen durchgreifen – Armbinde, Schulverbot, nächtliche Ausgangssperre. Seit neuestem darf man die Stadtgrenze nicht mehr überschreiten und die Eisenbahn nicht mehr benutzen. Und all diese Maßnahmen sind gegen Juden gerichtet! Der Judenrat muß die schlechten Nachrichten überbringen und ist den Deutschen gegenüber für die Durchsetzung verantwortlich. Ein Mistgeschäft und das letzte, was ich brauche.«

»Was willst du tun?«

»Da ist nichts zu machen. Dr. Raifaizen sagt, er wurde zur Teilnahme gezwungen. Ich halte ihn für durch und durch honorig und habe keinen Grund, seine Aussage zu bezweifeln. Also muß ich hin. Heute mittag ist die erste Sitzung.«

Und zur angegebenen Zeit, mit Anzug, Hut und Aktenmappe – wie immer etwas zu früh, denn er haßte nichts so sehr wie Unpünktlichkeit –, machte sich Moses Grünschlag auf den Weg zum Judenrat. Er kam erst abends wieder.

Im Magistrat sei ein Deutscher unter einem Bild von Hitler gesessen, der sich als Stadtkommissar von Bolechów im Generalgouvernement, Distrikt Galizien, vorgestellt habe. So laute sein Titel, und das sei die neue, offizielle Bezeichnung ihrer Heimatstadt.

Von nun an ging Moses Grünschlag wieder jeden Morgen aus dem Haus, aufrecht, schnell und sorgfältig gekleidet. Der Blick aus den grauen Augen war so wach und durchdringend wie eh und je, aber um den rechten Arm trug er eine weiße Binde mit blauem Stern, und wenn er einen Deutschen sah, mußte er den Hut vom Kopf reißen. Anstatt zum Bahnhof, ins Sägewerk oder in den Wald ging er in die jüdische Schule. Dort, wo er als Junge einst gelernt hatte, war das Büro des Judenrats. Einzelheiten über seine Tätigkeit erzählte er nie, aber was immer dort verhandelt, entschieden und besiegelt wurde – ob er es gewollt hatte oder nicht –, er mußte es tragen und mit den Konsequenzen leben.

Da kam zum Beispiel der Befehl, eine jüdische Polizeieinheit zu formen, zwanzig Mann stark. An Bretterwänden sah Jankusch Plakate, auf denen Freiwillige aufgefordert wurden, sich zu melden. Rechts unten entdeckte er die Unterschrift seines Vaters. Dem Vernehmen nach waren die Plätze schnell besetzt, und bald war der jüdische Ordnungsdienst – mit Gummiknüppel, Schirmmütze und Armbinde mit Davidstern ausgerüstet – Teil des Straßenbildes. Rechtsanwalt Dr. Pressler übernahm die Leitung.

»Woher das Interesse?« fragte Jankusch die Mutter.

»Wichtigtuer«, sagte sie. »Du wirst dich noch wundern, was Posten für Menschen bedeuten.«

Als nächstes mußten soundsoviel hundert Männer täglich für Arbeitseinsätze bereitgestellt werden. Wieder hatte der Judenrat in der Durchführung völlig freie Hand. Die Deutschen wußten, was sie taten.

»Ich teile mich selbst ein, Gedale und Jankusch halten sich ebenfalls bereit. Dann kann keiner sagen, ich schonte die eigene Familie«, verkündete Moses Grünschlag. Den Söhnen war alles recht, was den Vater vor Schwierigkeiten schützte.

Nun standen sie wieder, wie in der Schulzeit, vor Tagesanbruch auf. Die Mutter legte abgetragene Kleidung bereit, stellte Milch und Brot auf den Tisch. An der Sammelstelle beim Mühlenkanal wurde Werkzeug verteilt, und wenn über der Ebene gerade die Sonne aufging, zog man kolonnenweise los. Straßen und Bahngleise waren auszubessern, Entwässerungsgräben von Unkraut zu befreien, die Flußufer zu befestigen. Jankusch sah viele Bekannte. Einmal arbeitete er einen Tag lang neben dem gutmütigen Lehrer Bratspies, der ihn damals aus dem Hebräischunterricht entfernt hatte. Bratspies tat sich schwer, und Jankusch half ihm, so gut er konnte. Sogar der alte Dogilewski war manchmal dabei. Die Arbeit war schmutzig, eintönig und ermüdend, aber – wie Jankusch und Gedale übereinstimmend befanden – besser als Nichtstun. Gelegentlich übernahm Jankusch sogar freiwillig die Schichten seines Vaters. Das größte Ärgernis waren jüdische Ordnungsdienstleute, die sich aufspielten und unnötige Strenge walten ließen. Auf wessen Seite standen sie eigentlich? Die Machtstellung hatte ihr Verhalten bereits beeinflußt, und Jankusch verstand, was die Mutter gemeint hatte.

Dann ließen Vaters gereizte Stimmung und häufige Besprechungen mit Dr. Raifaizen hinter verschlossener Tür darauf schließen, daß etwas Einschneidendes geschehen war. Als die beiden gerade mit ernster Miene das Haus verlassen hatten, fragte Jankusch die Mutter, was los sei.

»Die Deutschen verlangen von uns zwanzig Kilogramm Gold, vierzig Kilogramm Silber und zwanzig voll eingerichtete Haushalte. Weißt du, wieviel das ist? Am Montag muß abgeliefert werden, sonst gibt es schlimme Strafen. Und wer muß das Vermögen eintreiben? Der Judenrat! Er muß die Forderung den Betroffenen mitteilen, muß entscheiden, wieviel jeder Familie zugemutet werden kann, muß glaubhaft machen, daß nichts in die eigene Tasche wandert. Du kannst dir denken, welches Mißtrauen das sät und wieviel Streit es auslösen wird – unter Juden, wohlgemerkt, die sowieso mit dem Rücken zur Wand stehen. Können wir für jedes Judenratsmitglied garantieren? Können wir ausschließen, daß sich nicht doch jemand bereichert? Können wir beweisen, daß Vater es nicht tut? Eine unmögliche Lage! Diese Deutschen sind Teufel und schlau wie Füchse; sie stellen ein Ultimatum und überlassen die Drecksarbeit den anderen. Vater hatte recht, den Posten nicht zu wollen. Der arme, anständige Dr. Raifaizen ist völlig verzweifelt.«

Jankusch hatte die Mutter noch nie so leidenschaftlich sprechen gehört.

Über die Episode, die sich bei der Übergabe des von Juden erpreßten Gutes abspielte, gibt es zwei Versionen. Die eine besagt, der Stadtkommissar sei wegen der nicht termingerechten Ausstattung seines Wohnhauses unzufrieden gewesen, die andere glaubt, er sei in Wut geraten, weil Dr. Raifaizen seine Tätigkeit im Judenrat als mit seinem Gewissen unvereinbar bezeichnet und um seine Entlassung gebeten habe. Fest steht, daß der Stadtkommissar Dr. Raifaizen eine Ohrfeige versetzte, und zwar so, daß dessen Brille in hohem Bogen davonflog und Blut aus seiner Nase spritzte. Der gesamte Judenrat wurde dann wie gescholtene Schulbuben des Zimmers verwiesen.

»Noch einmal wird er mich nicht ohrfeigen«, soll Dr. Raifaizen gesagt haben, bevor er grußlos davonging.

Am nächsten Morgen war Jankusch Grünschlag allein in der Küche, als er Hilferufe hörte. Ein Junge stand draußen und wies in Richtung Bahnhof. Jankusch rannte hinter ihm die Kolejówka hinunter.

An einem seiner berühmten Apfelbäume, nach vorn gebeugt und mit eingeknickten Beinen, als wolle er etwas vom Boden aufheben, hing Dr. Raifaizen, tot. Ringsumher war alles still, der Morgen hätte nicht friedlicher sein können.

Die Nachricht verbreitete sich wie ein Lauffeuer. Bolechóws Bevölkerung stand unter Schock. Auch die Polen und Ukrainer trauerten um den beliebten Rechtsanwalt. Zur Überraschung aller wurde der Stadtkommissar versetzt.

Wochenlang wurde Jankusch von dem Bild im Obstgarten verfolgt. Es war, als ob jemand sein Inneres wachgerüttelt und ihm die Augen aufgerissen hätte. Zum ersten Mal nahm er wahr, daß sich die Zahl der Bettler in Bolechów bereits vervielfacht hatte. Er schaute bewußt hin, wenn Menschen Brennesseln sammelten, um sich daraus ein Abendbrot zu bereiten. Die Angst packte ihn mit eisernem Griff, und er verstand, was mit dem Wort Depression gemeint war.

Es war Oktober, es regnete oft, Herbststürme fegten über das Land. Aus allen Dörfern der Umgebung wurden Juden in die Stadt getrieben. Sie trugen ihr weniges Gut in Taschen und zogen Leiterwagen hinter sich her.

»Ich glaube, wir werden alle sterben«, sagte Jankusch zu Gedale und einem Freund, als sie eines Nachmittags auf dem verlassenen Holzhof zusammenstanden.

90

»Ach was!« lachte der Freund. »In einem Jahr ist der Krieg vorbei, und ich reise nach Westeuropa und importiere die neuesten Qualitätsgüter nach Bolechów.«

»Ich komme mit, und Jankusch wird unser Reiseleiter!« rief Gedale. »Kopf hoch, Jankusch! Wir werden's überleben!«

Er faßte seinen Bruder am Arm und tanzte mit ihm über den Hof. Bumek kam aus dem Haus gerannt, und zu viert tobten sie herum, bis es dunkel wurde.

6. KAPITEL

Die erste Aktion

Oktober 1941

»Meinst du nicht, du könntest heute hierbleiben? Ich fühle mich doch unsicher, nur mit Ruzia und den Kindern. Die Friedmanns sind ja auch nicht gerade eine Stütze...«

»Dora, ich kann nicht. Wer beim Judenrat fehlt, bekommt Ärger. Weck die Kinder. Ich muß mich anziehen.«

Dora Grünschlag beobachtet, wie sich ihr Mann das Gesicht wäscht. Dünn ist er geworden. Wenn er doch heute bei ihr bliebe. Aber sie kennt ihn – er tut, was er für seine Pflicht hält und duldet keine Diskussion. Achtzehn Jahre sind sie jetzt verheiratet. Eigentlich könnte sie ja liegenbleiben; die Kinder werden sowieso zu Hause sein. Es gibt für Juden keine Schule mehr, und zum Arbeitsdienst sind sie heute nicht eingeteilt.

Nein – man wird sich nicht gehenlassen!

Im Kinderzimmer ist es warm. Bumek hat das Gesicht nach oben gewandt, den Mund offen, ein Lächeln um die geschlossenen Augen. Jankusch liegt zusammengerollt, sein Arm hängt über die Bettkante, neben ihm Gedale, zur Wand gekehrt. Seit dem man das Lehrerpaar Friedmann aufgenommen hat – ihr Haus ist von der deutschen Verwaltung besetzt worden –, schlafen die Brüder in einem Bett. »Kinder, aufstehen! Vater muß weg. Wir wollen wenigstens zusammen frühstücken.«

Vater sitzt schon am Tisch und tunkt Brot in seinen Milchkaffee.

»Warum mußt du denn immer zum Judenrat?« fragt Bumek verschlafen. »Kannst du nicht heute fehlen?«

»Ich habe bereits deiner Mutter gesagt, daß ich nicht fehlen kann noch fehlen will. Wenn ich diese Arbeit schon tun muß, will ich sie richtig tun. Bleibt zu Hause und verhaltet euch ruhig. Es wird nichts passieren. Wo ist Gedale?«

»Er will nicht aufstehen. Ich habe dir Brot und einen Apfel in deine Tasche getan.«

»Danke.« Er gibt seiner Frau einen flüchtigen Kuß. »Ich kann nicht warten. Grüßt mir Gedale – ich sehe ihn heute abend.«

Aufrecht und energisch wie immer geht Moses Grünschlag aus dem Haus. Die Sonne scheint, aber es ist kalt; Rauhreif glitzert auf Laub und Gräsern. Auf der Dolinska ist kaum jemand unterwegs. Der Ringplatz ist menschenleer. Aus dem Torbogen tritt Rechtsanwalt Dr. Schindler, Nachfolger des unglücklichen Dr. Raifaizen im Amt des Judenratspräsidenten, ein milder, immer etwas ängstlich wirkender Mann mit Goldbrille und grauem Spitzbart.

»Ich bin beunruhigt, Herr Grünschlag. Man hört Gerüchte über eine Liste von eintausend Namen.«

»Ich habe auch davon gehört. Vielleicht ein neuer Zensus, wer weiß. Man soll sich nicht zu viele Sorgen machen.«

Zu Hause ist jetzt auch Gedale aufgestanden und sitzt mit Jankusch auf den Stufen, die zum Wintergarten führen.

»Weißt du, Gedale, du hast mir vor ein paar Tagen mit deinem Optimismus sehr geholfen«, sagt Jankusch. »Ich sehe immer alles schwarz, genau wie Vater. Du bist zuversichtlich, genau wie Mutter. Vielleicht werden wir eines Tages über diese verrückte Zeit lachen können...«

Gedale lächelt müde: »Die Sonne tut gut, das ist alles, was ich weiß. Aber es ist schön, wenn man einander helfen kann.«

Er ist gerade siebzehn Jahre alt geworden und sieht der Mutter sehr ähnlich. Seine Freunde nennen ihn »den Engländer«, in Anspielung auf seine vornehm-zurückhaltende Art. Anders als Jankusch, der den Kaufmannsberuf fest im Auge hat, sind seine eigenen Zukunftsvorstellungen vage; manchmal spricht er davon, Politiker werden zu wollen. Sein jüngerer Bruder ist sein Vertrauter und zugleich sein bester Freund.

»Komm, wir wollen sehen, ob wir Mutter etwas helfen können.«

Die Langeweile bringt mich noch um, denkt Bumek, öffnet die Tür und flitzt hinaus.

»Bumek! Wohin?« ruft Mutter ihm nach. »Vater hat gesagt, ihr sollt hierbleiben!«

Aber Bumek will nicht bleiben, auch nicht, wenn Mutter oder Vater es sagen. Ohne sich umzusehen, hebt er im Laufen den Arm und winkt. Dann rennt er quer über die Straße und links herunter zu Adlers.

»Guten Morgen, Frau Adler. Kann ich zu Józek?«

»Nein, Pesach Lew ist gerade da. Danach will sein Vater noch mit ihm lesen.«

Pesach Lew, das weiß Bumek, verdient sich sein Geld als Hauslehrer, seit die von ihm geleitete hebräische Sprachschule »Tarbut« von den Russen geschlossen worden ist. In letzter Zeit sind seine Dienste begehrt, denn viele jüdische Familien organisieren jetzt Privatunterricht für ihre Kinder.

Warum sind meine Eltern nicht auf den Gedanken gekommen, wundert sich Bumek. Leisten könnten sie es sich doch bestimmt.

In Ermangelung einer besseren Idee setzt er sich bei der Sumpfwiese auf einen Baumstumpf und sieht Käfern und Fliegen zu. Die haben wenigstens etwas zu tun...

»Kinder, ich mache mir Sorgen«, sagt die Mutter in der Küche. »Ich möchte, daß ihr euch versteckt. Es soll da eine Liste existieren... Ich will euch in Sicherheit wissen.«

»Ich habe, offen gestanden, auch Angst«, sagt Sabina Friedmann und rückt näher an Józek, ihren Mann, der ein gutes Stück älter ist als sie.

94

Jankusch fühlt sich alles andere als gut, trotzdem versucht er, positiv zu sein. »Ich finde, man soll Gerüchten keine zu große Bedeutung beimessen. Laßt mich sehen, ob ich etwas in Erfahrung bringen kann.«

»Versuch bitte, Bumek zu finden. Der Junge hat einfach kein Verantwortungsgefühl.«

Weder in den Vorgärten noch auf der Straße sieht man Menschen. Fenster und Türen der Häuser sind geschlossen. Die Angst wallt in Jankusch auf wie ein überlaufender Brunnen. Er schlägt den Weg zur Stadt ein. Auf dem halben Weg trifft er Ginsburg, einen Arbeiter von Griffel.

»Was gibt's? Man spricht von Listen und Verhaftungen...«

»Nichts gibt's. Ich komme aus der Stadt, wie du siehst. Alles ist ruhig, keine Deutschen in Sicht. Ich gehe auch nach Hause.«

Aber Mutter will nicht hören. »Tut mir den Gefallen und versteckt euch, und sei es nur, um mich zu beruhigen. Bumek hast du natürlich nicht gefunden. Ich hoffe, er ist in Sicherheit. Geht jetzt – ich bleibe hier.«

Sie schiebt die Buben aus der Hintertür. Das Ehepaar Friedmann folgt zögernd.

Kaum allein, läßt Dora Grünschlag sich auf die Küchenbank fallen. Wie konnte sie nur so müde sein? Sie schließt die Augen und legt Kopf und Arme auf den Tisch.

So sitzt sie immer noch, als zwei Männer in die Küche treten. Ruzia, die Magd, hat sie im Auto ankommen sehen und ihnen den Weg ins Haus gewiesen. Der eine ist ein Deutscher in einer schwarzen Uniform, der andere der Ukrainer Stepan, ein guter Bekannter sowohl von ihr als auch von der Familie Grünschlag. Ruzia ist den beiden Männern gefolgt und wird so zur Augenzeugin der folgenden Szene.

»Frau Grünschlag?« fragt der Deutsche.

»Ja.«

»Wo ist Ihre Familie?«

»Meine Kinder sind weggegangen, ich weiß nicht, wohin. Mein Mann arbeitet beim Judenrat.«

»Ich muß Sie bitten, mitzukommen.«

»Mitkommen? Wofür? Was habe ich getan?«

»Sie sind für eine Umsiedlungsaktion vorgesehen. Wenn Ihre Familie nicht da ist, werden Sie allein gehen müssen. Machen Sie sich fertig. Nur Handgepäck. Sie können eventuell ein paar Sachen nachkommen lassen.«

Dora Grünschlag erkennt den Ernst der Situation und verlegt sich aufs Bitten und Verhandeln.

»Meine Kinder sind klein, mein Mann ist hilflos ohne mich. Lassen Sie mich bleiben!«

»Nehmen Sie sich zusammen. Wir haben nicht viel Zeit.«

»Sehen Sie sich um. Bitte! Wir sind nicht arm. Sie können haben, was Ihnen gefällt. Geld und Wertsachen sind auch da.«

Sie macht eine einladende Armbewegung, öffnet die Tür zum Flur und geht zu den Schränken voraus. Der Deutsche folgt ihr.

»Nicht schlecht«, meint er und hebt Vaters Pelzmantel in die Höhe.

»Eine Golduhr, ein Silberleuchter, bitte. Ein Tablett, ebenfalls aus Silber, ein Satz Besteck. Kommen Sie ins Zimmer, dort können Sie besser sehen...«

Die Gegenstände werden ans Auge gehalten, umgedreht, abgeklopft.

»Hier bitte, der Prägestempel...«

»Erstaunlich, welchen Reichtum man immer noch bei euch findet – kaum kratzt man, schon kullern die Schätze hervor. Wenn ich Jude wäre, würde ich auch in Bolechów wohnen wollen...«

Dora Grünschlag gibt sich freundlich und geschäftsmäßig. »Ich hole eine Tasche, hoffentlich paßt alles hinein.«

Sie verstaut die ausgesuchten Wertgegenstände sorgfältig und reicht dem Deutschen die Reisetasche. »Sehen Sie, alles gut verwahrt...«

»In Ordnung. Also ich denke, Sie können bleiben.«

Hier mischte sich laut Ruzias späterer Aussage der Ukrainer

Das letzte erhaltene Familienporträt – Moses und Dora Grünschlag mit Jankusch, Bumek und Gedale im Frühjahr 1939. Gedale trägt das Wappen des Handelsgymnasiums in Stryj am Ärmel.

Stepan ein. »Bitte zu entschuldigen, aber auf meiner Liste steht Grünschlag. Soweit ich weiß, muß strikt danach verfahren werden...«

Dora schüttelt ungläubig den Kopf. Wie kann ein langjähriger Bekannter ihr so in den Rücken fallen?

»Stepan, um was ist es Ihnen zu tun?« fragt sie. »Der Herr hat doch schon eingewilligt.«

»Ich sage nur, daß auf der Liste Grünschlag steht. Befehl ist Befehl. Ich möchte das nur zu bedenken geben, bitte«, sagt Stepan und blickt stur geradeaus.

Die Worte scheinen zu wirken, denn der Gesichtsausdruck des Deutschen verändert sich. Vielleicht befürchtet er, Nachgiebigkeit von seinem Untergebenen als Schwäche ausgelegt zu bekommen. Er zögert, kratzt sich am Kinn, mustert die im Küchenkleid vor ihm stehende Frau und den finster dreinschauenden Gesellen an ihrer Seite.

»Eigentlich hat der Mann recht. Befehl ist schließlich Befehl. Machen Sie sich fertig.«

Dora Grünschlag fällt weinend vor ihm auf die Knie, die Hände wie zum Gebet erhoben. »Bitte, bitte, bitte...«

»Schluß jetzt! Wir haben uns schon viel zu lange mit Ihnen aufgehalten. Kommen Sie, oder wir wenden Gewalt an.«

Fassungslos beginnt sie zu schreien. Draußen antwortet der Hund mit wütendem Gebell. Beides wird in der Scheune von Jankusch, Gedale und dem Ehepaar Friedmann gehört.

»Los, nimm die Frau mit, dalli, dalli!« flucht der Deutsche. »Die macht uns noch die ganze Stadt verrückt!«

Schreiend und um sich schlagend, wird Dora Grünschlag aus dem Haus gezerrt. Der angreifende Hund bekommt einen Fußtritt. Die Männer tragen sie zu dem wartenden Auto, das kurz darauf die Kolejówka hinaufrast. Der Hund läuft kläffend hinterher, sein Bellen verliert sich in der Ferne.

Keiner der Autoinsassen bemerkt, daß die Szene von der gegenüberliegenden Straßenseite aus beobachtet wird. An die Hecke gedrückt stehen zwei polnische Kinder und Dora Grünschlags jüngster Sohn Bumek.

Mutter ist weg, durchfährt es Jankusch in der Scheune, sonst wäre der Hund dem Auto nicht nachgelaufen.

»Mutter ist weg... zwei Männer mit Auto... ich hab's gesehen... Los, wir müssen ihr nach!«

»Nein, Bumek, das ist zu gefährlich.«

»Dann gehe ich eben allein.«

Fast wäre ein Streit ausgebrochen, da steckt plötzlich Ruzia ihren Kopf um die Ecke: »Sie kommen zurück! Haut ab, schnell, zu Dudzinski!«

Sie klettern über den Zaun, hasten an Obstbäumen und Heustöcken vorbei. Als ob er auf sie gewartet hätte, öffnet der polnische Schuster die Tür, zieht sie um das Haus und schiebt sie die Leiter zum Stallboden hinauf.

Vor Grünschlags Haus steht wieder ein Auto. Ruzia hat die Tür aufgemacht. Am Zaun lungern die polnischen Kinder. Wie ereignisreich dieser Tag noch geworden ist!

»Wo sind die anderen Bewohner dieses Hauses? Schnell!«

»Ich weiß es nicht, auf Ehre und Gewissen.«

»Ich glaube, ich habe jemand durch den Garten laufen sehen«, sagt eines der Kinder. Jetzt kann man sogar den Behörden behilflich sein!

Dudzinskis Stallboden hat zwei Räume. Im vorderen wird Heu gelagert. Bumek ist schon darin verschwunden. Im hinteren steht der gemauerte Backofen; zwischen ihm und der Wand befindet sich ein etwa fünfzig Zentimeter breiter Hohlraum. Gibt es eine andere Möglichkeit? Nein. Friedmanns, Jankusch und Gedale kriechen hinein.

Männerstimmen und das Geräusch von Stiefeln auf den Leitersprossen. Der Lichtkegel einer starken Taschenlampe streift über das Gebälk.

Bumek hat sich zitternd vor Angst so weit wie möglich in das Heu gewühlt. Jetzt wird mit Gabeln hineingestochen. Bumek spürt die Zinken zentimeternah an seinem Gesicht vorbeifahren, hört sie auf den Holzboden stoßen und fühlt, wie sich heißer Urin auf Hose und Oberschenkel verteilt.

»Schau mal rüber in den anderen Raum…«

So klingt eine deutsche Stimme, durchzuckt es Jankusch. Er hält den Arm seines Bruders umklammert. Im nächsten Augenblick ist der Platz neben ihm leer. Eine Hand hat Gedales Schulter ergriffen und ihn herausgezerrt. Der Schoß seiner Jacke muß hervorgeschaut haben.

»Schweine! Muß man euch noch suchen!« sagt die deutsche Stimme.

Jetzt ist es soweit, denkt Jankusch. Gleich wird es mich treffen. So sei es, er ist bereit, mit dem Bruder zu gehen. Vermutlich ist sowieso alles nur ein Traum.

Da fühlt er neben sich Bewegung. Ruhig steigt Sabina Friedmann über ihn hinweg und tritt den Häschern entgegen.

»Ich heiße Sabina Friedmann. Nehmen Sie mich mit«, hört er sie sagen.

»Hoppla, wen haben wir denn da? Noch jemand in dem Rattenloch?«

»Nur der Junge und ich. Schauen Sie nach.«

Ihre Gelassenheit ist so groß, ihre Ruhe so überzeugend, daß der Deutsche ihr glaubt. Vielleicht ist er auch in Eile. Jedenfalls verzichtet er auf eine Überprüfung ihrer Behauptung.

»Mitkommen. Los.«

Man hört, wie die Leiter hinuntergestiegen wird. Der Schein der Taschenlampe blitzt noch einmal auf, die Schritte entfernen sich.

Ruzia lugt durch einen Vorhangspalt, Dudzinski auch, die Polenkinder stehen glotzend am Zaun, vom Hund keine Spur. Das Auto fährt ab, dann ist alles ruhig. Die Sonne hat ihren höchsten Stand erreicht, der Tag ist doch noch warm geworden. Es ist der 28. Oktober 1941, ein Dienstag.

Im Judenrat kommt es am Vormittag lediglich zu ziellosem Gerede. Wie sollte es auch anders sein? Brauchbare Informationen liegen nicht vor, und täten sie es, so würde es nichts nützen. Von der Liste gehört haben alle, aber ihre Existenz wird auf verschiedenste Weise gedeutet. Wie immer weiß jeder alles besser. Es entsteht eine Diskussion, die im Grunde keine ist. Als jedoch der erste deutsche Kübelwagen in die Toreinfahrt biegt, erfaßt den Judenrat kollektive Panik. Einige springen aus dem Fenster, andere laufen durch die Hintertür. Als das SS-Kommando die Tür aufstößt, ist der Raum leer.

Moses Grünschlag klettert über den Zaun, läuft ein Stück am Sukiel-Ufer entlang, rutscht die Böschung hinunter und kriecht unter einen Weidenbusch, von wo das breite, kiesbedeckte Flußbett gut zu überblicken ist. Von der Schustergasse und vom Ringplatz sind die Geräusche fahrender Autos deutlich zu hören, in Bolechów immer noch eine Seltenheit, und sicherer Anhaltspunkt für außergewöhnliche Aktivitäten.

Moses Grünschlag überlegt. Soll er versuchen, nach Hause zu gehen? Er verwirft den Gedanken als zu riskant – die Schustergasse wie auch die Dolinska müßten überquert werden. Dennoch muß er sich schleunigst in Sicherheit bringen. Ruzias Schwiegereltern fallen ihm ein. Sie wohnen außerhalb der Stadt hinter dem jüdischen Friedhof und sind unauffällig zu erreichen. Vorsichtig arbeitet er sich am Flußufer entlang zu einem Maisfeld vor, das eigentlich längst hätte abgeerntet sein sollen. In seinem Schutz schleicht er gebückt weiter, rennt über eine offene Wiese und klopft an die Tür des armseligen Häuschens. Ruzias Schwiegermutter öffnet.

»Und?«

»Kann ich mich hier ein paar Stunden aufhalten? Ein deutsches Kommando ist unterwegs. Es ist besser, wenn man mich jetzt nicht auf der Straße sieht. Lassen Sie mich bitte herein.«

Was zögert die Frau? Warum läßt sie ihn nicht eintreten?

Schließlich sprudelt sie los: »Hereinkommen ist nicht, hier aufhalten auch nicht, von uns Hilfe bekommen auch nicht. Das alles geht bei uns nicht, merken Sie sich das.«

Grünschlag ist sprachlos. Er kennt sie seit Jahren, ist der Brotgeber ihrer Schwiegertochter, hat deren Mitgift bezahlt. Gilt das alles gar nichts mehr?

Offensichtlich nicht. Der Ehemann, ein kleiner, unterwürfiger Kerl, der immer Angst vor ihm gehabt hat, schiebt sich von hinten heran. »Hau ab! Sonst komm ich mit der Mistgabel.« Er zieht seine Frau ins Haus und schlägt die Tür zu.

Rot im Gesicht, die groben Worte wie Feuerbrand im Herzen, schleicht Moses Grünschlag zum Maisfeld zurück, kriecht hinein und legt sich auf den stoppeligen Boden.

Elf Uhr. Pesach Lew, der Hauslehrer, hat sich verabschiedet. Józek Adler geht zu seinem Vater ins Arbeitszimmer, unsicher, ob er den Mut aufbringen wird, Auskunft zu erbitten über das, was ihm quälend auf der Seele liegt und nicht weichen will.

Vor einigen Wochen hat er beim Spielen unter dem elter-

Hermann und Józek Adler im Garten.

lichen Wohnzimmerfenster ein Gespräch mitbekommen, bei
dem es um Erschießungen und Massengräber in Stanisławów
gegangen ist. Er hat es nicht genau verstanden, aber seinen Vater deutlich sagen hören: »Manche sind nur verwundet und
steigen wieder heraus.«

Diese Worte haben ihn ins Herz getroffen, und seitdem wird
er von einem grauenhaften Bild verfolgt: Vor einem flammend
roten Abendhimmel liegt ein Acker ausgebreitet, dessen
frischgepflügte Erde sich bewegt. Aus ihr erheben sich Gestalten mit fahlen Gesichtern und emporgestreckten Armen,
schwankend und taumelnd auf schwarzem, feuchtem Boden.
Józek hört ihr Weinen und vielstimmiges Stöhnen.

Letzte Nacht ist er wieder schweißgebadet aufgewacht und
hat lange nicht einschlafen können, heute will er versuchen,
sich die Last von der Seele zu reden.

Hermann Adler sitzt in gewohnter Stellung in seinem Sessel
beim Fenster. Beim Anblick des Sohnes läßt er sein Buch sinken.

»Komm zu mir, Józek. Was hast du im Unterricht gelernt?«
Józek setzt sich auf seinen Lieblingsplatz, einen gepolsterten
Fußschemel am Zeitungstisch.

»Vater, darf ich dich etwas fragen?«

»Was ist es, Józek? Du siehst bedrückt aus. Erzähle, was
dich traurig macht.«

Er streicht seinem Sohn über den Haarschopf. Die Berüh-
rung der väterlichen Hand, angenehm und vertraut, läßt Józek
in Tränen ausbrechen.

»Ich habe Angst, das ist es. Ich habe gehört, wie Mutter und
du über Leute gesprochen habt, die in Stanislawów erschossen
wurden. Du sagtest, sie stünden aus Gräbern auf. Seitdem
kann ich nicht mehr schlafen…«

Hermann Adler beugt sich über seinen Sohn, der weinend
das Gesicht auf die Sessellehne gelegt hat.

»Józek, ach Józek, es sind schlimme Zeiten, und ich
wünschte, sie von dir fernhalten zu können. Ich wußte nicht,
daß du unser Gespräch gehört hast, aber da es nun geschehen
ist, muß ich es dir erklären. Ja, es werden Menschen erschossen, wie man hört, in großer Anzahl. Unangemeldet wird in
Privathäuser eingedrungen und Bewohner werden aufgefordert, mitzukommen. Man sieht sie dann nie wieder. Wenn du
nach dem Grund fragst, dann will ich dir auch den nennen:
Weil sie Juden sind, wie du und ich. Was in meiner Macht liegt,
dich zu beschützen, Józek, das soll, weiß Gott, geschehen, aber
die Kraft deines Vaters ist begrenzt…«

Das Eintreten der Mutter, weiß wie die Wand, unterbricht
ihn. »Hermann, hier sind Leute, die dich sprechen wollen.«

Da stehen sie, in Vaters Allerheiligstem: ein Mann in deutscher Uniform, dahinter, für Józek klar als Ukrainer erkenn-
bar, zwei Zivilisten mit geschultertem Gewehr. Des Deutschen blankgeputzte Reitstiefel sind so nah, daß er sie anfassen
könnte.

»Verstehen Sie deutsch?«

»Natürlich.«

103

»Sind Sie Hermann Adler?«

»Jawohl, das bin ich.«

Józek registriert die Beschaffenheit des Hosenstoffes, die braunglänzende Pistolentasche, den strammen Ledergürtel. Emporblickend sieht er ein glattes Gesicht mit schwarzem Bartschatten. Er riecht Seife und Rasierwasser.

Vater legt das Buch weg und steht auf. »Was kann ich für Sie tun?«

»Ich muß Sie bitten, mitzukommen. Sie haben zehn Minuten Zeit, sich fertig zu machen.«

Der Mann spricht höflich und gelassen. Für Józek ist jedes Wort ein Messerstich.

»Weshalb muß ich mitkommen?«

»Das wird Ihnen später erklärt. Möglicherweise ist es nur eine Formalität.«

Hermann Adler streicht seinem Sohn über den Kopf und legt seiner Frau die Hand auf die Schulter. Aber Luba Adler schiebt ihn beiseite.

»Warum wird mein Mann verhaftet? Er hat nichts getan. Haben Sie einen Haftbefehl, eine Berechtigung?«

»Machen Sie sich keine Sorgen. Ihr Mann kommt zurück. Geben Sie ihm warme Sachen und Geld mit. Er muß weit reisen.«

Wenn diese Worte einen beruhigenden Einfluß haben sollten, sind sie schlecht gewählt. Luba Adler gerät in Panik.

»Ich lasse meinen Mann nicht gehen. Man kann doch nicht einfach unschuldige Leute abholen. Ich werde das nicht zulassen!« Sie klammert sich an ihn.

Einer der Ukrainer tritt vor. »Wo hast du die rote Fahne, Kommunist?«

»Machen Sie sich nicht lächerlich. Ich hatte nie eine.«

Luba Adler sieht aus, als wolle sie sich auf den Ukrainer stürzen. Hermann macht eine beschwichtigende Handbewegung.

»Hausdurchsuchung!« befiehlt der Deutsche.

Während sie stattfindet, geht er im Arbeitszimmer auf und

ab, schaut aus dem Fenster, klopft mit den Fingern an die Scheibe.

Józek erlebt alles wie im Traum. Er weiß nur eines: Sie wollen Vater mitnehmen!

»Ich komme auch!« sagt er plötzlich. »Ich komme auf jeden Fall mit!«

»Geht nicht«, sagt der Deutsche. »Nichts für Kinder.«

Józek fängt zu weinen an. Der Vater legt den Arm um ihn.

Die Ukrainer kommen mit zwei gefüllten Taschen zurück. Aus der einen hängt das Ende von Mutters Pelzkragen.

»Gehen wir«, sagt der Deutsche. »Aber den hätte ich noch gern…« Er deutet auf Luba Adlers Ehering.

Willen- und widerspruchslos zieht sie ihn ab und legt ihn auf den aufgehaltenen Handteller.

»Die Taschen tragen Sie.«

Hermann Adler schaut seiner Frau in die Augen und küßt seinen Sohn auf den Kopf. Gebeugt, in jeder Hand eine Tasche, als ginge er auf Geschäftsreise, verläßt er durch die für ihn offengehaltene Tür sein Haus.

Über Bolechów ist es Abend geworden. Niemand weiß, was los ist. Familie Adler sitzt seit Mittag im hintersten Winkel des Fabrikspeichers – eine Vorsichtsmaßnahme, denn außer Hermann ist niemand belästigt worden. Józek heult unaufhörlich, Salek tröstet ihn.

In Dudzinskis Heuboden ist es stockfinster. Jankusch, Bumek und Herr Friedmann haben nichts gegessen, keinen Tropfen getrunken. Friedmann hat lange geweint, jetzt starrt er teilnahmslos vor sich hin. Jankusch plappert fortwährend albernes Zeug, nur um nicht nachzudenken. Bumek ist vollkommen stumm, aber in seinem Innern tobt es. Seine Mutter war das Liebste, was er auf der Welt hatte, und diese Mutter war schreiend und strampelnd aus dem Haus gezerrt worden wie ein Stück Vieh. Bis an sein Lebensende würde er diese Beleidigung weder vergessen noch verzeihen.

Plötzlich sagt er: »Ich gehe nachschauen. Es ist mir egal, was ihr sagt.« Ehe man ihn aufhalten kann, ist er fort.

Über Seitenstraßen und Fußwege schleicht er zum Ringplatz. Die Fenster des Magistrats sind erleuchtet. Aus der Schustergasse ertönt Motorengebrumm, dann rattert ein Lastwagen mit aufgeblendeten Scheinwerfern über das Pflaster. Bumek folgt ihm über die Brücke, gerade rechtzeitig, um in eine Mauernische gedrückt einen weiteren Lastwagen vorbeizulassen und in die nächste Seitenstraße einbiegen zu sehen. Dort liegt, wie er weiß, das Dom Katolicki, ein von der polnischen Kirche unterhaltener Gemeinde- und Theatersaal.

Bumek schlüpft in einen Garten, überklettert Zäune, überspringt Entwässerungsgräben und gelangt auf einem Trampelpfad zu der Straße, die zum Dom Katolicki führt. Vorsichtig späht er um die Ecke und erschrickt: Die Straße ist voll von Menschen, die die Hälse recken, um besser sehen zu können. Wider besseres Wissen mischt sich Bumek unter sie – der Wunsch, die Mutter zu sehen, ist stärker.

Das Durchkommen ist schwierig, aber Bumek arbeitet sich Stück für Stück vor, bis er den Giebel des scheunenartigen Gebäudes vor sich sieht. Plötzlich ruft jemand neben ihm: »He, ist das nicht der kleine Grünschlag?«

Ohne zu überlegen duckt sich Bumek und bahnt sich den Weg zwischen Hosenbeinen und Röcken ins Freie, in die Dunkelheit der Gärten. Er hetzt weiter, bis er den Bahndamm erreicht, in dessen Schutz er zur Kolejówka und zu Dudzinskis Heuboden zurückfindet. Dort informiert er den Bruder über das Gesehene und verfällt, wie vorher, in Schweigen.

Etwas später kommt noch jemand die Leiter herauf: Moses Grünschlag. Von Ruzia hat er alles erfahren. Die Frau weg, der Sohn weg, die Kinder alleingelassen – ein schöner Familienvater! Wie soll er den Kindern gegenübertreten?

Unbewegt läßt er sich erzählen, was geschehen ist, und hört Bumeks Bericht vom Dom Katolicki an.

»Hier können wir nicht bleiben, nach Hause gehen auch

nicht, vielleicht wird immer noch nach uns gesucht. Am besten, wir verstecken uns im Holzlager hinter den Balken. Ruzia wird uns etwas zu essen bringen. Wer aufs Klo muß, soll möglichst weit ins Feld hineingehen und Erde darüberstreuen. Seid leise beim Heruntersteigen, Dudzinski weiß Bescheid.«

Im Rathaus ist ein Fest im Gange, zu dem auch Vertreter der ukrainischen Bevölkerung geladen sind. Der Erfolg der Aktion wird gefeiert – die Quote ist so gut wie erfüllt, die meisten Juden sind ruhig und widerstandslos mitgegangen, es hat wenig Aufsehen gegeben. Man ißt und prostet sich zu, es wird sogar getanzt. Angeheitert gehen einige zum Dom Katolicki zurück.

Die Nacht im Schuppen ist endlos. Vom Boden her kommt Kälte und Feuchtigkeit, zum Liegen ist es zu eng. Am Morgen berichtet Ruzia, SS und Gestapo seien immer noch in der Stadt. Grünschlags verbringen auch den Mittwoch hinter den aufgeschichteten Balken. Jankusch hat wieder das Redefieber gepackt; Józek Friedmann, dem er beständig ins Ohr flüstert, scheint froh über die Ablenkung.

Mittwoch spätnachmittags hört man in der Ferne lang anhaltendes Gewehrfeuer.

Nachts ist jeder mit seinen Gedanken allein.

Donnerstag früh. Ruzia hat im Küchenherd Feuer gemacht. Die Wärme tut den starren Gliedern gut. Die Deutschen sind wohl im Morgengrauen noch abgefahren, draußen herrscht Ruhe. Aber statt fünf Personen zählt Familie Grünschlag nur mehr drei. Auf einmal geht die Tür auf, und bleich, verdreckt und völlig aufgelöst wankt Sabina Friedmann herein. Vor ihrem Mann fällt sie auf den Boden und vergräbt ihr Gesicht in seinem Schoß. Sie kann erst nicht sprechen, aber nach und nach stellt sich heraus, daß ihre Rückkehr durch die Fürbitte einer ukrainischen Lehrerkollegin zustande gekommen ist, die beim Fest der Gestapo im Magistrat mit einem SS-Mann getanzt hat. Sabinas Bericht über die Vorgänge im Dom Katolicki wird später von anderen Überlebenden bestätigt und zum Teil ergänzt.

»Wir wurden zum Ringplatz gebracht. Viele Bekannte waren da. Der Platz war von Deutschen und Ukrainern umstellt. Der Ordnungsdienst hat ihnen geholfen. Überall sah man pöbelnde und lachende Zuschauer, manche haben auch geweint. Eine Frau wollte mir Brot geben, wurde aber zurückgestoßen. Wir wurden über die Brücke getrieben, und ich sah, daß viele bluteten oder hinkten. Am Eingang zum Dom Katolicki mußten wir durch ein Spalier ukrainischer Polizisten, die mit Gewehrkolben und Knüppeln auf uns einschlugen. Der Saal war voll, viele lagen auf dem Boden, ich habe mich auch hingelegt. Alle Fenster waren zu, und der Ofen wurde geheizt. Ich wollte meine Jacke ausziehen, aber ein Polizist trat mir in die Brust und sagte, wenn ich es noch mal versuchte, würde er mich totschlagen. Pulver wurde gestreut, das Husten und Brechreiz verursachte. Keiner durfte sich rühren. Der Ofen wurde geheizt, bis er weißglühend war. Ein Mann wurde nackt daraufgesetzt. Mir wurde schlecht, und ich mußte mich erbrechen.

Gegen Abend kam der Befehl: ›Wertsachen abgeben.‹ Vielleicht hatten manche etwas versteckt. Auf jeden Fall wurde eine Gruppe von Leuten auf die Bühne geführt und vor unseren Augen erschossen. Der alte Lehrer Dogilewski verlor die Nerven, brüllte, schlug um sich und bekam mit dem Gewehrkolben einen Schlag auf den Kopf, der seinen Schädel entzwei springen ließ.

Jemand rief: ›Musik!‹ Der blinde Pianist Bruckenstein mußte sich ans Klavier setzen. Zu den Klängen einer Polka tanzten die Mörder mit nackten jüdischen Mädchen über die Leichen.

Zwei gelbe Kerzen wurden angezündet. Die Rabbiner Horowitz und Landau mußten eine Predigt halten: Dies sei die gerechte Strafe für unsere schweren Sünden. Horowitz wurde mit einem Messer ein Kreuz in die Brust geschnitten.

Die Menge war völlig apathisch. Da kam ein Ruf: Abendessen! Wer aufstand, wurde mit großem Gelächter niedergeschossen. Bauern kamen mit Schubkarren, auf die Menschen wie Tiere gebunden waren.

Wir verbrachten die ganze Nacht im hellerleuchteten Saal. Um mich herum waren Tote und Bewußtlose. Jemand gab mir ein Bonbon zu lutschen. Eine Frau teilte einen Apfel. In der Früh wiederholte sich der Witz mit dem Frühstück. Mehr Menschen wurden gebracht.

Gegen Mittag wurden wir auf den Hof getrieben. Die frische Luft brachte erst Erleichterung, aber bald fing ich an zu frieren, daß mir die Zähne klapperten. Jemand verlas eine Namensliste, eine Reihe von Leuten wurde entlassen. Es müssen Facharbeiter der verschiedenen Werke gewesen sein. Den Neid, den ich empfand, kann ich nicht beschreiben. Dann kamen Lastwagen. In Gruppen von zwanzig mußten die Leute aufspringen. Die meisten waren völlig gleichgültig geworden.

Auf einmal sah ich Mariza, meine ukrainische Lehrerkollegin, mit einem SS-Mann aus einem Auto steigen. Die beiden blickten über die Menge. Als sie mich entdeckten, winkte Mariza, und der SS-Mann bedeutete mir herzukommen. Als ich vor ihm stand, sagte er zu Mariza: ›So, hier haben Sie Ihre Freundin wieder.‹ Dann saß ich plötzlich neben Mariza im Auto. Wir fuhren zu ihr nach Hause. Der SS-Mann, der einen Ledermantel trug, saß mit dem Fahrer vorn. Als Mariza sich bedanken wollte, sagte er: ›Keine Ursache‹, und gab ein Zeichen wegzufahren.«

In der Küche ist es totenstill. Erst nach einer Weile bemerkt man, daß Józek Friedmann ohnmächtig von der Bank gesunken ist.

Über das weitere Schicksal der Gefangenen wird später von einem jungen Mann namens Duzio Schindler – nicht mit dem gleichnamigen Judenratspräsidenten verwandt – berichtet: »Ich war einer Gruppe von Häschern direkt in die Arme gelaufen. Im Dom Katolicki habe ich mich in einer Ecke verkrochen, fest entschlossen, um jeden Preis hier herauszukommen. Vom Lastwagen aus sah ich hinauf in den grauen Herbsthimmel, sah das farblose, schüttere Laub und spürte den enormen Willen zu leben. Kurz entschlossen stieß ich die beiden Wächter zur Seite, sprang über die Ladeklappe und landete im Straßengraben. Es wurde hinter mir hergeschossen, aber ich ließ mich fallen, kroch im nassen Waldgras weiter und rollte in einen zugewachsenen Graben. Dort blieb ich liegen, bis das Geräusch des anfahrenden Wagens mir signalisierte, daß nicht mehr nach mir gesucht wurde.

Ich entschloß mich, dem Lastwagen zu folgen, wobei mir das Knattern von Maschinengewehren ein deutlicher Wegweiser war. Auf dem Bauch kriechend näherte ich mich einer Lichtung und beobachtete aus dem Unterholz, was sich dort abspielte.

Reihe um Reihe mußten Menschen an den Rand einer frisch ausgehobenen Grube treten. Sie wurden in Kopf und Rücken geschossen, so daß sie vornüber fielen. Sechs Maschinengewehre waren im Einsatz, von Deutschen bedient. Die Aufstellung besorgte die ukrainische Polizei. Wer schrie oder weinte, kam sofort nach vorne. Aber die meisten waren ruhig oder beteten.

Zwei oder drei junge Burschen machten einen Fluchtversuch und wurden im Laufen niedergeschossen. Einer von ihnen war mein Freund Gedale Grünschlag.

Die Aktion dauerte mehrere Stunden. An diesem Nachmittag fanden hier etwa eintausend Menschen den Tod.

Zum Schluß mußte der jüdische Ordnungsdienst die Grube zuschaufeln. Als alles vorüber und der letzte Lastwagen weggefahren war, stellte ich fest, daß ich nicht der einzige Zeuge gewesen war. Schaulustige kletterten von Bäumen und krochen aus dem Gebüsch. Erst spät in der Nacht wagte ich mich zu rühren.«

Gerüchte, Geschwätz, leere Hoffnungen. Das Gewehrfeuer am Mittwoch abend haben alle gehört. Es heißt sogar, daß der Judenrat eine Rechnung für die verbrauchte Munition erhalten habe. Duzio Schindler nimmt in seinen Berichten kein Blatt vor den Mund. Aber der Verdrängungsmechanismus schiebt alles beiseite.

»Erschossen? Einige vielleicht, aber doch nicht alle! Die sind in Arbeitslager gebracht worden. Vielleicht geht es ihnen besser als uns. Wenn du genügend Geld bezahlst, kannst du deine Angehörigen zurückkaufen.«

Grünschlag wird von Strutynski aufgesucht, jenem Dunkelmann, der bereits bei den Russen denunziert hat und auch bei den Deutschen kräftig mitmischt.

»Angebot für Sie, Grünschlag. Wir sind immer gut miteinander ausgekommen, und ich will Sie nicht im Stich lassen. Sie wissen ja, daß ich bei den Deutschen etwas bewirken kann...«

»Um was handelt es sich, bitte?«

»5000 Dollar, und Ihre Frau und Ihr Sohn kommen zurück. Einzelheiten kann ich nicht offenlegen, aber ich garantiere für den Erfolg.«

»Strutynski, ich will nichts unversucht lassen. Bringen Sie mir ein Papier mit der Unterschrift meiner Frau, und ich will Ihnen die Summe geben.«

»Aha, immer noch Geschäftsmann – bravo. Aber ohne einen Vorschuß von fünfzig Prozent kann ich nichts unternehmen.«

»Bedaure, Strutynski – ich bin Geschäftsmann, das haben Sie richtig erkannt. Sobald die Unterschrift vorliegt, bekommen Sie die gesamte Summe.«

Strutynski verabschiedet sich, von dem Geschäft wird nicht mehr gesprochen.

Juden dürfen das Stadtgebiet nicht verlassen, aber Jankusch kennt jeden Weg und Steg und ahnt, wo er zu suchen hat. Im trüben Herbstlicht geht er über Wiesen und Äcker zu dem etwa einen Kilometer entfernten »Taniava«-Wald. »Halt!«

111

schreit jemand, und ein Schuß wird abgefeuert. Jankusch wirft sich auf den Boden, rollt in Deckung, läuft weg.

Bei Tagesanbruch, in dichtem Nebel, erreicht er das Gebiet von einer anderen Seite. Diesmal rührt sich nichts. Er sieht Wagenspuren und zertrampelten Boden. Auf einer Lichtung erstreckt sich ein Rechteck frisch aufgehäuften Erdreichs, wie ein großes Blumenbeet. An den Rändern, wo das Terrain sich senkt, läuft wäßrige, mit Blut vermischte Flüssigkeit heraus.

Er bleibt lange stehen. Trotz der Gefahr treibt ein unwiderstehliches Bedürfnis ihn immer wieder hin. Es ist wie eine Wallfahrt, die einen tiefen inneren Mangel füllt. Der Ausfluß an den Seiten des Grabes ist auch nach Wochen unverändert stark.

7. KAPITEL

Der harte Winter

1941/42

»Wie spät?«

Die blaugefrorenen Lippen des kleinen Jungen zitterten, sein dünnes Mäntelchen hing lose an ihm herunter.

»Ungefähr zehn Uhr«, antwortete Jankusch Grünschlag.

»Zehn Uhr? Erst? Wie soll ich den Tag überstehen?« Weinend wandte er sich ab.

Eisiger Ostwind fegte dünnen Schnee und Eiskristalle gegen die weißen Berge. Ein Winter hatte sich über Bolechów gesenkt, so kalt und grausam, daß seiner bis zum heutigen Tag nur mit Schaudern gedacht wird. Jankusch kannte den Grund für die Tränen des Jungen: Er litt an Hunger, und der, so sagte man, ist nachts leichter zu ertragen.

»Juden ist das Verlassen der Stadt untersagt.« Erst jetzt wurde klar, welch mörderische Konsequenz diese Verordnung barg. Während andere über Land fahren und verhandeln konnten, waren Juden auf das angewiesen, was in der Stadt verkauft wurde. Da kaum jemand über Einkommen verfügte, hatte sich binnen weniger Monate eine reine Tauschgesellschaft gebildet, und die Preise stiegen und stiegen. Flüchtlinge aus Westpolen, Dorfjuden und Zwangsumgesiedelte waren schnell am Ende ihrer Möglichkeiten angelangt; aber auch kürzlich noch Wohlsituierte standen vor der Suppenküche Schlange.

Jankusch wußte, daß seine Familie noch immer zum Kreis der Privilegierten zählte. Sein Vater hatte die Lage vorausgesehen, hatte Weizen gekauft, einen Kartoffelvorrat angelegt und mit Ruzia verabredet, Milch zu liefern, so daß gelegentlich Quark oder sogar ein Stückchen Butter auf den Tisch kam.

Moses Grünschlag selbst verließ bei Tagesanbruch mit Aktentasche das Haus, das Armband in genau vorgeschriebener Höhe gut sichtbar angebracht. Im Judenrat wurde hart gearbeitet. Bittsteller kamen und gingen, Unterkünfte mußten besorgt, Streitigkeiten geschlichtet, die Suppenküche organisiert und unterhalten werden. Grünschlag war zum Verantwortlichen für die Nahrungs- und Heizmittelverteilung ernannt worden. Abends kam er erst nach Einbruch der Dunkelheit zurück. Von den Geschehnissen des Tages berichtete er wenig, von etwaigen Vorgängen in seinem Innern gar nichts. Mutter und Gedale blieben unerwähnt. Was mochte in ihm vorgehen?

SS und Gestapo hatten sich seit Ende Oktober nicht wieder blicken lassen. Über ihre »Aktion« – das Wort war in kürzester Zeit zum festen Begriff geworden – war ein Mantel des Schweigens gebreitet. Zwar gab es immer noch Optimisten, die auf Nachricht ihrer Angehörigen warteten, aber die meisten hatten jede Hoffnung verloren und taten alles, ihre Gefühle im Zaum zu halten – sei es aus Selbsterhaltungstrieb oder aus Stolz.

Jankusch litt vor allem am Verlust des Bruders. Es war, als ob die Hälfte seiner selbst fehlte. Seit jenem furchtbaren Moment in Dudzinskis Heuboden war der Platz neben ihm leer – innerlich wie äußerlich. Bumek hatte sich, in aller Heimlichkeit, buchstäblich leergeweint. Jede Nacht durchlebte er im Traum, wie die Mutter aus dem Haus gezerrt und sein Gesicht von der Heugabel verfehlt worden war, und jeden Morgen, quälend und peinlich, war sein Bett naß. Es gab niemanden, mit dem er darüber hätte sprechen können. So richtete sich aller Schmerz nach innen. Später wurde klar, daß er von diesem Zeitpunkt zu wachsen aufgehört hatte.

Auch Józek Adler war wie erloschen und von allem Lebensmut verlassen. Zu seinen ständigen Angstvorstellungen war eine neue, schreckliche hinzugekommen: Sein Vater hatte, wie

jetzt bekannt wurde, die Nacht im Dom Katolicki nicht überlebt und war in einem Massengrab auf dem jüdischen Friedhof
verscharrt worden. Seine Witwe Luba hatte in dem Verlangen,
ihn neben seinem Vater David Adler bestattet zu wissen, seine
heimliche Exhumierung veranlaßt und bezahlt. Aber die Leichen im Massengrab waren so gräßlich entstellt, daß man Hermann Adler nur an seiner ungewöhnlichen Körpergröße erkannt hatte. Dieses Bild verfolgte Józek Tag und Nacht.

Hunger litt man aber auch im Hause Adler nicht, denn wo
Moses Grünschlag vorgesorgt hatte, war hier regelrecht gehor-
tet worden: kanisterweise Öl, Säcke voll Gries, Buchweizen,
Mehl, Kartoffeln und Getreide lagerten im Keller.

»Komm!« rief Salek, rührend bemüht, seinen Vetter Józek
aufzuheitern, »wir gehen den Armen helfen!«

Beide stopften sich die Taschen voll Brot und gingen nach
draußen, wo sich Tag für Tag das gleiche Bild bot: Vermummt,
von einem Bein auf das andere tretend, standen Männer,
Frauen, Kinder und Greise am Zaun und streckten die Hände
aus. Wenn auch die Vettern ganze Nachmittage unterwegs und
Sara Adler jeden Tag einen großen Topf Suppe verteilte – dem
Hunger in Bolechów war auf diese Weise längst nicht mehr
beizukommen, und jeden Tag sah man den Ordnungsdienst
die Leichen Verhungerter zum Friedhof karren.

Derweil war Saleks Vater Dolek, unverbesserlicher Opti-
mist, der er war, schon wieder dabei, das wie immer fragwür-
dige Glück der Stunde zu nutzen – nicht ohne Erfolg. Mit der
deutschen Verwaltung war ein Mann namens Herdina nach
Bolechów gekommen, um die wichtige Lederindustrie neu zu
organisieren. Adler bat, in seinem Büro vorgelassen zu werden.

Ein gutaussehender jüngerer Mann begrüßte ihn nicht un-
freundlich und erkundigte sich sogleich interessiert über Anzahl und Art der verschiedenen Betriebe, anscheinend froh
darüber, fachkundige und intelligente Auskunft zu erhalten.
Adler ließ einfließen, daß er bereits in leitender Position tätig

gewesen sei und auch jetzt zur Verfügung stünde. Ein goldenes Zigarettenetui, das er beiläufig aus der Tasche geholt hatte, blieb auf dem Tisch liegen.

»Herr Adler?« Dolek war schon fast zur Tür heraus.

»Ja bitte?«

»Sie haben etwas vergessen.«

Das Etui flog ihm ins Gesicht.

Zu hoch gepokert, dachte Adler. Hoffentlich geht das gut.

Aber ein paar Tage später klopfte es. Draußen stand Herdina.

»Ich habe noch Fragen in bezug auf die Lederwerke. Darf ich hereinkommen?«

Adler war kein Dummkopf – das Etui lag wieder auf dem Tisch, und als Herdina sich verabschiedet hatte, war es fort.

Am nächsten Tag wurde er ins Büro bestellt. »Herr Adler, ich möchte, daß Sie mir beim Aufbau der hiesigen Lederindustrie helfen, nicht nur in Bolechów, sondern auch in den umliegenden Städten. Sie bekommen einen Passierschein, mit dem Sie jederzeit reisen können, und eine besondere Armbinde, die Sie vor unbequemen Fragen schützt.« Herdina goß Schnaps ein: »Auf gute Zusammenarbeit!«

Dolek Adler atmete auf: Die Stagnation schien überwunden, das Leben konnte weitergehen. Als er nach Hause kam, schlug er seiner Frau auf den Rücken, wie früher nach einem geglückten Kartenspiel.

»Alle Pelzwaren müssen sofort abgeliefert werden.«

Gut sah er aus, der neue Stadtkommissar in makelloser Uniform, den scharf abgerichteten weißen Schäferhund an der Seite. Piatke hieß er, und schneidende Korrektheit zeichnete ihn aus – trotz näselnd-österreichischen Tonfalls.

Wer schlau war, hatte Teppiche, Pelze und andere Wertsachen längst in nichtjüdischen Häusern deponiert. Aber die nämliche Schlauheit gebot, als wohlhabender Jude nicht zu behaupten, keinerlei Pelzwaren zu besitzen.

»Was machen wir?« fragte Grünschlag, der von der »Pelz-aktion« frühzeitig erfahren hatte und für die Durchführung mitverantwortlich war.

»Verstecken?« schlug Bumek vor.

»Natürlich. Aber nicht alle, sonst durchsuchen sie unser Haus.«

»Also trennen wir uns vom Schlechtesten und verstecken alles andere.«

»Das wäre eine Möglichkeit. Aber wo?«

Vater hatte an jedem Vorschlag etwas auszusetzen. Manchmal war er wirklich merkwürdig. »Der einzig sichere Ort ist das Klo.«

Das Klo? Pelze? In welchem Zustand würde man sie da wieder herausholen? Aber Vater hatte entschieden. Zwei Pelze wurden zur Abgabe ausgesucht, die anderen zusammengerollt in einer Holzkiste verpackt. Eine traurige Prozession zog zu dem kleinen Häuschen am Grundstücksende, die Kiste versank in der schwarzbraunen Masse – und war auch schon vergessen.

Die Deutschen mußten den Reichtum von Bolechóws Juden für unermeßlich halten, denn sie verlangten immer noch Gold und Silber. Diesmal wollte sich Grünschlag von einem Satz Silberbecher trennen. Ärgerlicherweise war er unter den Bodenbrettern in Friedmanns Zimmer versteckt. Die wiederum waren seit dem letzten, knappen Entkommen so ängstlich geworden, daß sie ihren Raum überhaupt nicht mehr verließen.

»Wir müssen sie dazu bringen, das Zimmer zu verlassen. Ich möchte auf keinen Fall, daß sie vom Silber erfahren.« Vater war ungeduldig und gereizt.

»Aber Vater, wem können wir vertrauen, wenn nicht Friedmanns?« fragte Jankusch.

»Ich vertraue niemandem, dann werde ich auch nicht enttäuscht. Geht an ihrer Tür vorbei, unterhaltet euch über die Gestapo, erwähnt das Gerücht eines Kommandos oder so etwas. Die beiden sind so ängstlich, daß sie sofort davonlaufen werden.«

Tatsächlich: Innerhalb von zehn Minuten war das Zimmer leer. Die Bodenbretter wurden angehoben und wieder festgenagelt. Friedmanns kehrten einige Zeit später mit der Nachricht zurück, die Gestapo sei doch nicht nach Bolechów gekommen.

Jankusch waren solche Scherze von Herzen zuwider, er verabscheute das damit einhergehende Mißtrauen. Aber er tröstete sich mit dem Gedanken, daß die Lebenserfahrung seinen Vater so argwöhnisch gemacht hatte und daß dies durchaus von Nutzen sein konnte.

Um wenigstens etwas für die Gemeinschaft zu tun, bot sich Jankusch als Pfleger in dem Spital an, das vom Judenrat eingerichtet worden war. Schwer unterernährte Menschen wurden dort notdürftig ein paar Tage lang versorgt. Wieder zu Hause, ihre Hoffnungslosigkeit vor Augen, starben sie dann meist um so schneller. Oft kannte man nicht einmal ihre Namen – durch die Zwangsumsiedlungen hatte sich Bolechóws jüdische Bevölkerung nicht nur dramatisch vermehrt, sondern war auch im Vergleich zu früher anonym geworden.

Ob Bekannter oder Fremder, eines erkannte Jankusch genau: Wer drahtig und schlank war, ertrug den Hunger besser; am schnellsten starben große, schwere Männer.

Pesach Lew, der Hauslehrer, hatte ein Problem: Seine Frau war mit ihrem ersten Kind niedergekommen, sein spärlicher Besitz aber war längst verpfändet und getauscht. Der Teller Suppe, den er täglich von Sara Adler erhielt, reichte bei weitem nicht – wie sollte er Frau und Kind ernähren, mit Milch versorgen, die Stube heizen? Bei Juden Hilfe zu suchen, war wenig aussichtsreich; sie standen unter solchem Druck, daß sich ganz automatisch jeder selbst der Nächste war. Polen und Ukrainer, beinhart, gaben nur gegen Bezahlung – und wären andernfalls wohl von Hilfsbedürftigen überrannt worden. Da blieb als Ansprechpartner nur eine Gruppe: die Deutschen.

Sich als Jude einem uniformierten Deutschen zu nähern, hieß sein Leben aufs Spiel zu setzen. Aber es gab Zivilisten, als Industrie- oder Kommunalverwalter nach Bolechów versetzt, unter denen sich, wie es hieß, manche befanden, die mit dem Begriff »Mensch« einigermaßen zutreffend beschrieben werden konnten.

Pesach Lew überlegte hin und her. Sollte er das Wagnis eingehen? Wem der allmächtigen Deutschen sollte er sich anvertrauen? Jemand riet ihm, es bei Belke zu versuchen, dem Leiter des Arbeitsamtes, der schon mehrmals Juden vor Übergriffen der Ukrainer in Schutz genommen habe.

Schließlich riskierte Pesach Lew den Sprung ins Ungewisse und berichtete stammelnd und schwitzend von seiner verzweifelten Lage. Belke, ein Mann mittleren Alters, hörte ruhig zu und ging in das obere Stockwerk, um mit seiner Frau zu sprechen. Am selben Abend stand Pesach Lew wieder vor der Tür des Arbeitsleiters und reichte ein Bündel hinein – sein kaum eine Woche altes Söhnchen Abraham, das nunmehr von Frau Belke versorgt und bei Gefahr in einer Nische im Schornstein verborgen wurde.

Auch Dolek Adler war mit seinem Beschützer, dem Deutschen Herdina, gut gefahren. Der von ihm erhaltene Passierschein ließ ukrainische Polizisten respektvoll zurückweichen, und die Bewegungsfreiheit, die er gewährte, war ein geradezu einmaliges Privileg. Herdina war mit Adlers Arbeit zufrieden, und zwischen beiden entstand fast so etwas wie eine Freundschaft.

»Wissen Sie, Adler«, sagte Herdina eines Tages, »diese Gegend hat abgewirtschaftet. Ich hätte vielleicht eine Möglichkeit, Sie und Ihre Familie nach Ungarn zu bringen. Was meinen Sie?«

Adler war überrascht. Ungarn? Warum eigentlich nicht? Die Häuser müßte man aufgeben, aber Wertsachen könnte man mitnehmen. Er erinnerte sich, wie der Hamburger Moritz Stern ihn überzeugt hatte, nicht nach Rußland zu gehen. Das war vor einem halben Jahr gewesen. Diesmal wollte er es anders machen. Herdina bat um Geduld – ein günstiger Moment müsse abgewartet werden.

Zu Hause rief er seinen Sohn zu sich. »Salek, komm, ich will dir etwas zeigen.«

Er kletterte mit ihm auf den Dachboden und räumte alles mögliche Gerümpel zur Seite. Dann lockerte er einige Steine im Mauerwerk, griff mit beiden Händen in die Öffnung und holte vor Saleks erstaunten Augen goldene Ketten, Ringe, Spangen, Dutzende von Taschenuhren, edelsteinverzierte Broschen und Goldmünzen hervor.

»Nur daß du weißt, wo du suchen mußt, wenn mir etwas passiert. Vielleicht liege ich auch bald mit dem Hintern nach oben im Straßengraben...«

Salek erschrak, der Vater räumte die Sachen wieder weg.

Als ob er es geahnt hätte: Wenige Tage später wurden Adolph und Israel Adler verhaftet. Jemand war mit auffällig guten Lederartikeln aufgegriffen worden und hatte unter Folter ausgesagt, sie von Adlers gekauft zu haben. Als Sara bei Herdina um Aufklärung bat, war er nicht zu sprechen, und auch am nächsten Tag wurde sie nicht vorgelassen. Die Glückssträhne war jäh abgerissen, Familie Adler schwer getroffen. Jetzt war es an Salek, nach seinem Vater zu weinen.

Sara Adler schickte flehentliche Gebete gen Himmel und suchte Trost bei Rabbi Perlov und ihrer Freundin Eda Lew. Trotzdem war sie nicht gewillt, die Tragödie tatenlos hinzunehmen. Wen könnte man ansprechen, wer könnte Auskunft geben? Es blieb nur die gefürchtete ukrainische Polizei.

In ihrem besten Kleid, Dukaten und eine goldene Uhr in der Tasche, trat sie einem mürrischen Polizisten entgegen.

»Ich bin Sara Adler. Mein Mann und mein Schwager sind verhaftet worden.«

»Das wissen wir.«

»Kann ich irgend etwas für die Gefangenen tun?«

»Das kommt darauf an.«

Sara Adler legte die Uhr auf den Tisch.

»Das reicht bei weitem nicht.«

Sie nahm allen Mut zusammen. »Wieviel?«

»250 000 Zloty.«

»Wenn ich Ihnen die Hälfte so bald wie möglich und den Rest bei meines Mannes Entlassung brächte?«

»Bringen Sie die Hälfte, dann sehen wir weiter.«

Der unheimliche Strutynski wurde beobachtet, wie er Raifaizens Haus mit einem Stapel Papiere verließ. Kurz darauf wurden vierzehn Personen verhaftet, zu aller Erstaunen auch Ukrainer. Strutynski selbst ließ wissen, daß es sich um Informanten des NKWD gehandelt habe, die sich aufgrund von ihm gemachter Angaben jetzt in der Gewalt der Gestapo von Stanislawów befänden – man wisse, was das bedeute. Die Drohung wurde wohl verstanden; die Tatsache, daß auch sein damaliger Weggefährte Hilsenrath verhaftet worden war, während er selbst, einst stadtbekannter NKWD-Informant, frei herumlief, verstärkte ihre Wirkung nur. Strutynski war fortan noch mehr gefürchtet und hatte bei Frauen noch leichteres Spiel, denn niemand, ob Ehemann, Vater oder Bruder, wagte es, ihm entgegenzutreten. Ähnliche Beklemmung verbreiteten auch einige Mitglieder des jüdischen Ordnungsdienstes, die ihre Machtstellung schamlos ausnutzten und sich aufführten, als ob nichts und niemand ihnen etwas anhaben könnte.

Sara Adler hatte 125 000 Zloty bei der Polizei abgeliefert, und es begann eine Zeit zermürbenden Wartens. Wochen vergingen, ohne daß etwas geschah. Man wußte lediglich, daß die beiden Gefangenen immer noch in der Arrestzelle des Magistrats saßen. Dann kam die Nachricht, daß Onkel Srulek versucht habe, sich am Fenstergitter zu erhängen. Sara schob ihre Bedenken beiseite und bat um einen Besuchstermin.

Adolph und Sara Adler, Saleks Eltern.

Im fahlen Licht eines Märzvormittages machte sie sich mit Sohn und Tochter auf den Weg zum Ringplatz. Der Magistratshof war leergefegt, von den Eiszapfen am Dach tropfte Wasser. Ein Polizist stieß die schwere Gefängnistür auf, und im Halbdunkel sah Salek seinen Vater gebeugt auf einer Holzpritsche sitzen. Der riesige Srulek stand daneben.

Wie ernst der Vater ist, dachte Salek. Nicht die Spur eines Lächelns, ganz so, als ob eine andere Persönlichkeit die vertraute Gestalt erfüllte.

»Musia, Salek – wie geht es euch? Danke, daß ihr gekommen seid.«

Er stand auf, kam zum Gitter. Die Mutter sprach leise mit ihm. Salek, das Herz übervoll, blieben die Worte im Hals stecken. Schließlich fragte er: »Onkel Srulek, stimmt es, daß du dich aufhängen wolltest?«

Srulek sah ihn traurig an: »Ja, Salek, das stimmt. Und ich kann dir sagen, es war ein sehr angenehmes Gefühl. Ich wollte, sie hätten mich hängen lassen...«

Nach ein paar Minuten war die Besuchszeit zu Ende. Auch beim Abschied lächelte der Vater nicht. Die Tür ging zu, der Schlüssel wurde umgedreht, und als Salek draußen wieder den Himmel sah, war ihm, als wäre er monatelang fort gewesen.

Ein paar Tage später war Salek mit Bumek in Grünschlags Garten. »Schau«, sagte Bumek und deutete zur Straße. Zwischen zwei Polizisten gingen sein Vater und Onkel Srulek in Richtung Bahnhof, gebeugt, mit langen Schritten. Sie blickten weder nach rechts noch nach links, und unter dem Arm trugen sie zusammengerolltes Leder. Salek wollte hinlaufen, aber Bumek hielt ihn zurück, und so blieb dieses Bild seine letzte Erinnerung.

Sara Adler, zum Äußersten entschlossen, lief zur Polizei.

»Wo sind mein Mann und mein Schwager? Ich habe ein Vermögen bezahlt, und jetzt werden sie abtransportiert!«

Einer der Polizisten, sie kannte seinen Namen nicht, nahm sie beiseite: »Verschwinden Sie, mehr kann ich nicht sagen. Sie sind als nächste dran...«

Sara war so erschrocken, daß sie nur ihre Tochter Miriam in Kenntnis setzte und zu Rabbi Perlov floh.

»Wo ist Mutter?« Salek weinte und tobte. Miriam, aus Angst vor unbedachten Äußerungen, wollte es ihm nicht verraten. Aber schließlich gab sie nach und führte ihn zur Mutter in einer winzigen, fensterlosen Dachkammer.

»Salek, mein Liebster, du mußt stark und tapfer sein. Mutter kann im Moment nicht zu Hause wohnen. Ich kann dir die genauen Umstände nicht erklären, aber du mußt mir glauben, daß es besser so ist. Sobald ich kann, komme ich zurück. Hilf deiner Schwester, und sei ein großer Junge – ich weiß, daß du es kannst.«

Niemand konnte Salek nachsagen, nicht alles getan zu haben, um das Vertrauen seiner Mutter zu rechtfertigen. Und wie freute er sich, als sie am Tag vor Pessach nach Hause kam! Feiern, so wie früher, konnte man seit Jahren nicht, aber eine

Kleinigkeit wollte sie doch vorbereiten. Die Kinder sollten die Tradition nicht ganz vergessen, und Gott sollte sehen, daß sie eine gute Frau war.

Was Gott sah, blieb unklar, aber Sara Adler wurde nach einer halben Stunde vom Küchentisch weg verhaftet. Salek klammerte sich an sie, wurde aber zurückgestoßen.

Vor Verzweiflung fast von Sinnen, rannte er zum Bahnhof, wo seine Mutter, von einem Polizisten bewacht, auf einen Zug wartete.

»Salek«, sagte sie, »es ist kalt. Bitte lauf nach Hause und hole mir wollene Socken.«

Er tat es, so schnell er konnte, aber er war so aufgeregt, daß er kaum wußte, wo er suchen sollte. Endlich hatte er das Gewünschte gefunden und eilte zum Bahnhof zurück. Der Zug war abgefahren, die Mutter fort, Salek, die Socken in der Hand, stand auf dem Bahnsteig allein.

Wenige Tage später wurde die »Lederfabrik I. H. A. Adler« demontiert. Als letztes wurde die Blanchiermaschine Marke »Turner« aufgeladen, die von Onkel Sruleks Lottogewinn gekauft worden war.

8. KAPITEL

Frühlingszeit – Gestapozeit

April–August 1942

Eine Erinnerung war Jankusch greifbar nah: Wie er einmal ganz früh aufgestanden war und gemeint hatte, alle anderen schliefen noch. Aber als er durch den Wintergarten hinauswollte, stand seine Mutter in der Tür, versunken im Anblick des Frühlingsmorgens und selbst gebadet im Licht. »Schau, wie schön!« hatte sie gesagt und in den Garten gezeigt. Jankusch erinnerte sich an den Tau auf dem kräftigen, dunkelgrünen Gras, an die Frische der halbgeschlossenen Wiesenblumen, den blühenden Apfelbaum und ein glitzerndes Spinnennetz in den Zweigen der kleinen Tanne.

Auch jetzt standen Obstgarten und Wiesen in voller Blüte, aber Jankusch sehnte sich in den Winter zurück.

Denn SS und Gestapo waren wieder da.

Auf der Dolinska hatten er und Bumek einen deutschen Kübelwagen auf sich zukommen sehen und sich sofort in einer Toreinfahrt verdrückt. Das Auto schien etwas hinter sich herzuschleifen, und beim Näherkommen sahen sie mit Schrecken, daß es ein Mensch war, ein junger Mann, den Kopf voran, mit einem Seil um den Leib. Sein Körper wurde umhergeworfen wie eine Blechdose, die Schöße seiner Anzugjacke flatterten. Am Ende, wo die Dolinska eine Steigung macht, gab der Fahrer Gas, fuhr durch eine Pfütze, so daß das Wasser hoch aufspritzte, und raste dem Stadtausgang zu.

»Mein Gott!« Bumek schüttelte den Kopf. Jankusch war übel. Er hatte von der Praxis des »Lassowerfens« gehört, bei der uniformierte Deutsche sich den Spaß machten, aus dem offenen Auto heraus Passanten zu fangen.

Beim Nachhausekommen hatten sie den Vater niedergeschlagen und beschämt dabei angetroffen, sich rote Striemen und aufgeplatzte Haut auf Hals und Wangen mit kalten Umschlägen zu behandeln – die Antwort eines SS-Angehörigen auf das Unvermögen des Judenrats, innerhalb von sechs Stunden 20 Kilogramm Kakao, 50 Meter englischen Stoff, 5 Zentner weißes Mehl und 50 000 Zloty bereitzustellen.

»Was stellen die sich vor? Sind wir in London oder in der Schweiz? Kakao und englischer Stoff! Ich weiß nicht, wann ich das zuletzt gesehen habe! Soll ich es mir aus den Fingern saugen? Dabei waren Geld und Mehl pünktlich zur Stelle! Diese Leute sind Tiere – schaut, wie sie mich zugerichtet haben!«

SS und Gestapo kamen meist dienstags nach Bolechów. Ohne Tote ging es dabei selten ab; oft wurden Menschen grundlos und ohne Vorwarnung im Vorbeigehen niedergeschossen. Wer verbreitet hatte, die grausame Aktion im vergangenen Oktober sei ein einmaliger Vorfall gewesen, schämte sich seiner Naivität; Hoffnungen auf ein baldiges Ende des Krieges, abgeleitet aus dem Debakel des deutschen Rußlandfeldzugs im Winter 1941/42, waren offenkundig verfrüht. Die Stimmung war gedrückt, und Verstecke zu konstruieren wurde zur Massenaktivität. Aber auch das taten viele nur halbherzig. »Bis der Dicke dünn wird, wird der Dünne sterben«, lautete ein oft wiederholter Spruch.

Nicht weniger gefürchtet als SS und Gestapo – und manchmal sogar mehr, denn sie war fest in Bolechów stationiert – war die etwa zwanzig Mann starke ukrainische Polizei, und allen voran Matowiecky, ihr Hauptmann. Er war mit dem Rest seiner Truppe Ende November 1941 in Bolechów aufgetaucht und sah eigentlich ganz harmlos aus – ungefähr fünfundzwanzig Jahre alt, mittelgroß, mit Knabengesicht und semmelblondem, glattem Haar. Aber der Eindruck täuschte: Matowiecky war ein Mörder. Das Töten schien ihm Spaß zu machen; vielleicht war er abartig veranlagt. Jedenfalls suchte er geradezu nach Gelegenheiten, Menschen zu quälen. Am liebsten schoß er sie in den Kopf.

Und dann gab es Mordechai Hirsch, den einzigen Juden, der sich offen auf die Seite von SS und ukrainischer Polizei geschlagen hatte – als Informant, Handlanger oder Spitzel, ganz wie gewünscht, solange er und seine Familie beschützt würden. Jankusch, der ihn aus der zionistischen Jugendbewegung gut kannte, konnte es nicht glauben und sprach ihn auf dem Ringplatz an.

»Mordechai, was machst du für Sachen?«

»Was ich mache? Ich überlebe, nicht mehr und nicht weniger. Mit mir ist zu rechnen, Jankusch! Bis ich drankomme, ist Hitler umgefallen oder der Messias erschienen…« Jankusch war, als blickte er dem Tod selbst ins Auge.

Der Unterschied zwischen Russen und Deutschen wurde immer klarer. Die Russen hatten das Wirtschafts- und Erziehungssystem umgekrempelt, Straßen und Plätze umbenannt, sogar die Uhren umgestellt, ihre Ideologie, Propaganda und Sprache in die Köpfe der Leute gehämmert. Sie wollten die Menschen verändern, und wer nicht mitmachte, begab sich in Lebensgefahr. Aber sie waren nicht zum Töten gekommen.

Die Deutschen interessierte das alles gar nicht. Sie hatten zwei klare Ziele: die eroberten Gebiete wirtschaftlich auszupressen und die Juden zu vernichten.

Trotzdem konnte man nicht anders, als für Arbeit dankbar sein. Bolechóws Industrie war zum großen Teil privaten deutschen Firmen übergeben worden, und die Erfüllung vorgegebener Produktionsquoten wurde erwartet. Die Juden merkten bald, daß dies sich zu ihren Gunsten auswirkte: Ukrainer und Polen waren in so großer Anzahl zur Zwangsarbeit nach Deutschland verschleppt worden, daß die Arbeitskraft fleißiger, billiger, kompetenter und vor allem deutsch sprechender

Juden nicht uninteressant war. Deutsche Verwalter mußten erkennen, daß es in ihrem eigenen Interesse lag, ihre »Arbeitsjuden« so lange wie möglich zu erhalten.

Denn so hieß man jetzt.

Ausweise der »Sicherheitspolizei und SD im Distrikt Galizien, Dienststelle für Arbeitseinsatz der Juden«, mit Lichtbild, laufender Nummer und Unterschrift des Betriebsleiters berechtigten zum »Tragen der Armbinde für Arbeitsjuden« und waren hoch begehrt, denn sie boten einen gewissen Schutz. Der Zusatz »Dieser Ausweis hat nur Gültigkeit, wenn er auf Seite 6 jeweils für den laufenden Monat mit dem Sichtvermerk der Sicherheitspolizei versehen ist« wurde meist einfach verdrängt.

Offiziell mußte jeder Jude ab vierzehn Jahren arbeiten. Weder Salek noch Józek Adler hatten dieses Alter erreicht, aber Luba, Hermanns Witwe und einzig überlebende Erwachsene der Familie, setzte alles daran, sie im Arbeitseinsatz zu wissen; Kinder galten als besonders gefährdet. Zu diesem Zweck pflegte sie den Umgang mit einem deutschen Forstpolizisten, einem älteren Mann mit grünem Anzug und Gewehr, vermutlich auf der Suche nach Abwechslung im öden Bolechów, der nun immer häufiger in ihrer Küche saß. Józek, tieftraurig über den Verlust des Vaters, begegnete ihm mit Mißtrauen, das der Mann durch allerlei Späße auszuräumen versuchte. So versteckte er sich bisweilen hinter der Tür und sprang mit den Worten »Du bist verflucht!« hervor, nicht eben das geeignetste Mittel, um Józeks Vertrauen zu gewinnen. Wichtiger war jedoch, daß er sowohl für ihn als auch für Salek Ausweise der oben beschriebenen Art besorgte und sie damit zu »Arbeitsjuden Nummer 115817 und 115818« machte. Als Berufsbezeichnung war »Stapler« und als Arbeitsplatz die Faßfabrik eingetragen.

Zwölf Stunden täglich schleppten sie nun Bretter vom Hof an die Maschinen und trugen Sägemehl fort. Oleinik, der ukrainische Vorarbeiter, geriet beim geringsten Anlaß in Wut und sparte nicht mit Schlägen. »Wißt ihr überhaupt, für wen ihr arbeitet?« schrie er einmal: »Für die deutsche Wehrmacht! In diesen Fässern wird Sprengstoff an die Front geliefert, zum Himmelfahrtskommando für Leute wie euch! Ihr dachtet wohl, die Könige von Bolechów zu sein! Es ist aber, Gott sei Dank, ganz anders gekommen!« Manchmal war Salek so erschöpft, daß er absichtlich Sägemehl in ein Lager der großen Hobelmaschine streute, um auf diese Weise eine Pause zu erzwingen. Wäre er erwischt worden, hätte das sein sicheres Ende bedeutet. Dennoch merkten beide, daß Arbeit eine heilende Wirkung haben kann. Józeks depressiver Zustand besserte sich langsam, und auch Saleks Lebensgeister kehrten nach und nach zurück.

Jankusch und Bumek hatten sich ebenfalls Arbeit besorgt, und zwar im sogenannten »Sägewerk Skole II«, das ein deutscher Unternehmer namens Bucholz betrieb. Man sah ihn selten, denn er wußte sein Werk in besten Händen: Max Blecher, wegen seiner Cholerik gefürchteter ehemaliger Fabrikbesitzer, war wieder aufgetaucht und erlebte noch einmal eine große Zeit. Unter den Russen als Leuteschinder verschrien, war er damals nur knapp einer Deportation entgangen. Aber Bucholz hatte erkannt, was für ein hervorragender Fachmann und Organisator er war. Nun hetzte er wieder mit langen Schritten über das Fabrikgelände und trieb alle zu höchstem Tempo an. Daß die Fabrik nicht die eigene war, schien er nicht zu bemerken, und für wen er letztlich arbeitete, auch nicht. Er arbeitete, als gäbe es kein Morgen.

Max Blecher machte Jankusch zu seinem Assistenten. Die Zusammenarbeit begann mit einem charakteristischen Krach, weil Jankusch gleich am ersten Tag einen Auftrag vergessen hatte und daraufhin in einer Weise zusammengestaucht worden war, wie er es weder in der Schule noch von seinem Vater je erlebt hatte. Selbst in dem Umfeld von Roheit und Gewalt, dem man in Bolechów täglich ausgesetzt war, hatte Blechers Zorn etwas Furchteinflößendes. Aber Jankusch gewöhnte sich an ihn und erkannte, wieviel er von diesem Mann lernen konnte. Er half bei den Kalkulationen und beaufsichtigte das Verladen des Holzes in Waggons, auf denen die Namen deutscher Städte standen – Kassel, Wuppertal, München, Bielefeld. Bumek wurde zur Arbeit mit den Pferden eingeteilt, die zum Bewegen von Lasten auf dem Fabrikgelände oder für Holztransporte aus nahe gelegenen Waldstücken eingesetzt wurden. Am Monatsende bekam man sogar eine Tüte mit ein paar Groschen Lohn, denn alles mußte seine Ordnung haben.

»Bumek, ich muß etwas mit dir besprechen«, sagte Vater. »Du weißt, daß man als Jude erst durch die Bar-Mizwa zum vollen Mitglied der Gemeinde wird. Wie steht es mit dir? Du wirst dreizehn Jahre alt, und es wäre an der Zeit…«

Bumek war überrascht. Er hatte nie Jude sein wollen, war nicht im Cheder gewesen und konnte die hebräischen Buchstaben kaum entziffern – an eine Bar-Mizwa hatte er schon gar nicht gedacht.

»Vater, ich kenne mich in den Schriften nicht aus und habe keine Gebete gelernt. Wer soll mit mir üben, mich vorbereiten?«

»Rabbi Perlov wäre bereit, den Text selbst zu lesen, so daß du nur den Segen sprechen müßtest. Überlege es dir. Ich kenne jedenfalls keinen Juden, der keine Bar-Mizwa hatte.«

Bumek ließ sich die Sache durch den Kopf gehen, und je mehr er darüber nachdachte, desto mehr regte sich eine Art Trotz in ihm, nicht gegen den Vater, sondern gegen die Unterdrücker, die Mörder seiner Mutter, seines Bruders. Ja, er wollte die Bar-Mizwa haben! Gerade jetzt, wo es den Juden so schlecht ging, wollte er zu ihnen gehören. Also lernte er in jeder freien Minute den Segen auswendig, ein Abschnitt von etwa vier Textzeilen, und versuchte sogar mit der Hilfe des Vaters, die verschiedenen Melodiebögen und Betonungen zu ergründen, die den Worten ihren Sinn verleihen.

Ende Mai 1942, an einem Schabbat, wie es sich gehört,

weckte ihn sein Vater um zwei Uhr früh – niemand durfte von ihrer Absicht wissen, und Hin- und Rückweg mußten im Dunkeln bewältigt werden.

Rabbi Perlov wartete schon. In einen schwarzen, mattglänzenden Kaftan gekleidet, führte er sie in sein großes Eßzimmer, wo er sich den Gebetsmantel, den Tallis, über den Kopf schlug. Feierlich entnahm er einem Schrank die metergroße Tora-Rolle – aus Angst vor Plünderung hatte er sie von ihrem angestammten Platz in der Synagoge in sein Wohnhaus geholt. Er küßte sie, entfernte die samtene Schutzhülle und entrollte sie auf dem Tisch. Leise, aber mit klangvoller Stimme begann er mit der Lesung des heiligen Textes.

Solch ein Gebet ist lang. Bumek war müde und ließ auch gelegentlich den Blick durch das von einer schwachen Nachtlampe erhellte und mit schweren Möbeln ausgestattete Zimmer schweifen, aber als er aus des Rabbis Mund den jahrtausendealten Ruf vernahm, mit dem Juden aufgefordert werden, in den Kreis ihrer Väter zu treten, durchströmte ihn doch so etwas wie religiöses Feuer.

»*Ja'amod Avraham ben Mosche* – ich rufe Abraham, den Sohn von Moses«, sang Rabbi Perlov, und Bumek, Samtkäppchen auf dem Kopf und vom Gebetsmantel umhüllt, trat vor und sprach den Segen, so gut er konnte, und mit den richtigen Betonungen. »Amen«, sang der Rabbi. Die Zeremonie war vorbei und Bumek in die Gemeinschaft der Gläubigen aufgenommen. Um sechs Uhr war er pünktlich im Sägewerk bei der Arbeit und sein Vater auf dem Weg zum Judenrat.

Je näher der Sommer rückte, desto mehr wuchs die Angst. Aus der Erdölstadt Drohobycz, vierzig Kilometer nordwestlich von Bolechów, hörte man Berichte, die das Blut gefrieren ließen: Eine »Umsiedlungsaktion für Juden« war dort nur wenige Stunden vor ihrem Beginn durch Plakate angekündigt worden. Uhrzeit, Versammlungsort, Anzahl und Alter der Personen sowie die erlaubte Kilomenge an Essen und Kleidung waren genau vorgeschrieben; bei Nichtbefolgung war die Todesstrafe angedroht, sogar für Christen, die beim Umgehen der Anordnung behilflich waren. Unterzeichnet war sie von Generalmajor Katzmann, SS- und Polizeiführer im Distrikt Galizien. Angeblich waren eintausendfünfhundert Personen deportiert worden.

Im nur vierzehn Kilometer entfernten Städtchen Dolina hatten die Juden bisher in relativem Frieden gelebt, was in Bolechów Verwunderung und Neid erregt hatte. Man hatte von einem Abkommen des örtlichen Judenrats mit den Deutschen gemunkelt, anders sei deren Zurückhaltung nicht zu erklären, und Bolechóws Judenratspräsident Dr. Schindler mußte sich immer wieder anhören, im Vergleich mit seinem Kollegen versagt zu haben. Aber dann wurden alle 3000 Juden von Dolina in einer generalstabsmäßig geplanten Überraschungsaktion binnen vierundzwanzig Stunden liquidiert. In Bolechów brach Panik aus. Hektisch wurde an Verstecken gearbeitet. Rucksäcke wurden gepackt. Ein Deutscher sagte zu einer Jüdin in der Schustergasse: »Am Donnerstag fangen wir an.«

9. KAPITEL

Die zweite Aktion

September 1942

Es muß ungefähr Mitternacht sein. Im Versteck in Grünschlags Stall ist an Schlaf nicht zu denken. Es ist zu eng, zu heiß, die Angst zu groß. Um fünf Uhr nachmittags hatte Vater entschieden, das Feld zu räumen, obwohl noch alles ruhig war. Besser zu früh als zu spät. Seitdem ist man hier eingepfercht, mit Friedmanns zu fünft, und für so viele ist der Raum beklemmend klein. Jankusch hält sich im Stehen an einem Balken über seinem Kopf fest, das entlastet die Beine. Sein Magen ist wie verknotet. Bumek liegt mit dem Rücken auf dem Erdboden, die Beine senkrecht an die Wand gestützt. Aber jede Körperstellung wird nach einer Weile unerträglich, und irgendwann muß man sich bewegen.

»Wieviel Arme hast du eigentlich? Kannst du nicht endlich still sitzen?«

»Ruhe!« zischt Moses Grünschlag. »Seid ihr verrückt?«

Um in das Versteck zu gelangen, muß man außen auf einer Leiter durch die Luke an der Giebelseite klettern. Der Letzte zieht die Leiter hinein, vergräbt sie im Heu und schließt das Türchen. Auf der anderen Stallseite ist durch eine falsche Wand ein Hohlraum entstanden, in den man sich von oben herablassen kann. Bessere Verstecke sind schon entdeckt worden. Zur Gartenseite hin ist man nur durch die dünne Bretterwand geschützt. Wer von außen sein Ohr an die Wand drückt, hört das Atmen der Versteckten.

Moses Grünschlag leidet weniger unter Hitze und Enge als

unter dem Konflikt in seinem Kopf. Heute früh wurden in Bolechów Plakate angebracht, wie man sie aus Beschreibungen kennt. Am Nachmittag kam der Befehl, der Judenrat müsse bis acht Uhr früh zweitausend Menschen auf dem Ringplatz versammelt haben. Judenratspräsident Dr. Schindler wurde verhaftet, als Druckmittel. Eine verzweifelte Lage. Aber er, Moses Grünschlag, hat gekniffen. Anstatt wie die anderen seine Pflicht zu tun, sitzt er hier im Versteck. Wie ist das zu rechtfertigen? Haben die anderen nicht auch Familien?

Durch die Ritzen der Stallwand dringt erstes Tageslicht. Jankusch und Bumek sind an der Wand herabgerutscht und liegen schlafend übereinander. Friedmanns kauern in der Ecke, Józeks Kopf ruht auf der Schulter seiner Frau.

Grünschlag weckt seinen Sohn. »Jankusch, ich habe mich entschlossen, zum Judenrat zu gehen.«

»Gut, wenn du meinst. Ich sage Bumek Bescheid.« Jankusch läßt sich nichts anmerken, aber er ist bitter enttäuscht: Wenn es darauf ankommt, rangiert die Familie eben doch an zweiter Stelle.

Hinter dem Bahnhof ist der wolkenlose Himmel leuchtendrot. Es wird wieder ein heißer Tag werden. Grünschlag beschließt, über die Felder zu gehen, das ist sicherer. Er überquert die Dolinska in der Höhe von Strasmans Haus und bewegt sich vorsichtig im Bogen hinter den Mühlen auf die Stadt zu. Aber um zum Judenratsbüro zu gelangen, muß er über die Schustergasse, und dort wird er gesehen.

Staub wirbelt auf, als der offene Kübelwagen mit quietschenden Reifen stehenbleibt. Zwei Männer sitzen vorn, auf dem Rücksitz hockt ein Schäferhund.

»Hände hoch und herkommen! Keine Tricks, wir schießen sofort. Wer bist du?«

»Ich heiße Moses Grünschlag, bin Mitglied des Bolechówer Judenrats und auf dem Weg dorthin. Hier ist mein Ausweis.«

»Schwein! Du hättest schon gestern abend dort sein sollen! Los, Tempo!«

Grünschlag zögert einen Moment, bewegt den Kopf in der Andeutung eines Grußes und geht auf der Straße weiter.

»Das nennst du Tempo, Jammerbündel? Renne, Drecksjude, sonst mach ich dir Beine!«

Zwei Schüsse peitschen über seinen Kopf hinweg. Wie ein gejagter Hase läuft Moses Grünschlag die Straße entlang. Das Auto mit dem wütend bellenden Hund rast an ihm vorbei. Sobald es außer Sicht ist, fällt er keuchend zu Boden. Fort, denkt er, nach Hause, so schnell wie möglich!

Meter um Meter schleicht er sich zurück, sucht hinter Bäumen und Sträuchern Schutz. Im Straßengraben wartet er auf eine Gelegenheit, wieder über die Dolinska zu gelangen. Mannschaftswagen fahren vorbei, Köpfe mit Stahlhelmen ragen über die Seitenwand. Es dauert lange, bis er die Straße überqueren und in Dudzinskis Garten verschwinden kann.

Punkt acht Uhr bricht die Hölle los. SS und Gestapo, verstärkt durch Sicherheitsdienst, Schupo und Kripo, ukrainische Polizei, deutsche und ukrainische Zivilisten, ja sogar durch Verbände der Hitlerjugend, sind zum Großreinemachen angetreten. Es ist Donnerstag, der 3. September 1942.

Mit Geschrei werden Türen eingetreten, überall splittert Glas, die Luft ist erfüllt von stoßartigen Rufen: »Raus! Raus! Raus! Raus!« Anscheinend sollen Versteckte durch Lärm so verunsichert werden, daß sie aufgeben. Menschen werden aus ihren Häusern gezerrt, mit Tritten und Peitschenhieben zum Ringplatz gejagt und in eine eigens errichtete Absperrung getrieben. Flugzeuge fliegen über die Stadt.

Einen solchen Ansturm hat keiner erwartet. Das Maß an Brutalität übersteigt jedes Vorstellungsvermögen. Säuglinge und Kleinkinder werden auf der Stelle getötet, meist mit Kopfschuß, Greise und Kranke ebenso. Der Ordnungsdienst wirft Leichen in hohem Bogen auf offene Lastwagen. Jeder Rest von Zurückhaltung ist beiseite gefegt, alles geschieht in voller Öffentlichkeit. Polen und Ukrainer säumen die Straßen und drängen sich am Ringplatz gaffend um die Absperrung.

Salek und Józek Adler sind mit Miriam und Luba gerade noch rechtzeitig zu Bekannten geflüchtet, die ihnen gegenüber auf der Dolinska wohnen. Etwa zehn Personen hocken auf dem Erdboden hinter einer falschen Wand. Einmal ist schon daran geschlagen worden. Suchtrupps durchkämmen Gärten und Hinterhöfe. Auf dem fünfzig Meter entfernten Nachbargrundstück erhebt sich vielstimmiges Geschrei, vermischt mit Weinen, Klagerufen, Flüchen. Józek Adler spürt Ärger in sich aufsteigen. Warum haben sich die Leute nicht besser versteckt? Dann krachen Gewehrsalven.

Großmutter Rachel Reis sitzt in einer Nische im Hinterzimmer des oberen Stockwerks ihres Gasthauses am Ringplatz. Ihre Tochter, mit der sie die Wohnung teilt, hat sich in einem Verschlag verborgen. Draußen tobt die Aktion. Jetzt wird die Tür zur Schankstube aufgebrochen, und blitzartig erkennt die Großmutter, daß ihr Versteck unzureichend ist. Sie läuft ins vordere Zimmer und sucht nach einer besseren Möglichkeit, rückt einen Schrank von der Wand und zieht ihn mit der Kraft der Verzweiflung gegen die Türöffnung, die zum hinteren Zimmer führt. Ein Kommando stürmt die Treppe herauf. Sie hört die Schreie ihrer Tochter, als sie entdeckt und abtransportiert wird. Der Schrank wird aufgerissen und durchwühlt, aber den Häschern entgeht, daß ein weiteres Zimmer dahinter liegt.

Ein paar Häuser weiter hocken einundzwanzig Menschen in einem Keller, fast wahnsinnig vor Angst. Ein Baby schreit. Die Mutter versucht, es zu beruhigen, aber es gelingt ihr nicht. Von allen Seiten wird gezischt, geflucht. »Ich bringe Sie um!« flüstert jemand. Die Mutter schaut flehend in die Runde, hält das Kind an die Brust, ohne Erfolg, es brüllt aus Leibeskräften. Ein Mann versucht, sich auf sie zu stürzen, von überall drohen geballte Fäuste. Da wendet die Mutter sich ab, begräbt ihr Kind unter sich und läßt erst locker, als es zu atmen aufgehört hat.

Zweitausend Menschen in Verstecken aufzuspüren ist keine Kleinigkeit. Mittags sind es erst einige hundert. Die Absper-

136

rung am Magistrat wird von ukrainischer Polizei und deutschen Soldaten mit Hunden bewacht. Stadtkommissar Piatke, in SS-Uniform, den weißen Schäferhund an der Seite, hat die Oberleitung.

Die Bewacher haben völlig freie Hand – Wunschtraum jedes Sadisten. Schwangere Frauen werden in den Bauch getreten, Schädel mit Gewehrkolben eingeschlagen, Mädchen mit der Pistole zwischen die Beine geschossen. Matowiecky ist wie berauscht. Mitunter fällt er seine Opfer direkt mit den Händen an, drückt ihnen die Kehle zusammen, schlägt ihre Köpfe auf das Pflaster. Neben ihm wütet Strutynski; sein hellblonder Haarschopf ist auch aus der Entfernung gut zu erkennen. Sogar auf den Dächern stehen Zuschauer.

Ein alter Jude versucht verzweifelt, seine blonde, etwa vierjährige Enkeltochter zu beruhigen. Sie sieht aus wie ein Engel, aber sie weint und tobt. Der alte Mann setzt sie auf einen Mauervorsprung, streichelt sie, klopft ihr begütigend auf den Rükken. Sie wehrt sich, strampelt, will herunter. Von der anderen Seite des Platzes erspäht Matowiecky wie ein Raubtier seine Beute. Schon im Laufen erhebt er sein Gewehr, den Kolben nach vorn. »Paß auf!« ruft jemand. Der alte Mann dreht sich um, und Matowiecky rammt ihm den Gewehrkolben so genau zwischen die Augen, daß sein Schädel wie eine Kokosnuß zerspringt. Das Mädchen schreit durchdringend. Matowiecky packt es an den Beinen, schwingt es ein paarmal herum und haut seinen Kopf mit voller Wucht gegen die Ecke des Magistrats. An der Mauer läuft Gehirnmasse herab.

Die Mittagssonne brennt. Es gibt weder Wasser noch Essen. Viele sind ohnmächtig geworden. Ständig werden neue Opfer gebracht. Ordnungsdienstmänner schieben Leichenkarren um die Ecke der Schustergasse zum jüdischen Friedhof.

Grünschlags sind seit mehr als achtzehn Stunden im Versteck. Aushalten, ruhig bleiben, nicht verrückt werden – alles andere ist nebensächlich. Selbst der Gedanke an Rettung stört. Auf dem Boden steht ein Korb mit Zwieback, den Mutter 1940 gebacken hat, als man erwartete, nach Sibirien geschickt zu werden. Aber niemand hat Hunger. Bleiern ziehen die Stunden vorbei.

Am Nachmittag arbeitet jemand im Garten. Das rhythmische Schaben der Hacke ist deutlich vernehmbar. Mit angehaltenem Atem wird durch die Ritzen der Bretterwand gespäht. Bumek formt mit den Lippen die Worte: »Es ist Ruzia!« Vaters kategorische Handbewegung macht sofort klar, daß man sich keinesfalls zu erkennen geben wird. Vielleicht versucht Ruzia, durch ihre Gegenwart Schutz zu bieten – man wäre ihr dafür zu Dank verpflichtet. Aber vielleicht will sie auch die erste sein, wenn Grünschlags Haus geplündert wird. Man kann nie wissen. Das Mißtrauen ist übergroß.

Der Ringplatz liegt im Schein der Abendsonne, der Himmel ist klar und septemberblau. Die Gefangenen sind apathisch, manche schlafen. Auch ihre Folterer haben an Schwung verloren. Vielleicht hat die Wirkung des Alkohols nachgelassen.

»Wieso sprechen Sie so gut deutsch?« fragt ein Bewacher zwei gefangene Frauen.

»Wir sind Deutsche.«

»Ach was? Ungewöhnlich in dieser Gegend. Wo kommen Sie her?«

»Aus Bochum.«

»Na, sieh mal an – ich bin auch aus Bochum!«

Es entsteht ein Gespräch, wie es unter Menschen üblich ist, die in der Fremde eine Gemeinsamkeit entdecken. Man unterhält sich über Plätze und Bauten der Heimatstadt und stimmt einander bei der Beurteilung verschiedener Wohngegenden zu.

Die beiden Frauen schauen sich an. Müssen sie diese Chance nicht nutzen?

»Hören Sie«, sagt die eine, »können Sie nicht etwas für uns tun? Wir sind doch schließlich völlig unschuldig...«

»Nee, meine Damen, das geht leider nicht. Würde mich strafbar machen. War aber nett, sich mit Ihnen zu unterhalten.« Er schaut sie freundlich an und geht weiter.

Auf einmal rollt ein Fiaker auf den Ringplatz. Arbeitsleiter Belke und seine Frau sitzen auf dem Rücksitz, die Zügel hält ihr jüdischer Kutscher Izio. Stadtkommissar Piatke eilt auf das Fahrzeug zu.

»Herr Belke! Endlich! Was war los? Ich hätte nicht gedacht, daß es eines Anrufs von mir bedarf, um Sie zum Kommen zu bewegen. Wie Sie sehen, haben wir alle Hände voll zu tun. Jeder wird gebraucht!«

»Bedaure, ich war mit Arbeit überlastet.«

»Herr Belke, das ist kein Spaß. Erscheinen ist Pflicht! Und wer ist das, wenn ich fragen darf?« Er deutet auf den Kutscher.

»Herr Stadtkommissar, ich muß Sie bitten, die Form zu wahren. Ich bin deutscher Beamter und außerdem Offizier. Mein Kutscher ist mir als Arbeitskraft zugesprochen worden. Ich hatte zu tun und bin deshalb nicht erschienen, das ist alles.«

»Sie sind als Judenfreund bekannt. Es würde mich nicht wundern, wenn Sie welche in Ihrem Haus versteckt hätten.«

»Herr Stadtkommissar, das ist die größte Beleidigung, die einem deutschen Offizier an den Kopf geworfen werden kann. Hier sind die Schlüssel zu meinem Haus. Ich bestehe auf einer sofortigen Durchsuchung oder der Rücknahme Ihrer Bemerkung. Andernfalls muß ich davon Meldung machen.«

Piatke ist rot geworden, denn andere Deutsche hören zu. »In Ordnung, Herr Arbeitsleiter. Nichts für ungut...«

»Sie werden mich entschuldigen, Herr Stadtkommissar, mein Pensum ist noch nicht erledigt.« Er gibt dem Kutscher ein Zeichen und fährt davon.

Eine wirklich kaltblütige Darbietung, besonders, da auf dem Speicher des Arbeitsamtes mehr als zwanzig Juden versteckt sind, unter ihnen der Hauslehrer Pesach Lew, seine Frau und ihr Baby, das Frau Belke nun schon seit sechs Monaten betreut.

Die Rathausuhr schlägt sieben. Dyzia Lew und ihre Eltern sind am Vormittag hinter Rabbi Perlovs Haus gefangen worden und waren kurz danach auf dem Ringplatz unmittelbare Zeugen des entsetzlichen Mordes an dem alten Mann und seiner Enkelin. Dyzia ist immer noch so schockiert, daß ihr ganzer Körper verkrampft ist und ihre Hände sich eiskalt anfühlen. Sie bemerkt erst nicht, daß jemand ihr auf die Schulter tippt. Zur Seite schauend, sieht sie die Hosenbeine einer ukrainischen Polizistenuniform und eine Hand, die ein Zeichen macht. Sie sieht ihre Eltern aufstehen, tut es ebenfalls. Matowiecky hat ihnen den Rücken zugekehrt. Der Polizist marschiert mit ihnen quer durch den Magistratshof. »Im Auftrag von Strutynski«, sagt er.

Im nächsten Moment fühlt Dyzia sich neben ihren Eltern an Gartenzäunen vorbei einen Fußweg entlanglaufen. »Halt!«, schreit jemand. Sie sieht ihren Vater auf ein Haus zurennen, die Tür aufstoßen, nimmt eine Wohnküche wahr und befindet sich Sekunden später in einem dunklen Zimmer. »Gehen Sie, Juskiv«, sagt eine Frauenstimme. »Wir kümmern uns um die Leute.« Dann hört sie nur noch das eigene pochende Herz und den keuchenden Atem ihrer Eltern. »Wir sind in Strutynskis Haus«, flüstert ihr Vater. Dyzia ist der Ohnmacht nahe.

In der Küche geht es hoch her. Strutynski hat Freunde geladen, der Tag wird gefeiert. Einmal kommt er sogar ins Zimmer, tastet sich an ihnen vorbei, holt etwas aus einem Wandschrank und schlägt beim Hinausgehen die Tür zu.

Nachdem die Gesellschaft sich lärmend aufgelöst hat, bringt er einen Teller Kartoffeln und ein Glas Schnaps. »Bernhard, du bist doch mein Freund«, lallt er. »Hast bei mir nichts zu befürchten. Los, rauf in den Speicher. Ich muß noch mal fort.«

Später hört man, daß er in dieser Nacht bei einer jüdischen Geliebten, deren Versteck er kannte, erschienen ist, sie mitgenommen und am Fluß erschossen hat. Sie war ihm lästig geworden, und die Gelegenheit war günstig.

Aus einem Fenster im Magistrat ist ein Kabel gelegt, an den

Kastanienbäumen sind Scheinwerfer angebracht. Wer Glück hat, bekommt vom Ordnungsdienst einen Schluck Wasser oder einen Bissen Brot. Ein junger Mann wird bei einem Fluchtversuch erschossen. Wer Ähnliches geplant hat, nimmt davon Abstand. Die Rathausuhr registriert das Vorbeiziehen der Stunden und die Ankunft eines neuen Tages. Der wolkenlose Sternenhimmel läßt auf Fortdauer des schönen Wetters schließen.

Freitag, der 4. September. Die Quote ist längst nicht erfüllt. Türen werden noch brutaler eingetreten, Bretterwände mit Axthieben zersplittert oder mit Schüssen durchlöchert. Je weiter der Tag voranschreitet, desto schwungvoller laufen die Aktionen. Es ist wieder reichlich Alkohol ausgegeben worden, die Suchtrupps stacheln einander zu immer größerer Roheit an. Wer entdeckt wird, erhält Tritte, Faustschläge ins Gesicht, Gewehrkolbenhiebe.

In einem Holzschuppen wird ein Junge erwischt. »Wo ist deine Familie?« Der Junge schweigt. Er erhält eine Ohrfeige, ein Polizist richtet sein Gewehr auf ihn, er schweigt noch immer. Ein SS-Mann kommt hinzu und beugt sich väterlich über ihn. »Laß dich nicht einschüchtern, mein Junge. Du kannst mir ruhig sagen, wo deine Leute sind. Es wird ihnen nichts geschehen, und dir auch nicht.« Er nimmt ihn an die Hand und geht mit ihm zum Garten. Weinend deutet der Junge auf einen Heustock, aus dem sechs Menschen geholt werden.

Auf dem Ringplatz sind viele ohnmächtig, viele an Erschöpfung gestorben oder ihren Verletzungen erlegen. In einer Ecke sitzt schon seit gestern der alte, weißhaarige Doktor Blumental, Generationen von Bolechówern als Arzt vertraut. Jemand muß Mitleid mit ihm empfunden haben, denn eine Matratze wird angeschleppt und für ihn über die Absperrung geworfen. Doktor Blumental dankt mit einer Handbewegung und setzt sich darauf. Aber nicht lange – Matowiecky hat es gesehen und kommt schreiend angelaufen. »Ein Jude auf einer Matratze?

Dafür ist sie zu schade. Steh auf!« Doktor Blumental tut es und wird von Matowiecky auf der Stelle erschossen.

Gegen Abend hält ein SS-Mann eine kurze Ansprache. »Hier ist einer, der seine Familie verraten hat. Das ist schändlich und ehrlos und wird entsprechend bestraft.« Neben ihm steht der Junge, der ihn am Nachmittag zu dem Heustock geführt hat. Er wird auf einen Schemel gestellt, der SS-Mann zieht seine Pistole und schießt ihm in den Kopf.

Samstag vormittag. Den Suchenden sitzt die Wut im Bauch. Irgendwo müssen die Leute doch sein! Meist wird sofort getötet. Soll der Ordnungsdienst die Leichen nachher wegschaffen.

In einem Stall haben zwölf Menschen seit Donnerstag früh auf einem wackligen Bretterboden ausgehalten. Wohl ein dutzendmal ist in ihrer Nähe gestöbert, geklopft, geflucht worden. Jetzt schlägt unten ein Hund an, und eine deutsche Stimme sagt: »Ich glaube, da ist noch jemand. Roll mal das Faß her, damit ich draufsteigen kann!«

Ein Kleinkind fängt zu weinen an. In Panik legt ihm einer der Versteckten beide Hände um den Hals. Seine Mutter sucht es zu befreien. Ein Handgemenge entsteht, und als von unten der Bretterboden aufgebrochen wird, fallen die Versteckten wie reife Früchte herunter.

»Mein Gott, wie ihr ausseht! Los, ab die Post.«

Ein SS-Mann treibt die völlig erschöpften Menschen zum Ringplatz. Aber kurz bevor sie ihn erreichen, ertönt eine Sirene, und über Lautsprecher kommt die Ansage: »Aktion einstellen! Die Aktion ist beendet!« Die Glocke schlägt zwölf.

»Halt!« ruft der SS-Mann. Und zu einem jungen Mädchen sagt er: »Geh nach Hause, schönes Kind.«

Das Finale. Zum Abmarsch bereitmachen. Wer sich nicht erheben kann, wer jammert oder stört, wird kurzerhand erschossen.

Bei Grünschlags in der Kolejówka hat man die Sirene nicht

gehört. Nach mehr als sechzig Stunden fühlen sich alle dumpf und apathisch. Jankusch ist drauf und dran, aufzugeben, Bumek hat schon seit einer Ewigkeit nichts mehr gesagt. Józek Friedmann atmet schwer mit geschlossenen Augen, Sabina liegt zusammengekrümmt in einer Ecke, Vater steht an die Wand gelehnt.

Plötzlich hört man Stimmen, Rufe, Befehle, Schreie, anders als die typischen Aktions-Geräusche der letzten Tage. Jankusch ist auf einmal hellwach und klettert in den First, von wo man über Dudzinskis Anwesen hinweg auf die Dolinska sehen kann. Sie ist schwarz von Menschen. Jankusch sieht den Strom in die Kolejówka einbiegen. Ein Polizist steht mit erhobenem Knüppel wie ein Verkehrsschutzmann an der Ecke.

»Weitergehen! Anschluß halten!« Deutsche Kommandorufe mischen sich mit kehligem Ukrainisch. Hunde bellen. Und wird da nicht gesungen? Ja, ganz deutlich. Sogar die Worte sind zu verstehen.

> »A jeden Schabbes pfleg ich loifn
> von dem Schulhaus gleich,
> spielen sich mit alle Kinderlach
> dorten bei dem Teich.
> Oi, oi, oi Belz, mein Städtele Belz, mein Heimerle,
> wo ich hob meine kindische Juhren verbracht...«

Jankusch traut seinen Ohren nicht. Wer kam auf diesen Gedanken? Wer hat das Lied angestimmt?

»Los! Weitergehen! Nicht trödeln, hopp, hopp!«

> »Seid ihr amol gewein in Belz?
> Belz, mein Städtele Belz, mein Heimerle,
> wo ich hob mit meine Chaveren gelacht.
> Oi, oi, oi mein Städtele Belz...«

Wissen die Menschen, daß die Fahrt nach Belzec geht?

143

Es dauert fünfzehn Minuten, bis der Zug vorüber ist. Am Bahnhof stehen Güterwagen bereit, in jeden werden einhundertzwanzig Menschen gepreßt. Platz wäre vielleicht für dreißig. Die winzigen Fenster sind mit Stacheldraht vergittert.

Vom Bahnsteig aus rufen deutsche Industrieverwalter die Namen unabkömmlicher Arbeiter aus. Ein junger Mann weigert sich, schlingt seine Arme um Frau und Kinder. Zwei Polizisten befördern ihn mit Fußtritten aus dem Waggon. Die Türen werden verriegelt, der Zug fährt ab.

Schlußbilanz: eintausendsechshundert Menschen deportiert, vierhundert auf der Stelle getötet.

Bolechów sieht aus wie ein Schlachtfeld. Tote überall – auf der Straße, in Gräben, in Hinterhöfen, an Zäunen. Der Ringplatz ist überkrustet mit Blut, Kot und Erbrochenem, der jüdische Friedhof ein offenes Massengrab. Pestilenzartiger Gestank hängt wie eine Wolke über der Stadt. Fast alle Häuser sind aufgebrochen und geplündert. Wie betäubt kriechen Menschen aus ihren Verstecken. Eine junge Mutter hat die Leiche ihres erwürgten Babys in ein Tuch gewickelt.

Merkwürdig: Schon nach ein paar Tagen ist Bolechów wieder auf den Beinen. Die Gräber sind zugeschaufelt, der Ringplatz ist gründlich gereinigt – Stadtkommissar Piatke hat sich persönlich davon überzeugt. Türschlösser sind repariert, Fenster vernagelt, Scherben zusammengekehrt. Man geht zur Arbeit, verbessert Verstecke, trifft vorsorgliche Abkommen mit Christen und gewöhnt sich daran, Nachbarn in Kleidern zu sehen, die man vor einer Woche noch selbst besessen hatte.

Obwohl sich Frauen immer wieder als mutiger, klüger und widerstandsfähiger erweisen, leben Männer länger. Sie laufen weg oder werden zur Fabrikarbeit eingezogen, während Frauen sich um Kinder und Alte kümmern. Männer sind der nützlichere Rohstoff. Jom Kippur 1942. Jankusch geht beten.

Die Synagoge ist voll mit hilflos schluchzenden Männern. Jankusch meint, nie einen traurigeren Anblick gesehen zu haben.

Rabbi Perlov ist noch da, als letzter seiner ganzen Familie. Er hat sich den Bart abrasiert. Treue Anhänger wollen ihn retten und über die ungarische Grenze bringen. Aber als es soweit ist, wird er gleich erkannt und auf der Straße erschlagen.

10. KAPITEL

Ein geschickter Mensch

Oktober 1942

In Rostocki, einem abgelegenen Dorf am Rande der Berge, merkte man wenig von den dramatischen Ereignissen in Bolechów. Die Bauern bestellten ihre Roggen- und Kartoffelfelder, fütterten ihr Vieh und aßen das Gemüse der üppigen, gepflegten Gärten, die jedes der etwa vierzig Häuser umgab, die die Dorfstraße entlang dem weidenbestandenen Bach säumten.

Am Dorfausgang, wo das Tal aufhörte und die dichten Bergwälder begannen, wohnte der Bauer Petro Ilnicki, ein für örtliche Verhältnisse begüterter Mann, denn er hatte außer Schweinen und Schafen vier Kühe im Stall und besaß zehn Tagwerk Land. Trotz seiner noch nicht fünfzig Jahre war er bereits zweimal verwitwet. Seine fünf Kinder wohnten bei ihm, und er teilte nunmehr sein Lager mit einer tyrannischen Haushälterin namens Paraschka, die ein weiteres Kind von ihm im Bauch trug. Petro galt als tüchtig, schlau und wenig zimperlich, und seinen Brüdern Michailo und Nicola, deren Anwesen an das seine grenzten, wurden ähnliche Qualitäten nachgesagt. So kam an der geballten Macht der Familie Ilnicki in Rostocki keiner vorbei. Ihren Mitgliedern wurde Respekt entgegengebracht, und man hütete sich, ihnen zu nahezutreten.

In letzter Zeit hatte die Einheit der Brüder allerdings Risse bekommen, denn Petro hatte etwas getan, dessen Gefahr und Unergiebigkeit eigentlich jedem klar sein mußte: Er hatte sich mit Juden eingelassen. Michailo, der Ältere, sah es mit Kopfschütteln, Nicola, der Jüngste, mit offener Feindseligkeit.

Denn der ruhige, dörfliche Lebensrhythmus täuschte: Rostocki war alles andere als unpolitisch. Die meisten Bewohner waren überzeugte ukrainische Nationalisten, und viele von ihnen Anhänger der radikalen OUN-B, im Volksmund Banderowscy genannt, deren Untergrundmilizen zahlreiche Lager in den Wäldern unterhielten. Ihr Haß auf Rußland und den Kommunismus wurde nur übertroffen durch ihren kompromißlosen Antisemitismus. Juden gegen Belohnung an die Deutschen auszuliefern war gängig und profitabel, aber mit ihnen zu klüngeln oder ihnen gar Hilfe zu leisten? Wer das tat, hatte in der Dorfgemeinschaft verspielt. Wie konnte ein so gewitzter Bursche wie Petro Ilnicki sich in so etwas hineinziehen lassen?

Es hatte damit begonnen, daß eines Nachts an sein Fenster geklopft wurde. Draußen stand der Jude Julek Meissner, ein großer, kräftiger Kerl von etwa dreißig Jahren, den Petro seit Kindesbeinen kannte, denn er war in Rostocki geboren und hatte hier mit seinen Eltern bis zu ihrer Zwangsumsiedlung im Herbst 1941 gewohnt. Julek erzählte ihm flüsternd von der kürzlich stattgefundenen Aktion und von seiner Erkenntnis, daß nur der überleben werde, dem es gelänge, sich in Luft aufzulösen. »In Großstädten kann man untertauchen, sich falsche Papiere besorgen, sich als Christ ausgeben«, sagte er. »Aber hier? Man würde sofort erkannt!« Deshalb sei er zu ihm gekommen. Er vertraue ihm und wolle ihm ein Geschäft vorschlagen: Wäre Petro bereit, ihn und seine Familie gegen Geld zu verstecken?

Julek Meissner bewies mit seiner Wahl Menschenkenntnis: Petro Ilnicki stand zwar in dem Ruf, ein Rauhbein zu sein, aber er war kein Antisemit und ausreichend tief im christlichen Glauben verwurzelt, um den Satz »Vor Gott sind alle Menschen gleich« wohl zu verstehen. Dennoch zögerte er, und nicht nur der offenkundigen Gefahr wegen: Er kannte Julek als intelligenten Mann und hatte beobachtet, wie er alles getan hatte, um aus dem ärmlichen Dorfjudendasein auszubrechen, aber er wußte auch um seine Schwierigkeiten: seine Arroganz, seinen überzogenen Ehrgeiz und seinen unberechenbaren Jähzorn, gegen den schon der eigene Vater machtlos gewesen war.

»Ich bin bereit, euch zu helfen«, sagte er, »aber auf meinem Anwesen, im Heuboden zum Beispiel, geht es auf keinen Fall.«

»Und wenn ich ein Versteck im Wald baue, eine Höhle ausgrabe oder so etwas – könntest du mir Nahrung liefern, gegen Bezahlung natürlich? Wenn etwas passiert, kannst du immer noch sagen, daß du uns nicht kennst.«

Dazu hatte Petro sich schließlich erweichen lassen. »Abgemacht. Ich verkaufe dir Roggen, aber du mußt ihn dir selbst in mondlosen Nächten abholen.«

Nun war es an Julek, einen geeigneten Ort für ein Versteck auszumachen. Tagelang durchstreifte er den herbstlichen Wald, aß Pilze und Beeren und trank Milch direkt von den Zitzen der Schafe. Er war im Wald großgeworden, hatte ihn gehaßt, ihn als Einschränkung empfunden und seinem Einfluß zu entfliehen versucht. Aber er kannte ihn wie kaum ein zweiter.

Dann fand er, was er suchte: eine Schonung an einem Steilhang hoch in den Bergen. Die Fichten, doppelt mannshoch und zu jung zum Schlagen, standen so dicht, daß man kaum hindurchschauen konnte – Förster und Waldarbeiter würden das Gebiet kaum betreten. Gegenüber erhob sich ein Berg, und weit unterhalb im schluchtartigen Tal floß ein Bach. Quer zum Hang lang ein mächtiger, moosbewachsener Baumstamm, teilweise im Erdreich versunken, in der Nähe entsprang eine Quelle.

Julek Meissner begann zu arbeiten, umsichtig und behutsam. Er hielt immer wieder inne, lauschte – er wußte, er war nicht allein im Wald, und die Stille konnte trügerisch sein. Er hatte sich sein Vorhaben genau überlegt. Unterhalb des alten Baumstamms grub er im weichen Waldboden eine abgestufte Höhle in den Hang, zweieinhalb Meter tief, etwa drei Meter breit und 120 Zentimeter hoch, groß genug, um einer Familie sitzend oder liegend Platz zu bieten. Das ausgehobene Erdreich verteilte er sorgfältig zwischen Bäumen.

Aus starken Ästen konstruierte er den Überbau. Der querliegende Baumstamm diente als Rückwand und Befestigung. Das Dach wurde mit Baumrinde bedeckt, darauf kam eine Lehmschicht, dann noch einmal Rinde, und zum Schluß Moos, Zweige und Tannennadeln, so daß es vom übrigen Waldboden kaum zu unterscheiden war. Die Dachschräge war dem Hang angepaßt, und wer nicht unmittelbar darauftrat, würde kaum bemerken, daß hier von Menschenhand eine Unterkunft geschaffen worden war. Um zu vermeiden, daß vom gegenüberliegenden Abhang eine Lücke im Bewuchs zu erkennen war, schnitt er junge Fichten ab, stellte sie auf das Dach und band sie mit feinem Draht an umliegenden Bäumen fest.

Julek arbeitete mit dem Hochgefühl eines Künstlers, der sein Werk gelingen sieht. Die Quelle wurde angestaut, so daß aus einem kleinen Becken Wasser geschöpft werden konnte. Ein paar Meter unterhalb entstand eine Toilettengrube, von Wasser durchschwemmt. In einer Regennacht schlich er nach Rostocki, packte einen Stapel Bretter auf seinen starken Rücken, aus denen er Schlafpritschen zimmerte. Mit Befriedigung stellte er fest, daß das Dach dicht war.

Eine Feuerstelle im Freien kam nicht in Frage. Ein kleiner Steinherd im Höhleninnern schwebte ihm vor, aber dann fand er zwei Blechkanister, die er zu einem Herd zusammensetzte. Vorne schnitt er ein Loch hinein und bog mit seinen geschickten Händen ein Türchen zurecht. Trockenes Reisig würde hier schnell genügend Hitze erzeugen, um den Roggen aufkochen zu lassen; man würde grundsätzlich nur spätnachts Feuer machen, wenn hoffentlich niemand in der Nähe war. Aus einem Ölfaß entwendete er ein dünnes Metallrohr, das durch das Dachgeflecht als Schornstein nach draußen führte.

Stolz auf seine Leistung brachte er einige Tage später seine Eltern Abraham und Esther Meissner, seine Schwester Mirka sowie seinen Vetter Markus Korn und dessen Frau Elia in das Waldversteck. Mit Mutter und Schwester vertrug er sich einigermaßen, mit den anderen stand er schlecht. Der Raum war für sechs Personen gerade ausreichend. Allen Beteiligten war klar, daß das Zusammenleben nicht einfach sein würde, aber ihnen blieb keine andere Wahl.

Mit seiner Erkenntnis, sich in Luft auflösen zu müssen, stand Julek Meissner nicht allein. Überall versuchten Juden, sich abzusetzen, keine Ware stand höher im Kurs als Verstecke bei Christen, und keine war schwerer erhältlich. Nicht von ungefähr: Wer sich als Christ auf so etwas einließ, mußte sich auf fürchterliche Probleme gefaßt machen. Zunächst: Der Handel war unbefristet; der Krieg konnte sich noch jahrelang hinziehen. Dann: Wo brachte man die Juden unter? Wie versorgte man sie mit Essen – jeder kannte jeden, und es fiel sofort auf, wenn einer mehr kaufte, als für die eigene Familie notwendig war. Weiter: Wo gingen die Leute aufs Klo? Was tat man, wenn jemand krank wurde? Verrückt wurde? Schwanger wurde? Starb? Kam die Sache heraus, war auch der Hilfeleistende verloren; Wände hatten Augen und Ohren, und von Nachbarn war keine Gnade zu erwarten. Deshalb: Warum sollte man sich für andere in Lebensgefahr begeben? Wer täte das im umgekehrten Falle für einen selbst?

Wie entscheidend eine umsichtige Planung im Meissnerschen Stil war, und wie leicht solche Unternehmen schiefgehen konnten, zeigte der kurzlebige Versuch, auf den sich der Rest der Familie Adler einließ.

Die Ukrainerin Maria Raduchowski aus dem Dorf Gerynia, die früher Butter und Eier geliefert und als Näherin bei Adlers gearbeitet hatte, war über das jähe Ende der Brüder Adler tief bestürzt gewesen und hatte bitterlich geweint, als auch »die schöne Frau Sara« ermordet worden war. Jetzt, im Oktober 1942, ließ ihr die Sorge keine Ruhe. »Wir müssen sie retten«, sagte sie oft zu ihrem Mann, »die christliche Nächstenliebe verlangt es!« Herr Raduchowski, Pole, aktiver Katholik und ebenfalls früher bei Adlers angestellt, stimmte ihr zu.

Also ließ er Luba Adler wissen, Bettzeug, Kochgeschirr und

warme Kleidung bereitzustellen, die er mit seinem Pferdefuhr-werk abholen würde. Luba selbst sollte mit Miriam und den Buben zu einer bestimmten Stelle im Wald kommen. Dort würde man sie mit Essen versorgen, bis der Krieg zu Ende sei.

Alles geschah wie verabredet. Luba und die Kinder machten sich beim ersten Tageslicht auf den Weg. Auf einer kleinen Lichtung war eine aus der russischen Besatzungszeit übrig-gebliebene Plane ausgebreitet, das Bettzeug lag darauf, zwei Körbe mit Geschirr und Hausrat standen daneben. Adlers setzten sich auf den Boden und warteten. Von den Bäumen tropfte es, das Gras war mit Tau bedeckt, im Geäst hing der Frühnebel. Was geschieht, wenn es regnet oder schneit, dachte Salek. Er behielt seine Überlegungen für sich, die anderen schwiegen. Nach etwa einer halben Stunde kam Frau Radu-chowski — bleich, verlegen und verwirrt.

»Es tut mir furchtbar leid, aber es geht nicht. Mein Bruder hat von der Sache erfahren. Wie ihr wißt, ist er Hauptmann bei den Banderowscy und droht, euch verhaften zu lassen. Nur mir zuliebe hat er euch bis jetzt verschont. Lauft so schnell ihr könnt...«

11. KAPITEL

Das Netz wird enger

Dezember 1942 – Mai 1943

Bolechów arbeitete. Im Dunkeln zogen Kolonnen aus Lagern in die Fabriken, und wenn sich der Himmel über der Ebene rötete, hatte man schon stundenlang geschuftet. Laugenbecken dampften, Zuschneidemesser fuhren durch Stapel von Tierhäuten, Sägeblätter fraßen sich durch Baumstämme, Hobelmaschinen kreischten, und die Waldbahn fuhr mehrmals täglich, um die von Ukrainern gefällten Bäume ins Tal zu befördern. In langen Reihen saßen jüdische Spezialisten und fertigten Stiefel, Taschen, Gürtel und Riemen. Mittags gab es eine dünne Suppe, dann stürzte man sich wieder in die Arbeit. Bolechów war »judenfrei«, und wer noch da war, trug ein »R«- oder »W«-Abzeichen.

Am 21. Oktober 1942 hatte die Gestapo noch einmal vierhundert Juden verlangt. Die Auswahl blieb dem Judenrat überlassen, der die Aktion mit dem Ordnungsdienst in Eigenregie durchführen mußte. Möglichst reiche Juden waren verhaftet worden, die sich aber am nächsten Tag freikaufen durften. An ihre Stelle wurden die gebracht, deren materielle Reserven man erschöpft glaubte – der Judenrat brauchte Geld, und wer arm war, hatte einfach geringere Chancen.

Am 20. November hatte die Gestapo erneut zugeschlagen: dreihundert Menschen, keine Arbeiter, und keine Hilfe für den jüdischen Ordnungsdienst bei den Verhaftungen. Um das Weglaufen zu verhindern, wurden den Männern die Hosen weggenommen und Frauen mit Stricken aneinandergebunden.

Diesmal kam auch für Großmutter Rachel Reis jede Hilfe zu spät. In ihrem Haus am Ringplatz konnte sie sich gerade noch einen Mantel überwerfen, bevor sie die Reise antrat, die ihre fünf Töchter vor ihr hatten machen müssen.

Dann hatte auf einmal ganz Bolechów von »R«- und »W«-Abzeichen gesprochen. »R« und »W« – Rüstung und Wehrmacht. Wer dafür arbeite und ein Stoffstück mit einem dieser Buchstaben trage, sei vorerst sicher, alle anderen müßten am 1. Dezember 1942 ins Ghetto nach Stryj.

Das Arbeitsamt wurde von Juden überflutet. Arbeitsleiter Belke war nicht mehr da. Ein eiskalter Bürokrat teilte die Abzeichen aus und vermerkte sie auf dem »Ausweis für Arbeitsjuden«. Ablauf der Gültigkeit: 31. März 1943.

Solcherart Registrierte mußten ihre Häuser verlassen und, nach Geschlecht und Betriebszugehörigkeit getrennt, in sogenannte »Arbeitslager« ziehen, die nichts anderes waren als umfunktionierte jüdische Privathäuser, wo man zu zehnt in einem Zimmer schlief.

Alle anderen standen vor einer harten Wahl. Wer sich bis jetzt keine Arbeit beschafft hatte und zu Hause geblieben war, tat dies meist aus Rücksicht auf Kranke, Gebrechliche oder Kinder. Sollte man sich nun von ihnen trennen, sie allein ins Ghetto schicken? Das brachte kaum einer übers Herz. Am vorgeschriebenen Tag bewegte sich ein langer Zug über die Sukiel-Brücke. Kinder trippelten an der Seite ihrer Mütter, Männer trugen Koffer oder zogen Leiterwagen – Ausgestoßene, die den Deutschen zur Arbeit nicht taugten. Es schneite, und schon wenige Meter nach der Brücke waren sie den Blicken entschwunden. Bolechów war damit »judenfrei« – im deutschen Sprachgebrauch die Bezeichnung für eine Ortschaft, in der es außer registrierten Facharbeitern keine Juden mehr gab.

Moses Grünschlag hatte es wieder einmal verstanden, für sich und seine Familie eine günstige Lage herbeizuführen. So war es ihm gelungen, einen Nachfolger für seinen ungeliebten Posten im Judenrat zu finden, nachdem er wegen seines Fernbleibens von der September-Aktion ausgeschimpft und sogar als »Verräter« bezeichnet worden war. Ein gewisser Herr Bakkenroth, ein ursprünglich aus Bolechów stammender reicher Wiener Jude, hatte Interesse gezeigt, und Grünschlag hatte die Gelegenheit beim Schopf ergriffen. Der Wechsel war vollzogen, und Grünschlag hatte eine Sorge weniger.

Dann hatte er in einem geschickten Schachzug sein eigenes Haus als Arbeitslager deklariert. Dies war mit Hilfe von Max Blecher geschehen, dem Unentbehrlichen, der auch für ihn und seine Söhne »R«-Abzeichen besorgt hatte. Neben Grünschlags wohnten jetzt auch Blecher mit Frau, Mutter, drei Kindern und einem Neffen an der Kolejówka, und was an Räumen übrig war, wurde mit anderen vollgepackt. Man teilte sich Betten oder schlief auf dem Fußboden. Einundzwanzig Personen waren hier zusammengepfercht, es war eng und unbequem, aber Grünschlag hatte sein Haus behalten.

Der größte Glücksfall war jedoch Willi Schulz, der neue deutsche Verwalter des »Sägewerk Skole II«. Er stammte aus Heidelberg und war eigentlich Offizier, aber wegen chronischer Magengeschwüre für den Fronteinsatz untauglich. Blecher und Grünschlag merkten bald, was für eine Ausnahmeerscheinung ihnen da ins Haus geschneit war. Obwohl er kein Hehl aus seiner Mitgliedschaft in der NSDAP machte, zeigte er sich fair und verständnisvoll und ließ durchblicken, daß er genau wüßte, was für Ungeheuerlichkeiten hier geschähen. Das ehemalige Elternschlafzimmer wurde für ihn als Büro eingerichtet, und auf einem großen Schild an der Vorderfront stand nun »SÄGEWERK SKOLE II – VERWALTUNG«. Auf einem kleineren hoch unter dem Dach standen die vorgeschriebenen Worte »Arbeitslager Bolechówer Juden«.

Jankusch war von Max Blecher zum Zahlmeister ernannt worden. Auf Geheiß der Deutschen wurden die ukrainischen Bauern und Waldarbeiter regelmäßig für das bezahlt, was in Wirklichkeit Zwangsarbeit war, und es war durchaus in Ordnung, wenn ein Jude das Geld überbrachte. So bestieg Jan-

Winter 1942/43: Bolechówer Juden mit Armbinde. Rechts vorne Dyzia Lew, stehend dahinter Miriam Adler.

kusch alle zwei Wochen mit einer Tasche voll Geld das kleine Personenabteil der Waldbahn und fuhr in das Bergdorf Luzki, wo er schon erwartet wurde. Der Sprecher der Ukrainer hieß Ajurko und konnte als einziger lesen und schreiben. Erst wenn er alles überprüft und gegengezeichnet hatte, waren seine Leute zufrieden. Da Jankusch im Auftrag der Deutschen kam, fürchtete er die Ukrainer nicht, und die Ruhe der Natur tat ihm unendlich wohl. Um so schlimmer war die Rückkehr nach Bolechów. Schon auf der Fahrt verknotete sich sein Magen. Einmal saßen zwei ukrainische Bauersfrauen mit ihm im Abteil. »Die Deutschen werden den Krieg gewinnen«, sagten sie zueinander, »und diese Gegend wird für immer deutsch bleiben!« Jankusch wußte nicht, ob sie ihm angst machen wollten – wenn ja, dann war es ihnen geglückt. Dabei ging es ihm noch gut.

Seine Freundin Dyzia Lew zum Beispiel saß frierend in der Gefängniszelle beim Magistrat. In den »Cleon-Lederwerken«

hatte sie wochenlang schwere, eingesalzene Rinderhäute geschleppt, die größer waren als sie selbst. Die Lauge war ihr durch den Kragen auf Schulter und Rücken gelaufen, und dadurch war es zu offenen Ekzemen gekommen, die so schlimm wurden, daß sie zu ihrer Mutter flüchtete, die im Krankenhaus arbeitete. Dort wurde sie vom jüdischen Ordnungsdienstmann Dolek Kopel wegen »Fernbleibens von der Arbeit« verhaftet. »Was willst du?« hatte sie gefragt. »Du siehst doch, daß ich krank bin.« Aber der Mann hatte nicht mit sich reden lassen.

Nun hatte sie schon drei Nächte hier verbracht und vergeblich versucht, sich vor dem Wind zu schützen, der durch das scheibenlose Fenstergitter pfiff. Aber schlimmer noch waren die Ratten. Sie schlug mit dem Schuh nach ihnen, aber sie kamen aus allen Richtungen und waren immer schneller als sie. Oft stand sie stundenlang auf einem Schemel – in dieser Position konnte man ihrer besser Herr werden. Aber nachts sank sie erschöpft auf die feuchte Strohmatratze in der Ecke, und jeden Morgen entdeckte sie an ihrem Körper neue Rattenbisse.

Als sie schließlich entlassen wurde, mußte man sie tragen, so schwach war sie geworden. Ordnungsdienstmann Kopel sprach von »Amnestie« und »Riesenglück«, aber ihr Vater Bernhard Lew wußte es besser: Kopel hatte sie auf eigene Veranlassung verhaftet und für ihre Freilassung tausend Dollar verlangt, die er nun wahrscheinlich mit der ukrainischen Polizei teilte. Aber auch Dyzia Lew ging es vergleichsweise gut.

»Lagerinspektion!«

Mit den anderen Arbeitern der Faßfabrik rannten Salek und Józek Adler auf den Hof.

»Stillgestanden!«

Eine Gruppe schwarzuniformierter Deutscher schritt die Belegschaft ab. Kübelwagen und Motorräder waren am Tor geparkt. Stadtkommissar Piatke und Hauptmann Matowiecky begleiteten die Delegation. Salek schaute starr geradeaus, aber merkte, daß sein Nachbar etwas zu weit vorn stand. Im weiteren Verlauf der Reihe muß es ähnliche Unregelmäßigkeiten gegeben haben, denn der Deutsche an der Spitze der Gruppe fing an zu brüllen. »Das nennt ihr eine Aufstellung? Ein Sauhaufen ist das!« Salek bemerkte, wie sein Nachbar unauffällig zurückwich.

»Jude«, schrie der Deutsche, »weißt du, was ›Stillgestanden!‹ heißt? War es dir gestattet, dich zu bewegen? Antworte, Jude!«

Salek bemerkte, wie der Mann neben ihm zu zittern begann.

»Antworte!«

»Nein«, brachte er hervor.

»Faß!«

Ein Schäferhund sprang vor und warf ihn zu Boden.

»Jude, du hast dich wieder bewegt! Steh auf!«

Kaum auf den Füßen, brachte das Kommando »Faß!« ihn wieder zu Fall. So ging es an die zehnmal.

»Das passiert, wenn ein Jude sich unerlaubterweise bewegt!«

Ein Bock wurde gebracht, der Mann mußte das Hemd ausziehen und wurde ausgepeitscht. Schon nach drei, vier Schlägen platzte die Haut auf – Salek zählte fünfundzwanzig Hiebe. Ohnmächtig wurde er fortgeschleift. Für die anderen begann eine schier endlose Schikane: über den Hof rennen, springen, sich hinwerfen, durch Pfützen robben, Liegestütze, Kniebeugen und ungezählte Male »Aufstellen in Reih und Glied«.

Jetzt war es Abend. Józek und Salek saßen müde und verwirrt in ihrer Stube. Die meisten der dreistöckigen Holzpritschen waren bereits belegt. Einige schliefen. Auf einmal wurde die Tür aufgerissen, und der schwarzuniformierte Deutsche stand im Zimmer, sein Gefolge im Schlepptau.

»Appell!«

Im Handumdrehen stand die Stube stramm. Keiner wünschte eine Wiederholung der Szenen vom Nachmittag. Aber Izio Aizenstab, ein religiöser vierzehnjähriger Junge, hatte geschlafen und vergessen, das Samtkäppchen, das er seines Glaubens wegen trug, abzunehmen. Schief saß es ihm auf dem Kopf. Salek versuchte, ihn mit Blicken darauf aufmerksam zu machen, aber zu spät.

»Wirst du wohl das Haupt entblößen, Judenschwein!« Die Worte kamen langsam und drohend. »Da bemüht man sich, euch Ordnung beizubringen, und jetzt das!«

Eine Ohrfeige klatschte auf Izios Backe, das Käppchen flog in hohem Bogen davon. Ein Faustschlag traf ihn ans Kinn, einer in den Magen. Izio sank zu Boden. Der Deutsche trat ihm mit der Stiefelspitze in Bauch, Unterleib und Rücken, mit dem Absatz voller Wucht gegen den Kopf. Salek stand wie gelähmt. Der Deutsche, rot im Gesicht, hörte und hörte nicht auf. Schlimmer als der Anblick war das Geräusch der Tritte in den Körper des Jungen. Endlich ließ der Deutsche ab und stürmte aus dem Zimmer. Einer der Augenzeugen erbrach sich.

Izio Aizenstab war tot. Aus seinem Mundwinkel floß ein dünner Blutstrom. Ein Ordnungsdienstmann kam, packte die Leiche über die Schulter und trug sie fort.

Im Januar 1943 war auf einmal Moische Frailich wieder da. Sein Vater Jehoschua, ein Onkel von Salek, hatte ihn mit Mutter und Geschwistern im Dezember allein ins Ghetto nach Stryj gehen lassen und sich deswegen schwerste Vorwürfe gemacht. Er weinte, als er seinen Sohn wiedersah.

Moische war wirklich noch ein Kind, aber er erzählte eindringlich vom Leben und Sterben im Ghetto. Ein ganzes Stadtviertel war hermetisch abgeriegelt und mit einem hohen Bretterzaun umgeben worden. Strom und Gas waren abgeschaltet, Wasser gab es nur eine Stunde pro Tag, und man mußte um fünf Uhr früh mit Eimern anstehen. Man schlief zu viert in einem Bett, wurde zerfressen von Wanzen und Läusen, aus den Toilettenlöchern floß Kot auf die Straßen. Man könne sich nicht vorstellen, was für Verstecke man ersonnen habe – in Klogruben, in Dachfirsten, unter Fensterbrettern, die hochgehoben und von innen festgeschraubt wurden.

Jehoschua Frailich liefen die Tränen übers Gesicht. »Moischele, ich will dich wärmen, pflegen und beschützen, will selber hungern und dir mein Essen geben. Warum habe ich euch gehen lassen? Warum bin ich nicht selbst gegangen? Du kannst bei mir bleiben, keiner soll wissen, daß du da bist. Und wenn du Abwechslung brauchst, dann besuchst du Salek und Józek.«

Bei genau solch einem Besuch, in der Stube der Adler-Buben, geriet Moische in eine Kontrolle. Ein SS-Mann, ein ukrainischer Polizist und der jüdische Ordnungsdienstmann Zauderer, der früher bei Adlers gearbeitet hatte, gingen von Zimmer zu Zimmer. Moische konnte gerade noch unter einer Pritsche verschwinden, bevor die Tür aufging.

»Ausweise!«

Salek und Józek standen stramm und präsentierten ihre Papiere. Der SS-Mann sah prüfend umher, klopfte auf Betten, lüftete dünne Decken mit seiner Peitsche, schaute in den Spind. Alles schien in Ordnung. Wortlos verließ er den Raum.

Was den jüdischen Ordnungsdienstmann Zauderer bewog, beim Hinausgehen unter das Bett zu schauen, wird man nie erfahren – aber er tat es und zerrte den an allen Gliedern zitternden und mit den Zähnen klappernden Moische Frailich hervor. Der SS-Mann war schon im Nebenzimmer.

»Zauderer, laß den Jungen hier!« bat Salek.

Der Ordnungsdienstmann zögerte.

»Zauderer, ich beschwöre dich bei der Seele meines toten Vaters: Laß ihn hier!«

»Ich tue nur meine Pflicht!« sagte Zauderer und riß Moische Frailich in den Flur. Salek hatte in seinem ganzen Leben nicht solchen Haß verspürt.

Als Jehoschua Frailich die Nachricht überbracht wurde, blieb er stumm. Aber allen, die ihn nachher erlebten, war klar, daß er an diesem Tag den Verstand verloren hatte.

Mit Moische war etwa zehn Gleichaltrigen die Flucht aus dem Ghetto gelungen. Ein Junge hatte einen Hüftdurchschuß. Die Gruppe hielt sich in einem verlassenen Lagerschuppen auf Adlers Fabrikgelände verborgen. Salek und Józek brachten ihnen, was sie an Essen auftreiben konnten. Dann waren sie plötzlich fort, und an der Bretterwand waren Spritzer von Gehirnmasse zu sehen. »Matowiecky war hier«, sagte ein Ukrainer, der das Gelände nach Brauchbarem durchkämmte. »Die hatten ja keine Ausweise. Geschieht ihnen recht.«

Im Februar 1943 waren überraschend einhundert arbeitsfähige Juden aus Stryj gebracht und in die Faßfabrik eingegliedert worden. Sie erzählten von der neuesten Plage, die das Ghetto befallen habe: der Handel mit arischen Papieren. Zwei gutgekleidete, mit Warschauer Akzent sprechende Männer waren eines Tages aufgetaucht und hatten angeboten, gegen Anzahlung, zwei Photographien und die Nennung eines beliebigen polnischen Namens innerhalb von fünf Tagen entsprechende Ausweise zu liefern. Viele nicht typisch jüdisch Aussehende und einigermaßen polnisch Sprechende hatten den Strohhalm begierig ergriffen und begonnen, das Paternoster und andere christliche Gebete auswendig zu lernen. Aber die Gestapo hatte davon erfahren und am Bahnhof die Wachen verstärkt. Papiere wurden genauestens überprüft, beim kleinsten Verdacht mußten die Männer die Hosen herunterlassen. Hunderte waren gehenkt worden.

Das Datum des 31. März, kürzlich noch eine Ewigkeit entfernt, hing wie ein Damoklesschwert über der Stadt. Je näher der Zeitpunkt rückte, an dem die »R«- und »W«-Abzeichen ihre Gültigkeit verloren, desto nervöser wurden die Menschen. Das Netz wurde spürbar enger, aber Lösungen waren nicht in Sicht. Manche taten unbesorgt und flanierten durch die Straßen, als wären sie auf einer Urlaubsreise; andere trugen Giftkapseln um den Hals. Jeder hatte tausend Gerüchte gehört, keiner wußte etwas Genaues.

Backenroth, Moses Grünschlags Nachfolger im Judenrat, hatte zum Beispiel erfahren, daß Bolechóws gesamter Judenrat liquidiert werden sollte; daraufhin hatte er mit seiner Frau beschlossen, das Gift zu nehmen, das seit langem für diesen Fall vorbereitet war. Das Ehepaar verabschiedete sich voneinander, und im Bett zerbiß jeder eine der todbringenden Kapseln. Sie erwachten jedoch nicht, wie erwartet, im Jenseits, sondern immer noch in Bolechów. Die Kapseln, für teures Geld erstanden, waren eine Fälschung gewesen, und die Liquidierung hatte nicht stattgefunden. Backenroths feierten ihre Errettung, und wer die Geschichte hörte, mußte lachen, obwohl es gar nicht komisch war.

Am 5. März 1943 wurde das Faßfabrik-Lager umstellt. »Halt dich raus, es geht euch nichts an!« sagte ein jüdischer Polizist zu Salek. So kommentarlos, wie sie gebracht worden waren, wurden die Arbeiter aus Stryj verhaftet. Der Ordnungsdienst mußte am jüdischen Friedhof ein Grab ausheben, die Menschen mußten sich nackt an die Grube stellen und wurden von hinten erschossen. Zahlreiche Nachbarn beobachteten das Geschehen.

Der Ordnungsdienst wollte eben mit dem Zuschaufeln beginnen, als das Kommando »Halt!« ertönte. Was war los? War etwas vergessen worden? Warum ließ man sie ihre Arbeit nicht vollenden? Sie würden doch nicht etwa...?

Wer es nicht glauben wollte, mußte sich der Wahrheit beugen: Der jüdische Ordnungsdienst, dessen Mitglieder sich zum großen Teil für unverwundbar hielten und sich ein beträchtliches Polster an Macht und Besitz zugelegt hatten, mußte nun selbst dran glauben. Ordnungsdienstleiter Dr. Pressler soll einem Deutschen noch eine Ohrfeige gegeben haben, dann krachten Schüsse und eines der widersprüchlichsten Kapitel in Bolechóws trauriger Geschichte war vorbei.

Judenratspräsident Dr. Schindler, der milde Mann mit Spitzbart und Goldbrille, erkannte die Flammenschrift und erhängte sich am selben Tag. Als kurz darauf der Rest des Judenrats verhaftet wurde, ging alles so schnell, daß Backenroth weder Zeit hatte, sich neues Gift zu besorgen, noch es zu schlucken. Der Mann, der Moses Grünschlags Posten übernommen hatte, starb mit den anderen im Kugelhagel der SS am jüdischen Friedhof.

Dann kam auch das Aus für Mordechai Hirsch, den einzigen offiziell übergelaufenen Juden, der seit gut einem Jahr mit der ukrainischen Polizei für die Gestapo gearbeitet hatte. Jankusch erfuhr davon, als er nach zweitägiger Abwesenheit aus der Waldbahn stieg, nachdem er in Luzki die Arbeiter entlohnt hatte.

»Was ist los?« fragte er eine Frau in einer aufgeregt debattierenden Gruppe.

Die Frau sah ihn entgeistert an. »Mordechai Hirsch ist tot, umgebracht von seinen Freunden. Nicht, daß man ihn bedauert, aber du verstehst, was das heißt: Wenn er nicht mehr gebraucht wird, sind wir auch bald nicht mehr nötig…«

Jankuschs Knie wurden weich. »Wieso haben sie ihn so plötzlich umgebracht?«

»Anscheinend hat er zum Schluß die Zusammenarbeit verweigert. Da haben sie ihn mit einer Drahtschlinge erwürgt. Gestern wurde auch seine Familie erschossen.«

Jankusch erinnerte sich an ihre letzte Begegnung. Ich überlebe, hatte Mordechai damals gesagt. Aber er hatte sich getäuscht, und Jankusch fiel ein polnisches Sprichwort ein: Ein Ertrinkender greift sogar nach einer Rasierklinge.

12. März 1943. Salek und Józek Adler arbeiteten in der Faßfabrik, als jemand gelaufen kam und ihnen ins Ohr flüsterte: »Das ›Rohmaterialien-Lager‹ ist umstellt. Keiner kann rein oder raus. Ich sage es euch wegen eurer Mutter und Schwester…«

Salek überlegte fieberhaft. Was war zu tun? Megow, der österreichische Direktor der Faßfabrik, fiel ihm ein. Mit ihm konnte man reden.

Miriam Adler, sechzehnjährig.

»Herr Megow, ich bitte Sie, sorgen Sie dafür, daß meine Schwester Miriam entlassen wird. Sie ist jung und stark, siebzehn Jahre alt, eine gute, fleißige Arbeiterin. Auch Luba, meine Tante, würde Ihrem Betrieb nützen. Wird nicht jede Hand gebraucht?«

»Ich will sehen, was sich machen läßt«, sagte Megow freundlich, aber beim Hinausgehen wußte Salek, daß er nichts unternehmen würde.

Der Tag verging in unerträglicher Spannung. Von ihrem Arbeitsplatz an der Hobelmaschine konnten sie über die Dolinska sehen. Sollte das Schreckliche wahr werden, müßten Miriam und Luba hier vorbeikommen. Alle paar Minuten lief einer zum Fenster und blickte hinaus. Gegen drei Uhr nachmittags machte Józek ein Zeichen. Schweiß stand ihm auf der Stirn. Angeführt von einem ukrainischen Polizisten, zog eine große Gruppe von Menschen vorbei. Gesichter waren in der Entfernung nicht zu erkennen.

Dennoch gab es kaum Zweifel, daß die Adler-Buben, zwölf und dreizehn Jahre alt, von jetzt an ganz allein auf der Welt waren. Und nicht nur das: Sie waren bettelarm. Alles Geld war bei Luba und die Perlenkette von Saleks Mutter bei Miriam geblieben.

Nur wer dem Tod viele Male ins Auge geblickt hat, kann ermessen, was Lebensfreude ist: Die Vergangenheit war vergessen, der Zukunft wurde nicht gedacht. Es gab nur die Gegenwart, und die hatte nur einen Inhalt: LEBEN!

»Żydzi chleba nie mają ale jedzą; Żydzi radia nie mają ale wszystko wiedzą; Żydzi wojska nie mają ale wojnę wygrają« – »Die Juden haben kein Brot, aber sie essen; die Juden haben kein Radio, aber sie wissen alles; die Juden haben keine Armee, aber sie werden den Krieg gewinnen.« So sang man in Bolechów im Frühjahr 1943.

Der bang erwartete 31. März war vorbeigegangen wie jeder andere Tag. Józek und Salek arbeiteten mit Feuereifer in der Fabrik, räumten ihr Zimmer auf, wuschen Wäsche und hängten sie zum Trocknen auf – alles, was bisher Mutter und Schwester getan hatten. Sie wurden erwachsen und genossen das Gefühl. Wenn die SS nicht gerade da war, wurde man erträglich behandelt, und sonntags, auf dem Weg zur Kirche, steckten ihnen Herr oder Frau Raduchowski gelegentlich Päckchen mit Eiern, Brot oder Butter durch den Zaun. Bumek Grünschlag liebte die Arbeit mit den Pferden und freute sich darauf, sie abends zur Tränke zu führen. Jankusch hatte sich so in seine Pflichten als Max Blechers Assistent eingearbeitet, daß er sogar für ihn unterschrieb. Abends hockte man zusammen, feierte, riß Witze, brüllte vor Lachen. Manchmal wurde sogar Kuchen gebacken.

Graubart, ein jüdischer Phantast in guter Bolechówer Tradition, hatte sein Talent als Alleinunterhalter entdeckt: »Ihr wollt wissen, wie es in Bolechów nach dem Krieg sein wird? Nun, ich werde es euch sagen. Der Bolechów-Club in New

York wird einen Rabbi schicken, der auf einer Postkarte seine Ankunftszeit bekanntgeben wird. Aber keiner wird mehr jiddisch lesen können. Doch, wird man sagen, da gibt es zwei Polen, die Brüder Kochanczyk, die können es! Sie werden den Rabbi am Bahnhof abholen. ›Wie geht es den Juden in Bolechów?‹ wird er wissen wollen. Die polnischen Brüder werden ihn zu den Gräbern führen. ›Hier liegen tausend von der ersten Aktion, dort zweitausend von der zweiten, hier vierhundert von der dritten – so geht es den Juden in Bolechów.‹ Was wird der Rabbi tun? Nun – was kann er tun? Er wird jedem von ihnen fünfzig Dollar geben und nach New York zurückfahren!«

»Verrückte Juden«, sagte Willi Schulz kopfschüttelnd. »Morgen lebt ihr vielleicht nicht mehr, und heute lacht ihr euch halbtot...«

Da kam die Nachricht, daß das Ghetto in Stryj aufgelöst und alle seine achttausend Bewohner ermordet worden waren. Stryj war damit »judenrein«, was bedeutete, daß kein einziger Jude mehr am Leben war, Facharbeiter eingeschlossen.

Hochgefühl verwandelte sich in Panik. Verstecke, wie man sie letztes Jahr konstruiert hatte, waren nutzlos. Die Deutschen verkauften jüdische Häuser für nominelle einhundert Zloty – unter der Bedingung, daß sie restlos abgerissen würden. Um die Schustergasse und die Kazimierzowska waren ganze Häuserzeilen dieser Methode zum Opfer gefallen.

Man konnte nur noch weglaufen. Aber wohin? In jeder Richtung standen tausend Kilometer weit die Deutschen.

12. KAPITEL

Wohin?

Juni–August 1943

Jankusch erwachte wie gerädert. Langsam erinnerte er sich, wo er war: im Heuschober bei Lewandowskis. Immer öfter schliefen sie jetzt nicht in ihrem Haus, denn jederzeit konnte das »Sägewerk Skole II« liquidiert werden. Das Morgengrauen galt als besonders gefährlich, aber SS und Gestapo hatten auch schon mitten in der Nacht Leute aus den Betten geholt.

Für Jankusch war dies die schlimmste Zeit seines Lebens. Jeder Tag lag vor ihm wie eine endlose Fläche, auf der es nirgendwo Schutz gab. Er bat Gott, nur ja in den Rücken geschossen zu werden und gleich tot zu sein. Und warum bemühte sich Vater nicht entschiedener um ein Versteck? Was auch im Gespräch war, immer hatte er etwas auszusetzen, immer kehrte er die Nachteile heraus. Es war zum Verzweifeln!

Bleierne Schwere erfüllte ihn. Würde er den Abend erleben? Schwanzwedelnd begrüßte ihn Lewandowskis Hund, als er mit Vater und Bumek über den Hof schlich. Wie er ihn beneidete!

Juni 1943. Die Wälder waren saftig grün, erste Hitzegewitter gingen über den Karpaten nieder. Von einem solchen wurden zwei jüdische Waldarbeiter in der Nähe des Bergdorfes Brzaza überrascht. Als sie durchnäßt unter einem Baum Schutz suchten, stand auf einmal ein Bauer vor ihnen. »Scheußliches Wetter, eh? Die Waldbahn ist weg – nach Bolechów kommt ihr heute nicht mehr. Ihr könnt bei mir schlafen, dort ist es

166

trocken, und es gibt was zu essen. Wie steht's?« Die beiden Juden schauten sich an. Brzaza war eine Hochburg der Banderowscy und galt als eines der judenfeindlichsten Dörfer der Gegend. Aber der Bauer hatte recht: Eine Nacht im Freien war keine angenehme Aussicht, und Hunger hatten sie auch.

Nach einer Mahlzeit aus Kartoffeln und Sauermilch legte sich die Familie auf dem Ofen schlafen; die Juden bereiteten sich ein Lager auf dem Fußboden. In der Nacht hörten sie den Bauer stöhnen und sahen ihn aufstehen und vor dem Kruzifix Gebete murmeln.

Am Morgen entschuldigte er sich: »Ich kann seit Jahren nicht mehr schlafen. Mein Gewissen plagt mich. Ich habe mich an Juden versündigt und wünsche nur, ihnen zu helfen, so daß Gott mir verzeiht und meine Seele gerettet wird. Wenn ihr wollt, verstecke ich euch und eure Familien im Wald. Ich wäre sogar bereit, eine größere Gruppe aufzunehmen.«

Der Vorschlag wurde in Bolechów begierig aufgegriffen. Auch Jankusch meinte, endlich den ersehnten Ausweg vor sich zu haben: Hier war ein Christ, der Fehlverhalten eingestand und sich Juden gegenüber verpflichtet fühlte. Es freute ihn besonders, daß auch Max Blecher beschlossen hatte, mit Familie von dem Angebot Gebrauch zu machen. Diesmal mußte Vater zustimmen!

Als dieser rundweg ablehnte, war er wie vom Donner gerührt. In seiner Verzweiflung verfiel er auf Bitten und Flehen: »Laß dich dieses eine Mal überzeugen! Im Wald haben wir eine Chance – wir können uns doch nicht einfach abschlachten lassen! Meinst du, Blecher würde sich auf etwas Unsolides einlassen?«

Aber Vater ließ sich nicht umstimmen. »Blecher kennt den Wald nicht. Ich sage dir: In den Schluchten um Brzaza kann kein Mensch überleben. Wenn du so sicher bist, geh doch allein – alt genug bist du ja.«

Jankusch mußte sich eingestehen, daß ihm dafür der Mut fehlte.

Neunzehn Personen machten sich bereit. Blecher war wie verwandelt, frohgestimmt und optimistisch. Willi Schulz hatte ihm einen Revolver geschenkt. »Damit Sie sich verteidigen können, Herr Blecher. Aber Sie werden es schon schaffen, bei Ihrer Tüchtigkeit!« Jankusch traten die Tränen in die Augen, aus Neid und Enttäuschung, aber auch aus Traurigkeit, denn er hatte Blecher aufrichtig schätzen gelernt. Dann war die Gruppe fort, und Jankusch fühlte sich leer.

Zwei Tage später nahm sein Vater ihn beiseite. »Neuigkeiten für dich, Jankusch. Blecher ist tot, und mit ihm alle anderen. Gleich in der ersten Nacht – überfallen, mit Äxten erschlagen, zerhackt...«

Jankusch wurde übel. »Wie ist das möglich...?« stammelte er. »Konnten sie sich nicht wehren?«

»Blecher wurde wahrscheinlich als erster getötet. Der Rest waren Frauen und Kinder.«

»Und der Bauer? Die Gebete?«

»Schwindel, nichts als Schwindel! Er wollte so viele Menschen wie möglich anlocken! Alle hatten ihr Geld bei sich, Blecher allein über tausend Dollar!«

Die Insassen der von Julek Meissner gebauten Berghöhle standen vor einem großen Problem: Ihr Geld war zu Ende, und der Bauer Petro Ilnicki konnte sie nicht umsonst weiterfüttern, selbst wenn er es wollte. Es mußte dringend jemand gefunden werden, der gegen ein Versteck für sich selbst und eventuelle Angehörige die Kosten der gesamten Unternehmung zu tragen bereit war.

Petro und Julek Meissner überlegten: Wer von Bolechóws wohlhabenden Bürgern war noch am Leben? Wer war zuverlässig genug? Ihre Wahl fiel auf Bernhard Lew. Am nächsten Montag – der wöchentliche Markt fand immer noch statt, und ein Ukrainer in Bauerntracht fiel nicht weiter auf – unterbreitete Petro das Angebot. Bernhard akzeptierte es sofort und vereinbarte, daß Petro ihn, seine Frau Eda und seine Tochter

Dyzia in der Nacht vom 14. zum 15. Juli im Wald treffen und in die Höhle bringen sollte.

Aber in den frühen Morgenstunden des 13. Juli wurde das »Wasserwirtschafts-Mühlenlager«, dessen Lagerältester er war, von SS und ukrainischer Polizei umstellt. Das Ende war gekommen.

Unter denen, die stumm und frierend auf dem Hof standen, war auch Eda Lew, die am Abend vorher durch ein Loch im Zaun geschlüpft war und die Nacht mit ihrem Mann verbracht hatte. Aber sie gehörte nicht hierher, die Aktion betraf sie nicht. Sollte sie ihrem Mann in den Tod folgen oder sich selbst zu retten versuchen? Die Entscheidung mußte in den nächsten Sekunden gefällt werden. Stadtkommissar Piatke wartete mit seinem Hund am Tor.

Eda Lew ging auf ihn zu: »Herr Stadtkommissar, darf ich Sie höflich darauf hinweisen, daß ich nicht zum ›Mühlenlager‹ gehöre, sondern im Spital arbeite? Ich habe in der Nacht meinen Mann besucht...«

Piatke verzog den Mund. »Streng verboten, das wissen Sie doch! Na gut, Ordnung muß sein. Schauen Sie, daß Sie wegkommen!«

»Darf ich mich von meinem Mann verabschieden?«

»Ja, aber bitte sehr schnell.«

Eda umarmte ihren Mann, der ihren gesamten Besitz an seinem Körper trug, eingenäht in die Kleidung. Es war nichts zu machen – Piatke schaute aus unmittelbarer Nähe zu. Mit einem Ruck wandte sie sich ab und lief aus dem Lager.

Draußen stand ihre Tochter Dyzia, die kurz vor Sonnenaufgang die Schreckensnachricht erfahren hatte. Die beiden Frauen rannten über die Wiese nach Osten und kletterten über den rückwärtigen Zaun des Elektrizitätswerkes. Ein Ukrainer versah den Dienst. »Ich mach die Augen zu«, sagte er, »wenn ihr ein Versteck findet, soll mir's recht sein.« Mutter und Tochter hasteten die Treppe ihres ehemaligen Wohnhauses zum Dachboden hinauf.

Um etwa die gleiche Zeit sahen Józek und Salek Adler von ihrem Arbeitsplatz im Obergeschoß der Faßfabrik ihre Schulfreundin Gina Mandel über den Hof eines Nachbargrundstücks rennen. Gerade war sie hinter einem Schuppen verschwunden, da krachten zwei Schüsse. Erst am Nachmittag konnten die Adler-Buben ihren Arbeitsplatz verlassen und sich vorsichtig der Stelle nähern. Die Leiche des Mädchens lag halb in einem Entwässerungsgraben. Blutspuren bewiesen, daß Gina sich noch eine beträchtliche Strecke weitergeschleppt hatte.

In der Nähe mähte ein Ukrainer das hohe, dunkelgrüne Sumpfgras. »Kennt ihr sie?«

»Sie heißt Gina Mandel.«

»Armes Kind.« Kopfschüttelnd betrachtete er den leblosen Körper. Dann kniete er sich hin, befeuchtete Daumen und Zeigefinger und zog einen Goldring von Ginas Finger.

Die »Wasserwirtschafts-Mühlen«-Aktion näherte sich ihrem Ende. Die Gefangenen zogen auf der Schustergasse stadtauswärts. Plötzlich wurde einem Polizisten das Gewehr entrissen, und jemand schrie: »Weglaufen!« Es war Duzio Schindler, der tapfere junge Mann, der sich schon bei der ersten Aktion durch eine tollkühne Tat gerettet hatte. Anscheinend war der Ausbruchversuch abgesprochen, denn viele Gefangene reagierten sofort. Auch Bernhard Lew sprang über einen Zaun und lief am Flußufer der Brücke zu. Aber jemand brachte ihn mit einem Heurechen zu Fall und zog ihn mit einem Strick um den Hals nach Bolechów zurück. Duzio Schindler wurde von Kugeln durchsiebt an der Straße liegengelassen. Wegen Platzmangels fand die Erschießung nicht am jüdischen Friedhof, sondern am Pferdefriedhof in Dolska statt. Das notdürftig mit Erde bedeckte Grab soll sich tagelang bewegt haben, und Bauern aus der Umgebung berichteten, Stöhnen gehört zu haben.

Im Speicher des Elektrizitätswerkes waren Dyzia Lew und ihre Mutter in einer verzweifelten Lage. Heute nacht wurden sie von Petro Ilnicki in der Rolle des Geldgebers erwartet und hatten doch nur noch das, was sie auf dem Leib trugen. Dennoch beschlossen sie, den verabredeten Ort aufzusuchen. Petro war pünktlich zur Stelle.

Eda Lew sprach nicht gut ukrainisch. Um so inbrünstiger breitete sie ihre Leidensgeschichte aus. Petro hörte wortlos zu. »Ich nehme Sie auf«, sagte er nur.

Julek Meissner war über die zusätzlichen Esser alles andere als erfreut, aber Petro bestand auf seiner Entscheidung. Ein Geldgeber wurde jetzt freilich um so dringender benötigt. Petro schlug Moses Grünschlag vor, Julek protestierte. Er hatte einmal eine Auseinandersetzung mit ihm gehabt und war seitdem schlecht auf ihn zu sprechen. Aber es lebten nicht mehr viele Kandidaten.

Am 25. Juli 1943 gab Willi Schulz wie jeden Sonntag in der Polizei-Kommandatur eine Liste mit Namen ukrainischer Arbeiter ab, die in der nächsten Woche im Sägewerk benötigt wurden. Dabei hörte er ein Telefonat Hauptmann Matowieckys mit der Gestapo in Drohobycz mit, in dem von Aktivitäten russischer Partisanen berichtet wurde, die die Juden aufmüpfig gemacht hätten – rasches Handeln sei erforderlich. »Jawohl Herr Kommandant, heute nachmittag zwei Uhr!« Damit legte Matowiecky den Hörer auf.

»Ich will nicht pessimistisch sein, aber ich glaube, das Ende ist gekommen«, sagte Willi Schulz zu Moses Grünschlag. Der schickte seine Söhne los, und das gefürchtete Wort »Aktion!« ging von Mund zu Mund. Als die Mannschaftswagen mit stahlhelmtragender SS den Hügel herunterkamen, glich Bolechów einem aufgescheuchten Ameisenhaufen.

Jankusch rannte durch das Gelände der Faßfabrik auf den hohen Zaun der HOBAG-Werke zu und glaubte, die Schritte hinter ihm seien die von Bumek und Vater. Aber als er zur Seite blickte, stand keuchend der Holzhändler Horowitz neben ihm. Sie überkletterten den Zaun und liefen über die Wiese in Richtung Hoszów. Schüsse peitschten, sie ließen sich fallen.

Salek und Józek Adler hatten es kaum in die Scheune auf Zimmermanns Grundstück geschafft, als sie etwas aus der Dunkelheit angriff: Direktor Megows Ziegenbock! Salek wehrte sich mit einer Holzlatte, die dabei zerbrach, aber das aufgebrachte Tier lange genug verwirrte, damit sie weiterfliehen konnten. Auf dem Bauch krochen sie in die Sumpfwiese, bis ihre Körper mit braunem Wasser bedeckt waren.

Grünschlag, der Jankusch schon nach ein paar Metern aus den Augen verloren hatte, hielt sich mit Bumek und einem Ehepaar Gottesmann im Lagerraum der Faßfabrik verborgen.

Sie alle wußten nicht, daß die Aktion von den Deutschen bereits als Mißerfolg eingestuft und eine »Amnestie« erlassen worden war, um die Flüchtigen zur Rückkehr zu bewegen – nur wer außerhalb der Stadtgrenze oder in der Dunkelheit aufgegriffen würde, hätte mit der Todesstrafe zu rechen. Die Adler-Buben verbrachten die Nacht in einem Heustock, nachdem ein polnischer Bekannter ihnen die Tür vor der Nase zugeschlagen hatte; Jankusch und Herr Horowitz legten sich in ein Rübenfeld; Grünschlag, Bumek und das Ehepaar Gottesmann brachen kurz vor Mitternacht nach dem Polendorf Czolhany auf. Dort kam ihnen auf einer Brücke gegen drei Uhr früh eine Gruppe angeheiterter Bauern entgegen.

»Ist das nicht Grünschlag aus Bolechów?« fragte einer. »War er etwa auch auf einer Hochzeit?«

Unglücklicherweise befand sich ein Volksdeutscher unter ihnen, der nicht gewillt war, die Sache auf die leichte Schulter zu nehmen. »Das sind jüdische Flüchtlinge«, sagte er, »die werden morgen der Gestapo übergeben. Je zwei Männer rechts und links, keine Fluchtversuche!« Eingeschüchtert folgten die Bauern seinem Befehl.

Auf der Polizeistation gab es Milch und Brot, und um acht Uhr früh ging es zu Fuß zurück nach Bolechów. Trotz der Bewachung durch zwei Polizisten gelang es Grünschlag, einem Dorfjungen Geld zuzustecken und ihn zu bitten, Willi Schulz von ihrer Verhaftung in Kenntnis zu setzen.

In der Arrestzelle des Magistrats, in die sie gleich bei Ankunft gesperrt wurden, herrschte dumpfe Niedergeschlagenheit. Etwa zwanzig Juden saßen oder standen herum. An die Gitterstäbe gepreßt fragte eine Frau: »Was wird aus uns?«

»Keine Sorge«, antwortete ein Polizist, »am Nachmittag kümmern wir uns um euch.«

Etwa eine Stunde später wurde die Zellentür aufgerissen. Auf dem Hof stand ein SS-Mann mit Reitpeitsche. »Moses und Abraham Grünschlag, Isaak und Lea Gottesmann zur Seite. Alle anderen auf den Wagen.« Die Ladeklappe wurde hochgeschlagen.

»Ihr könnt gehen«, sagte er zu Grünschlag. »Sondergesuch der Sägewerke.« Dann fiel sein Blick auf Bumek. »Was macht das Kind hier?«

»Er ist sechzehn Jahre alt.« Grünschlag schaffte es, seine Stimme ruhig zu halten.

»So klein?«

»Eine Entwicklungsstörung, ohne Bedeutung.«

»Das soll ich glauben?«

»Ein hervorragender Holzfachmann. – Abraham Grünschlag –, sein Name ist in dem Gesuch enthalten. Herr Schulz aus dem Sägewerk wird es sicher bestätigen.«

Der Mann zögerte, machte ein paar Schritte, schlug mit der Reitpeitsche auf den Stiefelschaft.

»Verschwinde, Wurm!« sagte er schließlich.

Jankusch und Horowitz saßen derweil noch immer im Rübenfeld, schlecht versteckt, aber der einsamen Gegend wegen relativ unbesorgt. Gegen Abend wurden sie von Bauern entdeckt.

»Ihr könnt nach Bolechów zurück – die Deutschen haben verzogen. Kannst mir ruhig glauben – und der Opa auch!« Die Bauersfrau stieß Jankusch an und lachte dem verdutzten Horowitz ins Gesicht.

Jankusch hatte das Gefühl, ihr vertrauen zu können, Horowitz nicht. Sie beschlossen, sich zu trennen, aber Horowitz kam ihm nachgelaufen – er habe Angst allein. Etwa um Mitternacht – sie sahen den Zaun der HOBAG-Werke bereits vor sich – standen wie aus dem Erdboden gewachsen zwei kalmükkische Wlassow-Soldaten vor ihnen.

»Ausgangssperre – sofort erschießen!«

Sie legten ihre Gewehre an. Jankusch war starr vor Entsetzen und fühlte, wie Horowitz neben ihm zusammensackte. Ohne zu überlegen, wie damals, als er bei Lehrer Dogilewski das Gedicht nicht gekonnt hatte, sprudelte er los: »Wir sind wichtige Leute... wir haben Freunde in hohen Stellungen... wir sind reich und können euch Geld geben...«, und was ihm sonst gerade einfiel.

Die Soldaten berieten. Horowitz klammerte sich wie ein Kind an Jankusch.

»Zum Pferdefriedhof!« kommandierten sie und trieben die beiden mit Bajonettstichen in Fersen und Waden vor sich her.

»Surkis!« erklang plötzlich eine deutsche Stimme. »Endlich habe ich dich!« Jankusch kannte den Zivilisten als Herrn Müller, einen Verwandten des HOBAG-Direktors, mit dem er aber nie zu tun gehabt hatte. »Das sind die Gauner, die bei uns Geld gestohlen haben. Ich nehme sie mit, sie werden von uns zur Rechenschaft gezogen.«

»Protest!« riefen die Soldaten. »Befehl zu erschießen!«

Müller zog seinen Revolver. »Ihr wollt euch mit einer deutschen Behörde anlegen? Marsch, weg, sonst passiert was!«

Zögernd gaben die Kalmücken nach.

»Verschwindet so schnell wie möglich«, flüsterte Müller. »Wenn ihr auf der Straße erwischt werdet, ist es aus mit euch. Bei Tageslicht könnt ihr nach Hause gehen.« Später wurde bekannt, daß er die ganze Nacht in ähnlicher Mission unterwegs gewesen war.

Jankusch war auf einmal so schwach, daß er sich kaum auf den Beinen halten konnte. Er steuerte das nächstliegende Lager an.

»Wer ist da?«

»Jankusch Grünschlag. Bitte aufmachen.« Jankusch wankte in den Raum und zog Herrn Horowitz mit sich hinein.

»Sind mein Vater und Bruder am Leben?«

»Soviel ich weiß, sind beide zu Hause.«

Kaum war es hell, ging Jankusch in die Kolejówka. Türen und Fenster waren verrammelt, nirgendwo ein Lebenszeichen. Er klopfte und klopfte – keine Antwort. Er war so nervös, daß er schrie, gegen die Tür trat und mit Fäusten an den Fensterladen schlug.

Moses Grünschlag trat heraus, totenbleich, das Gesicht wie eine steinerne Maske.

»Wer bist du? Was willst du?«

»Was ich will? Ich will rein, zum Teufel. Ich bin Jankusch, dein Sohn!«

»Jankusch ist tot. Geh weg.«

»Vater, bist du von Sinnen?«

»Jankusch ist tot, erschossen vor der HOBAG.«

Erst als Bumek hinzukam und auf ihn einsprach, schien er zu begreifen und ließ seinen Sohn ins Haus.

Ein paar Tage später kam Grzimek nach Bolechów, Josef Grzimek, dessen Beiname erst viel später bekannt wurde – »Schlächter von Lemberg«. In seiner Begleitung befanden sich Diener, Köche, Zimmermädchen, Kutscher und Fahrer – alles Juden, alle wohlgenährt und scheinbar zufrieden. Grzimek bezog Strasmans Haus und ließ keinen Zweifel daran, daß er der neue Chef war. Bolechóws Juden wurden zusammengerufen, und Grzimek hielt seine berühmtgewordene Rede.

»Die Zeiten haben sich geändert. Wir haben Fehler gemacht, das Kriegsglück hat uns verlassen. Wir sehen ein, daß wir tüchtige und arbeitswillige Leute wie euch nicht länger mißhandeln können. Der Führer persönlich hat den Befehl gegeben, keinem Juden mehr was anzutun, denn für jeden in Polen getöteten Juden stirbt ein Deutscher in Amerika. Somit kann ich eure Sicherheit garantieren. Ein Lager wird errichtet, in dem ihr beschützt in neuen Häusern wohnen könnt, nicht in so schmutzigen und lausigen wie jetzt. Eure Kinder und Alten werden betreut. Es wird euch nichts geschehen, so wahr ich vor euch stehe. Ihr könnt mich ›Vater‹ nennen.«

Die Wirkung dieser Worte auf die geschundenen und verwirrten Menschen läßt sich schwer beschreiben. Es war, als habe man Balsam auf brennende Wunden gestrichen. Jahrelange Spannung löste sich, viele weinten. »Wenn nur meine Bella noch da wäre«, schluchzte eine Frau neben Jankusch. »Glauben Sie etwa diesem Mann?« fragte er. »Warum nicht! Hat je ein Deutscher so zu uns gesprochen? Schau dir seine Leute an – alles Juden, alle zufrieden. Er muß ein guter Mensch sein.«

Wer zweifelte, fand seine Position untergraben. Ein neuer, toleranter Geist schien durch Bolechów zu wehen. Man durfte sich frei bewegen, fand Fleischbrocken in der Suppe. Ein Ukrainer wurde öffentlich ausgepeitscht, weil er sich an jüdischem Gut vergangen hatte. Seit undenklichen Zeiten sah man wieder jüdische Kinder auf der Straße, die aus weiß Gott was für Verstecken hervorgeholt worden waren. Und als auf dem großen Gelände zwischen HOBAG und Faßfabrik mit dem Bau eines neuen Lagers begonnen wurde, ging den Skeptikern die Luft aus. Aus Qualitätsbauteilen der HOBAG entstanden Wohn- und Gemeinschaftsräume, ein Küchentrakt, Waschvorrichtungen und Latrinen. Nähme jemand, der es nicht ernst meint, Arbeit und Kosten solchen Ausmaßes auf sich? Jüdische Handwerker waren wie beflügelt bei der Arbeit.

Selbst Moses Grünschlag hätte sich vielleicht für das neue Lager erwärmt, wenn nicht die Sorge um Bumek gewesen wäre. Er sah noch immer mit Schaudern den Blick des SS-Mannes auf dem schmächtigen Kerl und war überzeugt, kein zweites Mal solches Glück zu haben. Deshalb sagte er ohne Umschweife zu, als ihm der Bauer Petro Ilnicki ein Versteck in einer Höhle im Wald anbot.

Während das Lager seiner Fertigstellung entgegenging, bereitete Familie Grünschlag ihr Verschwinden vor. Methodisch wie immer, kümmerte sich Moses Grünschlag um jede Einzelheit. Jankusch wurde mit Leder zu Dudzinski geschickt, der daraus Schuhe fertigen sollte. »Wozu das gute Leder vergeuden, wenn ihr doch nur noch ein paar Wochen zu leben habt?« fragte der mit einer Direktheit, wie sie nur ganz einfache Gemüter aufbringen. Jankusch war betreten, aber Grünschlag ließ sich nicht beirren: »Sag Dudzinski, er soll aufhören, dummes Zeug zu reden, und seine Arbeit tun.«

Dann war es soweit. Vater, Jankusch und Bumek mischten sich in den Menschenstrom, der auf dem Weg zur Arbeit war, um bei günstiger Gelegenheit die verlassene Mühle zu erreichen, in der Petro sie abholen sollte. Es war Montag, der 9. August 1943.

13. KAPITEL

Verschwinden vom Angesicht der Erde

August 1943

Petro Ilnicki wurde am Abend erwartet. Aber er mußte ungeduldig gewesen sein oder seine Geschäfte auf dem Wochenmarkt früher erledigt haben, denn es war kaum halb sechs, als jemand die knarrende Tür der alten Mühle öffnete und die steile Treppe heraufkam.

Ein mittelgroßer, untersetzter Mann in Bauernkleidung stand vor ihnen – langärmliges, kragenloses Hemd aus grobem Leinen, durch einen Gürtel zusammengehalten und über die Kniehose fallend; die Waden mit Gamaschen umwickelt, die nackten Füße in selbstgefertigten »Chodaki«. Unter der Schirmmütze quoll rotblondes Haar hervor, von derselben Farbe wie die buschigen Augenbrauen und der volle Schnurrbart. Am auffälligsten waren die wasserblauen, flinken Augen. Das also war der Mann, dem sie sich mit Leib und Seele anvertraut hatten.

»Zum Gehen ist es zu früh«, sagte er und setzte sich auf einen Balkenvorsprung, und dann, als es draußen dunkel geworden war: »Wir können aufbrechen.« Mehr wurde in zwei Stunden kaum gesprochen.

Über Wiesen, an Gräben und Hecken entlang ging es den Bergen zu. Links sah man die Kuppeln des Klosters Hoszów gegen den Sternenhimmel, dann nahm der Wald sie auf. Der Weg führte über einen Hügelzug, unten floß ein Bach. Nach fünf bis sechs Stunden lag ein langgestrecktes Dorf vor ihnen. Durch einen Obstgarten, an Misthaufen und Scheune vorbei

Der ukrainische Bauer Petro Ilnicki, aufgenommen nach dem Krieg.

geleitete Petro sie zu einem Haus. Stallgeruch schlug ihnen entgegen, man hörte leises Schnauben, irgendwo plätscherte Wasser. Eine Leiter führte zu einer Bodenluke. Es roch nach Heu. Hier würden sie warten, bis Julek Meissner sie in einer mondlosen Nacht abholte.

Todmüde auf dem Rücken liegend, überdachte Jankusch den Tag. Irgendwo, in weiter Ferne, lag Bolechów. Er schlief nicht gern im Heu, aber die Stille hier war anders als in Lewandowskis Stall. Fast so, als sei man nach Hause gekommen.

Die nächsten Tage waren die angenehmsten seit Jahren. Petros einfache Bauernkost schmeckte himmlisch, er selbst war freundlich und von wohltuender Selbstverständlichkeit. Sein zehnjähriger Sohn Michailo brachte grüne Äpfel und erzählte flüsternd von seinen Geschwistern, von Stepan, der kleinen Kasia und von Vassily, der schon groß sei und bald zu den Soldaten müsse. Sogar das beständige Kreischen von Paraschka,

Petros Haushälterin und Lebensgefährtin, war unterhaltsam – Jankusch fragte sich oft, wie die Person wohl aussähe, die zu dieser Stimme gehörte. Es hätte ewig so weitergehen können.

Aber Vater hatte schon wieder andere Sorgen. Er meinte, nicht genug Geld mitgenommen zu haben, und wurde von dem Gedanken geplagt, ein bei der Veranda des Hauses vergrabener Goldvorrat könnte gestohlen werden. Außerdem bereute er, seinen besten Freund Hersch Josefsberg nicht mitgenommen zu haben – für den wäre doch sicher noch Platz. Also wurde Jankusch, der auf nichts weniger Lust als auf neue Abenteuer hatte, mit dem Auftrag nach Bolechów geschickt, bei Lewandowski zwanzig Dollar in Zloty zu tauschen, das Gold auszugraben und Josefsberg zu finden.

Zu diesem Zweck brachte Petro ihn am Freitag, dem 20. August, abends auf Umwegen nach Luzki und versprach, ihn in der Montagnacht dort wieder abzuholen. Jankusch trug einen von Willi Schulz unterzeichneten Passierschein in der Tasche. Dennoch war ihm unwohl, und er war froh, am Samstag nachmittag endlich in der Waldbahn zu sitzen.

Er erreichte Bolechów in dem Zustand ängstlicher Nervosität, den er nur zu gut kannte. Im Vorbeifahren sah er das neue Lager schmuck und sauber in der Abendsonne liegen. Von drinnen waren Hammerschläge zu hören.

In der Kolejówka war alles leer, Willi Schulz saß allein in seinem Büro.

»Mein Gott, wie du aussiehst! So schickt Grünschlag dich in die Stadt? Ich hab's ja immer gesagt: Er ist verrückt, Ukrainern zu vertrauen – erinnere dich nur an Herrn Blecher! Hier wird doch jetzt alles besser. Morgen abend wird das neue Lager bezogen. Sagt mir, wo ihr seid – ich hole euch mit dem Fiaker ab!«

»Danke, Herr Schulz, es geht uns recht gut. Ich bin gekommen, um etwas abzuholen.«

»Mir soll's recht sein. Macht, was ihr wollt. Mein Angebot steht jedenfalls.«

180

Jankusch hatte keinen Zweifel, daß Schulz es ehrlich meinte. Vielleicht wären sie hier tatsächlich besser aufgehoben. Aber die Entscheidung war gefallen; es gab kein Zurück.

Bei der Veranda begann er, mit seinem Taschenmesser die lehmige Erde aufzulockern. Der Boden war trocken und spröde, und Vaters Beschreibung die genaueste nicht. Jankusch brach der Angstschweiß aus – wer ihn sah, brauchte kein Genie zu sein, um zu erraten, was er da tat. Er grub fast eine Stunde, bis er endlich etwas Hartes fühlte und ein kleines, fest gepacktes Lederetui zutage förderte.

Nun galt es, Josefsberg zu finden. Auf der Dolinska kamen ihm Leute entgegen, die ihre Sachen in das neue Lager brachten. Ein Mann zog einen Leiterwagen mit Tisch und Stühlen. Am Straßenrand spielten Kinder. Enten schwammen auf dem Kanal.

Josefsbergs Haus am Ringplatz war leer. Nur im Wohnzimmer lagen ein paar alte Zeitungen. Ein Mann, den er auf der Straße nach dem Verbleib der Bewohner fragte, zuckte nur mit den Achseln. Nun ja, versucht hatte er's wenigstens.

Anstatt allein im Elternhaus zu schlafen, beschloß Jankusch, die Nacht in der HOBAG-Raffinerie zu verbringen – dort würde er Freunde treffen und vielleicht Neuigkeiten erfahren. Izio Mühlberg, ein Bekannter aus Kindertagen, lag neben ihm.

»Na, Jankusch, was gibt's?«

»Was gibt's bei dir?«

»Werde mich irgendwo im Wald verkriechen. Und du?«

»Ähnliches.«

Keiner wollte mit der Sprache heraus; das Mißtrauen überwog alle anderen Empfindungen. Izio Mühlberg bohrte weiter.

»Wo denn?«

»In der Gegend von Rostocki.«

»Verstehe – ihr geht zu den Binstocks, stimmt's?«

»Nein, nicht zu denen…« Jankusch wurde unsicher. »Wer ist das überhaupt?«

»Die Brüder Binstock aus Sloboda. Die haben oberhalb von

Rostocki eine große Höhle gebaut – mehr als zwanzig Leute. Ihr werdet schon Gesellschaft haben...«

Die Neuigkeit behagte Jankusch ganz und gar nicht. Je mehr Leute sich im Wald versteckten, desto größer war die Gefahr. Und ausgerechnet die Binstocks! Natürlich kannte er sie – wilde, großspurige Einfaltspinsel. Man konnte sich vorstellen, was für ein Unternehmen sie aufziehen würden.

Izio Mühlberg war eingeschlafen. Jankusch starrte an die Decke und hielt die Hand in der Hosentasche fest um das Ledertäschchen geschlossen. Er wollte, wenn irgend möglich, die ganze Nacht wachbleiben – er kannte seine Leute.

Am Sonntag wurde nicht gearbeitet. Gruppen von Menschen gingen auf und ab und diskutierten alle dieselbe Frage: Grzimeks Einladung folgen – ja oder nein? Heute abend mußte man sich entscheiden.

Jankusch traf viele Bekannte, darunter Józek und Sabina Friedmann. »Wir haben uns gerade entschlossen, dem neuen Lager eine Chance zu geben«, sagte Sabina. »Es war nicht leicht, nach allem, was geschehen ist. Aber man darf die Hoffnung nicht aufgeben. Findest du nicht auch, Józek?«

Ihr Mann nickte. »Hast du das Lager gesehen, Jankusch? Schau es dir an, es lohnt sich. So etwas baut man nur auf Dauer. Außerdem – wo sollten wir hin? Ihr habt euch ja anscheinend anderswo abgesetzt. Viel Glück!« Er gab ihm die Hand und ging weiter.

Auf einmal stand Salek Adler vor ihm, rot im Gesicht, den Tränen nah. »Ich habe Angst, Jankusch. Das Lager ist eine Falle. Hast du den Zaun gesehen? Wofür braucht man Stacheldraht, wenn wir in Freiheit leben sollen? Die Leute müssen blind sein. Ich habe unserem Lagerältesten keine Ruhe gelassen, bis er mit dieser Frage zu Grzimek gegangen ist. Weißt du, was ihm gesagt wurde? Der Zaun sei zu unserem Schutz da, um Angriffe von Ukrainern zu verhindern. Die Sache stinkt. Ich habe alles versucht, andere zu überzeugen, habe vorgeschlagen, in den Wald zu gehen, über die ungarische Grenze –

alles ist besser, als hier zu warten, bis man uns umbringt. Aber du weißt ja, wie es ist: Zwei Juden – zwölf Meinungen. Niemand kriegt den Hintern hoch. Wenn man sterben soll, dann stirbt man eben – diesen Satz habe ich wohl ein Dutzend Mal gehört...«

»Wo ist Józek?«

»Krank im Spital. Wenn ich nur wüßte, was ich machen soll...« Grußlos lief Salek davon.

Jankusch verstand seine Angst nur zu gut, aber er hielt Saleks Vorstellungen für unrealistisch: Man konnte nicht einfach in den Wald gehen, schon gar nicht in einer größeren Gruppe – man würde keine Woche überleben. Leider gab es nur die eine, harte Wirklichkeit: Um sich zu verstecken, brauchte man die Hilfe von Nichtjuden, und die hatte ihren Preis. Wer mittellos war oder nicht vorgesorgt hatte, würde bis heute abend keine Lösung finden.

Jankusch hatte recht und verkannte doch zwei Dinge: Saleks Entschlossenheit und das, was gemeinhin Glück oder Schicksal genannt wird und mitunter alle Logik auf den Kopf stellt.

Salek lief nämlich nach ihrem Gespräch direkt ins Spital und holte seinen Vetter aus dem Bett. »Józek, wir müssen weg, jetzt oder nie. Raduchowskis aus Gerynia haben gesagt, sie würden dir helfen, oder? Dann gehen wir jetzt beide dorthin! Wenn sie einen aufnehmen, werden sie es auch für zwei tun!«

Sie kannten den Weg nicht, waren aber kaum zehn Minuten gegangen, als kein anderer auf sie zukam als Herr Raduchowski selbst. »Uns bleibt keine andere Wahl«, sagte Salek ohne Umschweife. »Das neue Lager ist eine Falle. Wenn Sie uns nicht aufnehmen, gehen wir in den Wald.«

»Ist ja gut, Salek. Meine Frau und ich haben in letzter Zeit viel an euch gedacht. Wir haben vor langem beschlossen, irgendwie zu helfen. Wir hatten zwar nur vor, einen zu nehmen, aber ich glaube, wir werden es auch mit zweien schaffen.« Dann erklärte er ihnen den Weg.

Salek war so aufgeregt und Józek so schwach, daß sie sich trotzdem verliefen und den ganzen Tag umherirrten, bis gegen Abend das zweite Wunder geschah: Ein Haus lag vor ihnen, das genau auf die Beschreibung paßte – über Eck gebaut, an einer Schlucht gelegen, in der ein Bach floß. Sie warteten im Gebüsch, bis sie Herrn Raduchowski herauskommen sahen, aber waren sogar dann nicht frei von Mißtrauen – vielleicht war auch dies eine Falle. Erst als Herr Raduchowski im Dunkeln mehrmals aufs Klo ging und sich auffällig laut räusperte, faßten sie Mut, liefen auf das Haus zu und schlüpften durch die einen Spaltbreit geöffnete Tür hinein.

Als sich Jankusch am Sonntag abend in der Raffinerie auf den Fußboden legte, war kaum noch jemand da; das neue Lager war bezogen worden. Trotzdem war er entschlossen, auch diese Nacht wach zu bleiben. Am Nachmittag hatte Herr Lewandowski ihm die Dollars getauscht und Grüße an den Vater aufgetragen. Willi Schulz hatte er nicht mehr gesehen.

Am Montag morgen machten die Menschen auf dem Weg zur Arbeit einen ausgeruhten und entspannten Eindruck. Von der Waldbahn aus erhaschte Jankusch noch einmal einen Blick auf das neue Lager. Holz- und Teergeruch streifte ihn, am Lagertor sah er Kinder spielen.

In Luzki erfaßte ihn bleierne Müdigkeit. Kaum saß er auf dem Waldboden, war er auch schon eingeschlafen. Als er aufwachte, war Mitternacht vorüber. Petro, wenn er dagewesen war, hatte ihn nicht gefunden. Jankusch hätte sich am liebsten geohrfeigt. Es war wohl doch keine gute Idee gewesen, zwei Nächte wach zu bleiben. Jetzt mußte er den Weg allein finden.

Beherzt ging er los. Der Mond schien über Hügel und Bergwiesen, und je länger er lief, desto zuversichtlicher wurde er. Im Morgengrauen sah er vom Waldrand aus ein Dorf, das Rostocki sein konnte. Aber welches war Petros Haus? Er hatte es nie bei Tageslicht gesehen.

Er erschrak, als ihm ein Bauer mit einer Kuh am Strick entgegenkam. Es war zu spät, sich zu verstecken, also ging er auf ihn zu.

»He, Sie! Einen Moment, bitte. Ich bin von der Forstverwaltung in Luzki und brauche ein Pferdegespann für einen Holztransport der HOBAG. Welches ist das Haus des Bürgermeisters?«

Der Bauer zeigte es ihm.

»Und wo wohnt sein Stellvertreter?«

»Zwei Häuser weiter.«

»Vielen Dank. Einer von beiden wird schon ein Gespann haben.«

Petro, das wußte er, war zweiter Bürgermeister des Dorfes. Er rannte auf das angegebene Haus zu, erkannte Gartenpforte und Misthaufen und fand Petro, Melkeimer zwischen den Knien, im Stall. Als der Jankusch sah, bekreuzigte er sich.

Eigentlich hätte Jankusch von seinem Vater ein Lob erwartet, aber der nahm das Gold und die eingewechselten Zloty geschäftsmäßig entgegen und hörte seinem Bericht eher unbeteiligt zu. Nur als er über seine Begegnung mit Salek Adler erzählte, fragte der Vater: »Warum hast du ihn nicht mitgebracht?«

»Wen?«

»Salek Adler. Du hast Josefsberg nicht gefunden, da hätte er bei uns bleiben können.«

»Wie sollte ich das wissen?«

»Du hättest selbst so weit denken können. Du bist doch kein Kind mehr.«

Jankusch schoß Reue ins Herz. Warum hatte er es nicht getan, warum hatte er die Geistesgegenwart nicht besessen? Er war doch wirklich kein Kind mehr. Mit diesem Versagen mußte er jetzt leben.

Das neue Lager wurde in der Nacht vom 24. zum 25. August 1943 umstellt und mit Flammenwerfern in Brand gesetzt. Die Aktion wurde von der gefürchteten SS aus Stanisławów durch-

185

geführt und von Wlassow-Soldaten unterstützt. Die meisten der etwa neunhundert Insassen verbrannten bei lebendigem Leibe. Wer zu fliehen versuchte, wurde mit Benzin übergossen und angezündet, die Leichen der Erschossenen landeten auf Scheiterhaufen – Spuren sollten so weit wie möglich vermieden werden. »Vater« Grzimek soll wie ein Besessener gewütet und Opfer eigenhändig zu Tode gequält haben.

14. KAPITEL

Wald

September–November 1943

Jankusch lief durch den Park in Richtung Flußufer. Es war Sommer, und er wollte baden. Normalerweise führte um diese Jahreszeit der Fluß kaum Wasser. Manchmal reichte es nur bis zu den Knien, und man mußte stromauf, stromab nach tiefen Stellen suchen. Aber heute war alles unwirklich verändert. Eine smaragdgrüne Fläche lag vor ihm, so glitzernd und tief, daß er keine Scheu hatte, kopfüber hineinzuspringen. Es war kühl und köstlich. Er schwamm unter Wasser und fühlte sich wie ein Fisch. Das Licht der Sonne drang durch das grüne Naß in schrägen Strahlen. Jankusch versuchte zu atmen – und, siehe da, es ging. Wie selbstverständlich füllten sich seine Lungen mit Wasser. Wie gut, dachte er, jetzt brauche ich nie mehr nach einem Versteck zu suchen.

Als er auftauchte, war Dyzia, die heimlich Begehrte, neben ihm. Im Wasser kann ich sie ja vielleicht anfassen, dachte er. Aber als er sah, daß zwei ihrer Freundinnen in der Nähe vorbeischwammen, tat er es doch nicht. Da stand auch die Mutter auf der Auenwiese. Sie lächelte freundlich, wie sie es meistens tat, aber wenn sie ihn allzu eng mit Dyzia gesehen hätte, wäre es ihr vielleicht nicht recht gewesen. Jankusch schwamm zum Ufer, kletterte an Land und legte sich in die Sonne.

»Ich habe dir frische Kleider gebracht«, sagte die Mutter.

»Danke, das ist lieb.«

Man sagt immer, auf Wiesen zu liegen sei angenehm. Aber eigentlich stimmt das nicht. Irgend etwas sticht oder zwickt

187

und zwackt doch immer. So schlimm wie heute war es allerdings noch nie – es schien, als ob Millionen kleiner Lebewesen auf seinem Körper spazierengingen.

»Was nutzen frische Kleider, wenn es so kribbelt?«

»Ich kann dir leider nicht helfen, Jankusch«, sagte die Mutter traurig.

Jankusch schlug die Augen auf. Neben ihm lag tatsächlich Dyzia, aber nicht am Flußufer in Bolechów, sondern in einem Erdloch im Wald. Er setzte sich auf, griff sich in die Achselhöhle und holte eine gestrichene Handvoll Waldläuse heraus. In alle Richtungen sprangen Flöhe davon. Überall Insekten. Es gab kein Entrinnen – wie viele man auch wegwischte oder erschlug, sie wurden sofort durch neue ersetzt. Jankusch war so irritiert, daß er Mühe hatte, nicht zu schreien. Bumek rieb sich im Schlaf die Backe. Rote Tierchen krabbelten über sein Gesicht und verschwanden im Hemd. Vater wischte sich den Hals mit einem Tuch.

Vor ein paar Nächten waren sie von Julek Meissner abgeholt worden. Jeder hatte einen schweren Getreidesack auf den Rücken bekommen, und dann war dieser Julek in einem Tempo losgelaufen, daß man meinte, er trüge Federn. Nach zweistündigem stetigen Steigen waren sie über ein Hochplateau zu einer Steilwand aus moosbewachsenen Felsen gekommen – Jankusch fühlte noch immer das Blut in seinen Schläfen pochen und hörte Vaters Keuchen. Schließlich war man über einen Bergrücken in eine Fichtenschonung abgestiegen, die so dicht war, daß man kaum hindurchkam.

Mit Schaudern erinnerte sich Jankusch an den ersten Eindruck ihres neuen Zuhauses, der Waldhöhle. Der Eingang war kaum kniehoch, man mußte auf allen vieren hineinkriechen. Bei flackerndem Kerzenlicht hatte er in verrußte Gesichter geschaut und seine Schulfreundin Dyzia nur mit Mühe erkannt. Es gab gerade genug Platz, um dicht nebeneinander mit angewinkelten Beinen zu sitzen.

Julek hatte die Säcke auf der bretterbelegten Stufe im Erdreich verstaut, die die gesamte rückwärtige Breite der Höhle einnahm, und dann wort- und kommentarlos die Kerze ausgedrückt. Jankusch war in einen ohnmachtsähnlichen Schlaf gesunken, aus dem er von tausend winzigen Füßen geweckt wurde.

Gleich von Anfang an war klargeworden, daß die Familie Meissner ihre Behausung nicht freiwillig teilte. Dyzia und ihre Mutter, die Geldlosen, wurden bei jeder Gelegenheit mit bissigen Bemerkungen traktiert, aber auch Frau Meissners Neffe Markus Korn und dessen Frau Elia schienen nur geduldet zu sein. Selbst Vater Meissner, ein alter Jude mit dünnem Bart, hatte wenig zu sagen. Julek spielte den Boß und wurde dabei von seiner Mutter und seiner jüngeren, hellhaarigen Schwester Mirka unterstützt. Mit Moses Grünschlag, der es nicht gewohnt war, herumkommandiert zu werden, hatte es deshalb schon ein paarmal Schwierigkeiten gegeben.

Jankusch fühlte den Drang, seine Blase zu entleeren; das Verrichten der Notdurft war das einzige, wozu man die Höhle verlassen durfte.

Frau Lew kam gerade zurück. »Entschuldigen Sie bitte, Herr Grünschlag, darf ich Sie kurz stören?« Sie kroch auf Knien um Vaters Beine herum. »Sie wissen, ich tue es ungern, aber es läßt sich ja leider nicht vermeiden...«

»Ist schon gut, Frau Lew«, sagte Vater.

Jankusch rutschte auf dem Hosenboden dem Ausgang zu und begab sich zu dem etwa einen Meter hangabwärts liegenden Toilettenloch. Erst draußen merkte man, wie abgestanden die Höhlenluft war.

Das Höhlendach war hervorragend getarnt und tatsächlich vom Waldboden kaum zu unterscheiden. Julek Meissner war geschickt, das mußte man ihm lassen. Jankusch trank ein paar Schluck Wasser und wollte zurück.

Aber Julek Meissner saß vor dem Eingang und verrichtete sein Morgengebet. Obwohl er ihn mit Sicherheit bemerkt hatte, machte er keine Anstalten, zur Seite zu rücken. Er war der einzige, der regelmäßig seiner religiösen Pflicht nachkam, und Jankusch respektierte ihn dafür, aber jetzt mußte er sich erst einmal mit der Kehrseite seines Charakters auseinandersetzen: Julek ließ ihn zwanzig Minuten lang warten und nahm ihn auch danach nicht zur Kenntnis – der »Stadtjunge« war es anscheinend nicht wert. Mutter Meissner sagte allerdings spitz: »Beim Beten sollte man ungestört bleiben...« Jankusch verkniff sich eine Antwort, Bumek verzog sich nach draußen, Moses Grünschlag schwieg.

Nur Frau Lew redete unaufhörlich. Ihr Lieblingsthema war die Stadt Wien. »Das Schloß Schönbrunn! Sie können sich das nicht vorstellen, Herr Grünschlag! Der Park – ein Meer von Tulpen...«

»Ja, ja, Frau Lew«, rang sich Vater ab.

Der von der Nacht übriggebliebene Roggenbrei wurde verzehrt, kalt und pampig; bis Mitternacht gab es nun nichts mehr. Jankusch schloß die Augen. Krabbelnde Füßchen überall. In das Licht am Eingang mischten sich Sonnenstrahlen.

Mutter Meissner sprach leise mit ihrem Sohn: »Es hätte uns bessergehen können, wenn dein Vater tüchtiger gewesen wäre, aber alles hat auf dir gelastet, und jetzt müssen wir uns von Fremden aushalten lassen – es ist zum Weinen.«

»Seid doch nicht so zornig«, bat Vater Meissner.

»Du bist still!« fuhr Julek ihn an. »Stimmt es etwa nicht? Du hast keinen Finger gerührt, Faulpelz!« Er faßte seinen Vater um den Hals und schüttelte ihn.

»Aber Julek!« rief Markus Korn entrüstet.

»Halt dich raus, Markus, oder du wirst's bereuen!«

»Er tut doch gar nichts«, protestierte seine Frau.

»Du hast schon gar nichts zu sagen!« Juleks drohende Gebärde ließ beide zurückschrecken.

»Ruhe!« rief Moses Grünschlag. »Wollt ihr, daß wir entdeckt werden?«

»Ah, der feine Herr aus der Stadt! Mit den Söhnen, die sich die Hände nicht schmutzig machen!«

»Wie sprichst du überhaupt mit mir? Du lebst von meinem Geld, mein Freund!«

»Und du lebst in meinem Haus! Nur weil du Geld hast, brauche ich dich nicht zu achten, und dein Freund bin ich schon gar nicht!«

»Was du bist oder nicht bist, ist mir egal. Ich will, daß ihr still seid, das ist alles.«

»Laß dich von diesen Leuten nicht provozieren, Julek«, sagte Mutter Meissner.

»Das Gegenteil scheint der Fall zu sein. Schluß jetzt!«

Gespannte Ruhe kehrte ein, ein jeder starrte vor sich hin. Langsam strichen die Minuten vorbei. Frau Lew fing wieder an zu erzählen, es war unklar, ob ihr jemand zuhörte. Grünschlag saß aufrecht in seiner Ecke, Bumek in der gleichen Haltung neben ihm, Vater Meissner war eingenickt, Markus und Elia Korn hockten stumm auf ihrer schmalen Holzpritsche, Julek grübelte. Es gab nichts zu tun, keiner hatte ein Buch, aber zum Lesen war es sowieso zu finster. Ab und an bahnte sich jemand den Weg nach draußen.

Endlich senkte sich der Tag. Mirka Meissner teilte Getreide aus, pro Person eine Tasse. Langsam, um die Kaffeemühle zu schonen, wurde es zu Schrot gemahlen. Dann hieß es wieder warten – vor Mitternacht war Feuermachen zu gefährlich. Um halb zwölf kroch Julek nach draußen und kam mit einem Bündel Reisig zurück, dann züngelten die Flammen in dem kleinen Blechherd. Ein Hauch von Gemütlichkeit kam auf.

Das Schrot wurde mit Wasser bedeckt. Jankusch beobachtete, wie es sich trübte, wie Bläschen hochstiegen und die Masse aufkochte. Die Familien bereiteten ihr Essen getrennt zu – die Herdplatte war zu klein, und man traute einander nicht über den Weg. Bei Grünschlags war Bumek der Küchenchef.

Dann kam der einzig schöne Augenblick des Tages: Heißer, salziger Brei rann die Speiseröhre hinab und füllte den Magen. Bumek goß sich Mengen von Wasser in seine Portion, um länger zu löffeln. Aber was man auch tat, satt wurde man nie. Schlimmer noch: Wer seine Ration jetzt hinunterschlang, mußte die nächsten vierundzwanzig Stunden hungern. Moses Grünschlag hörte mit soldatischer Disziplin mitten im Essen auf und verlangte das gleiche von seinen Söhnen. Er hatte recht, aber es tat darum nicht weniger weh.

Wieder ein Tag zu Ende. Nichts macht müder als Nichtstun. Gott sei Dank konnte man schlafen. Es kribbelte und krabbelte überall.

»Macht euch fertig, wir gehen ins Tal.« Der Winter stand vor der Tür, die Vorräte mußten aufgestockt werden.

Moses Grünschlag war mit seinen zweiundfünfzig Jahren zu langsam, Bumek zu klein. Julek Meissner, Markus Korn und Jankusch machten sich auf den Weg. Nach Untätigkeit und Höhlenmuff taten Durchatmen und Bewegung gut. Bergab wurde gerannt, zwischendurch angestrengt gelauscht. Am gefährlichsten war die große, offene Wiese am Dorfrand, die überquert werden mußte, um zur Rückseite von Petros Hof zu gelangen. Die Scheune tauchte auf, da war der Misthaufen. Im Schatten eines Obstbaumes wurde abgewartet, dann vorsichtig auf das Haus zugeschlichen.

Julek klopfte an die Fensterscheibe, man hörte Schritte, die Tür wurde einen Spaltbreit geöffnet, Petro ließ sie herein. Er kramte am Herd herum und stellte Kartoffeln und Milch auf den Tisch. Auf dem Ofen schlief die Familie, auf der Bank schnurrte eine Katze.

Gesprochen wurde fast nichts. Petro erwähnte lediglich seine Sorge um den Leichtsinn der Brüder Binstock. »Wenn man sie findet, wird man nach euch suchen, und ich bin auch in Gefahr. Man soll den, der hilft, nicht zu sehr belasten.«

»Ich werde es ihnen sagen«, versprach Julek.

Keine Zeit zum Verweilen. Petro füllte Säcke mit Getreide, jeder bekam seine Last auf den Rücken, und schon gingen sie über die Wiese wieder dem Wald zu.

Julek wollte sein Versprechen offenbar gleich wahrmachen, denn er führte sie zu dem Binstock-Unterschlupf. Jankusch war erstaunt über dessen Größe – er glich mehr einer Waldhütte als einer Höhle, man konnte aufrecht stehen, es gab Tische und Bänke, Leute lagen auf mehrstöckigen Pritschen. Verschreckte Gesichter starrten ihnen entgegen.

»Julek Meissner, kein Grund zur Sorge. Wir wollten nur schauen, wie es euch geht.«

David Binstock erhob sich. »Es geht uns ausgezeichnet, es fehlt an nichts. Luxusdasein, würde ich sagen.« Jankusch kannte ihn von einem Ferienaufenthalt und hatte ihn wegen seiner prahlerischen Reden nie besonders gemocht.

»Petro macht sich Sorgen um eure Sicherheit. Er bittet euch, vorsichtiger zu sein und weniger Lärm zu machen.«

»Petro gibt uns Getreide und wird dafür bezahlt. Er ist nicht unser Herr. Wir machen unsere Sache schon richtig.«

»Ich habe von draußen Licht durch die Ritzen gesehen und Stimmen gehört. Der Pfad zu eurer Quelle ist so ausgetreten, daß man ihn sogar bei Nacht erkennt. Vergeßt nicht, daß ihr auch andere gefährdet.«

»Wie bitte? Ist nicht jeder für sich selbst verantwortlich? Du bist doch nicht unser Lehrer!«

»Das stimmt. Aber ich warne dich, und zwar vor Zeugen.«

»Zeugen? Sind wir im Gerichtssaal? Ich weiß, was ich tue.«

Jankusch befürchtete einen Streit, aber Julek sagte nur: »Wie du meinst«, und verließ den Raum.

Der Ärger ließ ihn noch schneller als gewöhnlich laufen. Wütend zog er sich an Wurzeln und Ästen empor. Jankusch glaubte, vor Erschöpfung ohnmächtig zu werden. Auf dem Hochplateau war er so müde, daß er im Gehen in eine Art Halbschlaf verfiel und dabei ständig das Gefühl hatte, verfolgt zu werden. Als er schließlich hinter sich ein Pferd entdeckte – wer weiß, wo es hergekommen war –, mußte er trotz allem lachen. Er gab ihm einen Klaps auf das Hinterteil und schickte es fort.

Endlich war auch die Steilwand überwunden. Die letzten hundert Meter vor der Höhle legte Julek rückwärts gehend zurück und verwischte ihre Spuren mit einem buschigen Ast. Man konnte sagen, was man wollte – für Jankusch gab es keinen geschickteren und umsichtigeren Organisator als diesen schwer zu ertragenden Mann.

Juleks Wutanfälle entfalteten sich nach immer gleichem Muster: erst Selbstironie und Spott, dann Anklagen gegen die Ungerechtigkeit des Schicksals, schließlich unkontrollierter Zorn, der nicht selten in Tätlichkeiten endete.

Heute war es wieder einmal besonders schlimm. Grund dafür war die Abfuhr, die er von Dyzia Lew erhalten hatte, nachdem er draußen einen Annäherungsversuch unternommen und anscheinend sogar mit Gewalt versucht hatte, sie sich gefügig zu machen. Jetzt sah er seine Ehre bedroht – noch dazu von einem Mädchen. Er gebrauchte Ausdrücke, die Jankusch zwar kannte, aber nie über die Lippen gebracht hätte. Plötzlich warf Julek sich mit einem Fluch auf Dyzia.

Markus Korn riß ihn am Kragen und bekam dafür eine schallende Ohrfeige. Bevor man sich's versah, war eine regelrechte Prügelei im Gange.

»Schluß!« zischte Moses Grünschlag. »Glaubt ihr, ich will durch euer Geschrei verraten werden? Wenn das so weitergeht, steige ich aus, und ihr könnt Tannennadeln fressen!«

Zitternd vor Wut ließ Julek ab. Mutter und Schwester suchten ihn zu beruhigen, Vater Meissner murmelte Unverständliches. Markus Korn verzog sich brütend auf seine Pritsche, Dyzia heulte, das Gesicht auf den Knien.

Bis zum Ende des Tages waren noch gut zehn Stunden zu bewältigen.

Moses Grünschlag rasierte sich bei der Quelle. Jankusch hockte ein paar Meter entfernt auf dem Boden und wartete darauf, sich seinerseits den jugendlich sprießenden Bartwuchs zu entfernen. Plötzlich hörte er Stimmen und sah Sekunden später zwei Männer, die sich einen Weg bergab durch die Schonung bahnten. Sie gingen so nah an ihm vorüber, daß er sie ohne weiteres hätte anfassen können. Gesprächsfetzen drangen an sein Ohr, dann war wieder alles still. Er konnte vor Schreck nicht sprechen; Grünschlag, das Rasiermesser an der Backe, war aschfahl. »Die Sache bleibt unter uns«, sagte er.

Die nächsten Tage war Grünschlag noch schweigsamer als sonst, dann teilte er den Söhnen seinen Entschluß mit, die Höhlengemeinschaft zu verlassen – Juleks Ausfälle und die Fahrlässigkeit der Binstocks hätten ihn dazu getrieben. Er sei überzeugt, daß Petro sie gegen entsprechende Bezahlung auch auf Dauer in seinem Heuboden unterbringen würde. Jankuschs Bitte, Dyzia mitzunehmen, lehnte er ab.

Als er Julek Meissner in dürren Worten seine Entscheidung bekanntgab, reagierte der nicht nur mit wütenden Beschimpfungen, sondern bestand auch darauf, Grünschlags Geld zu behalten – er verließe die Höhle schließlich auf eigenen Wunsch. Die Zusicherung, ihn von Petro aus weiterhin finanziell zu unterstützen, bezeichnete er als unglaubwürdig. Die Lage war nicht ungefährlich, denn Julek wußte sehr wohl, wo Grünschlags Geld war: im Saum der Jacke, im Hosenbund, im Gürtel eingenäht. Eines Morgens – Jankusch war noch ganz schlaftrunken – packte Julek Moses Grünschlag draußen an der Kehle, stieß ihm das Knie in den Magen und rang ihn zu Boden. Grünschlag versuchte sich zu wehren, aber der zwanzig Jahre Jüngere drückte ihm die Luft ab. Jankusch warf sich dazwischen, und Bumck hieb ihm mit einer Schaufel über Kopf und Schultern und hätte ihn wohl erschlagen, wenn Markus Korn nicht eingeschritten wäre.

Danach wurde nicht mehr miteinander geredet. Jede Seite blieb für sich. Aber als man in der nächsten mondlosen Nacht den Weg ins Dorf antrat, gab Grünschlag seinem Sohn eine größere Geldsumme mit. Es gelang Jankusch, Petro beiseite zu nehmen und von Vaters Bitte zu unterrichten. Zwei Nächte später stand der Ukrainer vor der Höhle. »Wenn Sie wollen, Herr Grünschlag, können Sie bei mir bleiben. Packen Sie Ihre Sachen.« Familie Meissners Blicke waren in höchstem Maße feindselig, die von Lews und Korns traurig, aber keiner traute sich, etwas zu sagen.

Herbststürme, Heuwärme, Regenprasseln auf strohgedecktem Dach, Stallgeruch, Kettenrasseln, Gliederstrecken, unbelauschtes Sprechen, kein Streit, keine Drohungen, keine Flöhe oder Läuse – es war zu schön, um wahr zu sein.

Petro brachte Essen und schien zufrieden. Statt Kornbrei gab es Kartoffeln und Milch. Die Kinder kamen zu Besuch, Paraschka, die Haushälterin, kreischte über den Hof. Grünschlag war wie verwandelt. Zum ersten Mal seit Jankuschs Krankheit im Frühjahr 1939 erzählte er wieder Geschichten aus seiner Jugend. Fast vergaß man Angst zu haben. »Ich höre die Juden wispern«, warnte Nicola Ilnicki seinen Bruder. »Paß auf deine Leute auf.«

Nach einigen ruhigen Tagen stellte Grünschlag Petros Geduld noch einmal auf eine harte Probe und ließ sich auch durch Jankuschs Bedenken nicht davon abbringen: Er wollte Winterkleidung geholt haben, die bei Ruzia, der Magd, in Verwahrung lag. Petro war alles andere als begeistert, und es dauerte eine Weile, bis er einwilligte. Als er zurückkam, war seine Verärgerung unübersehbar. »Ich bin umsonst gegangen und war in höchster Gefahr. Die Frau ist falsch. Sie sagte, sie habe die Sachen nicht parat, ich solle nachmittags wiederkommen. Ich bin sicher, daß dann die Polizei auf mich gewartet hätte!«

»Das kann ich mir nicht vorstellen, Petro – Ruzia gehört sozusagen zur Familie.«

»Sagen Sie, was Sie wollen, ich gehe jedenfalls nicht mehr hin.« Also keine Wintersachen – aber im Heuboden würde man auch ohne auskommen.

Am 9. Oktober schien er allerdings wieder mehr als versöhnt: Es war Jom Kippur, Grünschlags fasteten, und am

Abend brachte Petro ein Festmahl aus Lammfleisch, Kartoffeln, Borscht und gesäuerten Tomaten – unaufgefordert und völlig unerwartet. Man meinte, der Himmel habe sich geöffnet. Jankusch und Bumek liefen Freudentränen übers Gesicht, und sogar Moses Grünschlag schluckte verdächtig. Er hatte das Datum des Festtages anhand seines Kalenders errechnet; woher Petro es wußte, blieb dessen Geheimnis.

Dann fand auf seinem Hof eine »Toleka« statt – die Rübenernte war einzubringen. Das Wort beschreibt den ukrainischen Brauch der Nachbarschaftshilfe: Alle Bauern des Dorfes arbeiten reihum einen Tag lang für einen von ihnen, der dafür abends auftischt und Schnaps spendiert.

Petro warnte schon am Vorabend, nur ja leise zu sein. Um sieben Uhr früh ging es los. Stimmengewirr und Hundegebell drangen in den Heuboden, wo die drei Juden regungslos nebeneinanderlagen. Plötzlich kam Petro die Leiter herauf – etwas Außergewöhnliches mußte geschehen sein.

»Im Nachbardorf hat man Juden gefunden. Die Bauern, die sie versteckt haben, hängen an einem Baum. Ich will, daß Sie so schnell wie möglich mein Anwesen verlassen! Sie müssen noch heute nacht zurück in den Wald! Machen Sie um Gottes willen keinen Lärm!« Damit verschwand er.

Die Nachricht traf sie wie ein Keulenschlag. Die Gedanken rasten. War das das Ende? Wurde Petro auch verdächtigt? Würde er den Tag durchstehen, mit dem Hof voller Leute und den Juden im Heu? Und man selbst? Zurück zu Schmutz und Enge, zu Läusen, Flöhen und Julek Meissner, reumütig, als Verlierer, mit der Mütze in der Hand. Man hatte es besser haben wollen und war auf die Nase gefallen. Juleks Grinsen und Mutter Meissners Bemerkungen ließen sich nur zu leicht ausmalen.

Ein schlimmer Tag, und ein endloser dazu. Unten ging die Arbeit weiter, abends feierten die Bauern. Es wurde gelacht und gesungen, und es war elf Uhr, als die letzten gingen. Dann kam Petro herauf, ausgelaugt, am Ende seiner Kräfte.

»Los«, sagte er, »wir müssen in den Wald.«

Erste, feine Schneeflocken fielen. Petro hatte Mühe, auf den glatten Sohlen seiner »Chodaki« sicheren Tritt zu finden. Alle waren mit schweren Säcken bepackt; die Stricke schnitten in die Schultern, ständig verrutschte die Last. Man kam nur langsam voran und war doch schweißgebadet. Besonders die Steilwand schien unbezwingbar. Die Finger krallten sich in halbgefrorenes Erdreich, die Füße fanden keinen Halt. Petro rutschte immer wieder den Abhang hinunter.

Plötzlich hielt er inne, als ob der Schlag ihn getroffen hätte.

»Ist Ihnen nicht gut, Petro?«

»Es fehlt mir nichts. Ich frage mich nur, was ich hier mache. Warum riskiere ich mein Leben und meine Familie für euch? Jeder kann sehen, daß Gott die Juden straft – aber was hat das mit mir zu tun?«

Da haben wir's, durchfuhr es Jankusch. Es mußte so kommen! Wir haben Petro überfordert, und jetzt ist es aus.

Keiner wußte etwas zu sagen.

Petro hob die Arme. »Aber aus irgendeinem Grund bin ich mit drin – ich weiß nicht, warum, es muß wohl so sein. Versuchen wir's noch mal.«

Die Schonung nahm sie auf. Vereiste Fichtenzweige streiften Gesicht und Arme. Vaters Uhr zeigte halb vier. Der schlimmste Moment stand noch bevor.

»Wartet«, sagte Petro und kroch in die Höhle. »Julek Meissner?«

»Petro? Um Gottes willen, was gibt's?«

»Neuigkeiten für dich.«

»Was? Ist der Krieg zu Ende?«

»Nein, die Grünschlags sind wieder da. Und wenn ihnen auch nur ein Haar gekrümmt wird, hast du mich zum Feind. Du weißt, was das bedeutet.«

Ein »Zaddik«, dachte Jankusch, ein biblischer Gerechter. Er hatte sich bisher nie etwas darunter vorstellen können.

Anfang November gab es noch ein paar schöne Tage. Bumek saß mit bloßem Oberkörper unter einem Baum und entlauste sein Hemd. Nacheinander zerdrückte er die Tierchen zwischen Daumen und Zeigefinger. Erst hatte er gezählt, aber irgendwann, bei achthundert, den Faden verloren. Er erschrak, als plötzlich ein dumpfes Krachen die Stille zerriß. Was war das?

Seit ihrer Rückkehr war mit Meissners kaum ein Wort gewechselt worden, aber jetzt mußte man reden.

»Es klang, als ob ein großer Baum umgestürzt wäre.«

»Umgestürzt? Bei diesem Wetter?«

»Jemand muß ihn gefällt haben.«

»Am Sonntag?«

»Ein Bauer war das nicht, das steht fest. Wir können nur hoffen, daß es keiner aus dem Binstock-Bunker war. Den Krach hat man auch in den Dörfern gehört, darauf kannst du dich verlassen. Für gefangene Juden gibt es Geldprämien.«

Der Getreidebrei schmeckte schal in jener Nacht.

Am Montag wurde der Wald regelrecht durchgekämmt. Es wurde auf den Waldboden getrampelt, an Bäume geschlagen, geschrien. Ausrufe wie: »Hier sind sie!« – »Wir haben sie!« – »Raus aus eurem Nest!« waren zu hören.

Jankusch betete. Was die anderen taten, war ihre Sache. Es waren nicht so sehr Worte, sondern Stille und Konzentration, die ihn stärkten, wenn seine Angst übermächtig zu werden drohte.

Nachts wurde nicht gekocht. Julek hielt es für zu riskant. Am Morgen schlug er vor, die Höhle aufzugeben, sich zu verteidigen als einzelne hätten sie vielleicht eine bessere Chance.

Das Wetter hatte umgeschlagen, mittags fielen die ersten Tropfen. Es regnete bis zum Abend. Jankusch lag mit offenem Mund auf dem Rücken, um ihn herum verflüssigte sich das Erdreich. Einmal meinte er, Stimmen zu hören, sonst waren da nur Wind, Kälte, bange Gedanken. Wie konnten Leute glauben, einfach so im Wald überleben zu können? Wer bis morgen hier liegenblieb, war tot.

Steif, durchnäßt und dreckig kroch er zur Höhle zurück. Die anderen waren schon da, im Herd brannte Feuer. Draußen rauschte der Regen.

Jankusch schlief unruhig. Die Kleidung war naß, die Läuse quälten. Er träumte von Stimmen und Bewegung, dann fuhr er auf. Da war wirklich jemand! Über Bumeks und Vaters Beine hinweg spähte er nach draußen – im Morgengrauen stand eine Gruppe Juden vor der Höhle.

»Bitte aufwachen«, sagte einer, und schon krochen sie herein. Die Höhle war zum Bersten voll.

»Wer zum Teufel seid ihr?« fragte Julek unwirsch.

»Wolf Ginsburg aus Sloboda, meine Schwester Mira, zwei Brüder Friedländer, Willi Winkler – die einzigen Überlebenden des Binstock-Bunkers.« Der Mann zitterte und kämpfte mit den Tränen.

»Ihr wart also die Verrückten, die am Sonntag den Baum gefällt haben?«

»David Binstock wollte nicht hören. Er sagte, wir bräuchten Feuerholz, und es müßte vor dem Winter lagern. Jetzt ist er tot.«

»Was ist geschehen?«

»David hat gleich angefangen, Äste abzuhacken und den Baum zu zersägen – er meinte, am Sonntag käme niemand in den Wald. Montag vormittag wurden wir entdeckt und in einer Feldscheune festgehalten. Am Nachmittag mußten alle heraus, dann hörten wir Schüsse, manche wurden wohl auch erschlagen. Meine Schwester und ich konnten uns in einer Nische verbergen. Als wir uns Stunden später zu rühren wagten, bemerkten wir Willi Winkler und die beiden Friedländers. Seitdem suchen wir nach euch.«

»Ihr meint doch nicht etwa, hierbleiben zu können?«

»Wo sonst?«

»Unmöglich! Die Höhle ist für sechs gebaut, jetzt sind wir elf und können kaum schnaufen.« Julek war nahe daran, die Beherrschung zu verlieren.

»Wir haben Geld.«

»Wieviel?«

»Nicht wenig.«

»Ich schlage vor, ihr geht hinaus, so daß wir beraten können«, sagte Moses Grünschlag.

»Die Leute haben keine andere Chance«, sagte er, als sie draußen waren. »Wenn wir sie davonschicken, sind sie nach zwei, drei Tagen tot.«

»Und wir? Wer weiß, ob wir am Leben bleiben? Ich kann mich doch nicht um alle kümmern!«

»Denke daran, daß sie dein Versteck kennen und dich verraten können. Sie haben uns in der Hand. Schon aus Sicherheitsgründen müssen wir sie aufnehmen.«

Für Jankusch stand außer Frage, daß sein Vater recht hatte, aber er bezweifelte, daß Julek die Argumente seines Widersachers akzeptieren würde. Doch Julek war keineswegs dumm.

»Also gut«, willigte er schließlich ein.

»Julek, wie kannst du?« Mutter Meissner war außer sich. »Wir können doch nicht immer neue Leute hier hereinstopfen! Ich werde mir bei der Enge den Tod holen!«

»Sei still, Mutter. Es geht nicht anders.«

Die Fünf wurden gerufen.

»Her mit dem Geld.«

Ein Lederbeutel landete in Juleks Hand. Abgewandt, prüfte er den Inhalt.

In der Höhle hausten nun sechzehn Personen. Es wurde so eng, daß man bei der kleinsten Bewegung zusammenstieß und nicht mehr auf dem Rücken liegen konnte. Man mußte auf der Seite schlafen, und das Umdrehen geschah auf Kommando: »Eins, zwei, drei – linksrum!« – »Eins, zwei, drei – rechtsrum!« Anders war es nicht möglich.

15. KAPITEL

Schnee

Dezember 1943–März 1944

Der Verschlag, den Salek und Józek Adler seit vier Monaten bewohnten, war zwei Meter lang, sechzig Zentimeter breit und mit einer Matratze, einer Bettdecke und einem Topf ausgestattet. An stillen Tagen, so wie heute, durften sie die Leiter an der Innenwand hinaufklettern und die mit Rübenkraut getarnten Bretter beiseite schieben, die den Verschlag bündig mit dem Dachboden abschlossen. Dann hatte man genügend Licht zum Lesen, was Józek mit Vorliebe tat. Halb auf der Leiter stehend, breitete er Herrn Raduchowskis katholisches Kirchenblatt auf dem Dachboden aus. Gebete und Artikel, Meldungen über Geburten und Sterbefälle, Werbeanzeigen, Bildunterschriften, Namen der Redakteure, Angaben über die Auflagenhöhe und Sitz der Druckerei – alles interessierte ihn, denn bei allem ließ sich etwas vorstellen, und alles erinnerte ihn an seinen Vater und dessen Studierleidenschaft.

Salek lag lieber auf der Matratze und hing seinen Gedanken nach. Die Funken und Rauchschwaden, die, deutlich sichtbar, aus der Küche durch den offenen Giebel hinausstoben, machten ihm Sorgen. Was tun, wenn das Strohdach Feuer fing? Raduchowskis könnten nicht helfen, denn niemand durfte wissen, daß sie hier waren. Einen Tunnel nach draußen graben? Die Bretterwand ansägen, so daß sie schnell durchbrochen werden konnte? Saleks Phantasie spielte Situation um Situation durch.

Vorhin hatte Frau Raduchowski Essen gebracht. Unter den

Michael Raduchowski, polnischer Kleinbauer, und Maria, seine ukrainische Frau – die Retter der Adler-Buben.

Kartoffeln waren ein paar Stückchen Fleisch gewesen. »Heute ist Weihnachten«, hatte sie gesagt. Salek hatte ihr den Topf zum Ausleeren hinaufgereicht. Er war zum Überlaufen voll gewesen, und ein Teil des Inhalts war ihm die Arme herunter ins Hemd gelaufen – peinlich, unangenehm und leider nicht zum ersten Mal passiert. »Ich bringe eine Schüssel mit Wasser«, hatte Frau Raduchowski versprochen.

Seit sie erkannt hatten, mit welcher Sorgfalt Raduchowskis ihren Verschlag an der rückwärtigen Wand einer Gerätekammer errichtet hatten, empfanden Salek und Józek grenzenlose Dankbarkeit. Es war ihnen nur allzu bewußt, unter welchem Druck ihre Retter standen. Im Dorf hatte kürzlich eine Versammlung stattgefunden, auf der den Bürgern ins Gewissen geredet worden war: Wer Juden versteckt habe, solle sie jetzt herausgeben, später sei mit schwerer Strafe zu rechnen; Juden würden weltweit verfolgt und umgebracht, und es sei besser, das Töten der Staatsgewalt zu überlassen, als es eines Tages selbst tun zu müssen. Dann war in der Nähe von Gerynia eine Höhle ausgeräuchert worden; sechzehn Personen waren dabei entdeckt worden. Frau Raduchowskis Bruder, Hauptmann bei den Banderowscy, hatte die Aktion geleitet, und ihr elfjähriger Sohn Michael hatte ebenfalls daran teilnehmen müssen. Kurz darauf war eine Nachbarin in ihrer Küche aufgetaucht, als die Kartoffeln für die Adler-Buben gerade auf dem Tisch bereitstanden. Geistesgegenwärtig hatte Frau Raduchowski die Familie zum Essen gerufen, und die Kartoffeln waren vor den Augen der Nachbarin verspeist worden, obwohl Raduchowskis zehn Minuten vorher ihre eigene Mahlzeit beendet hatten. Józek und Salek hatten an diesem Tag nichts bekommen – die Familie sparte sich ihr Essen buchstäblich vom Mund ab. Andere kassierten derweil bis zu zwanzig Liter Schnaps pro gefangenen Juden.

Selbst im Schlaf gefährdeten sie ihre Beschützer. Die aufgestaute Anspannung war am Anfang so groß gewesen, daß sie wochenlang nur geschlafen hatten. Herr Raduchowski war in Panik geraten: »Um Himmels willen, schlaft schichtweise, euer Schnarchen ist draußen zu hören! Stellt euch vor, jemand geht vorbei und bemerkt es!« Seitdem versuchten sie, wenigstens tagsüber wach zu bleiben. Gott sei Dank waren sie zu zweit.

Frau Raduchowski brachte Waschwasser, es wurde dunkel. Die beiden Vettern wollten sich eben zur Ruhe legen, als Michael, der Sohn, oben erschien und sie mit einer geheimnisvollen Handbewegung heraufbat. Er führte sie über den dunklen Dachboden in einen anderen Teil des Hauses. Eine Tür ging auf, und mitten im Zimmer, mit Äpfeln, roten Kugeln und Bändern geschmückt, stand der Weihnachtsbaum! Józek und Salek, seit August aus ihrem Verschlag nicht herausgekommen, hoben unwillkürlich die Hände vor die Augen. Dann aber genossen sie den feierlichen Anblick, obwohl Herr Raduchowski schon nach fünf Minuten entschied, daß es Zeit sei, zurückzukehren.

Dem totgeglaubten Hauslehrer Pesach Lew ging es längst nicht so gut. Er hatte sich früher als die meisten mit einem Bauern arrangiert, der ihn, seine Frau, das mittlerweile fast zwei Jahre alte Baby Abraham und eine weitere Familie in einer Scheune versteckte. Dort hatte es zur Feier des Tages ebenfalls etwas Besonderes gegeben, aber als Pesach Lew eine Kartoffel mit der Gabel zerteilte, sah er rosa Körner – Rattengift. Es war das zweite Mal, daß der Bauer versuchte, sie zu vergiften. Sie wußten, daß er sie loswerden wollte, aber hatten keinen Ausweg.

Auch in Bolechóws deutschem Kasino, jenseits der Brücke in Dr. Goldschlags Haus gelegen, wurde Weihnachten gefeiert. Stadtkommissar Piatke mußte austreten und ging durch den Garten zum Aborthäuschen. Sein weißer Schäferhund, darauf trainiert, versteckte Personen aufzuspüren, begleitete ihn. Piatke bemerkte, daß er unruhig war, und ließ ihn mit dem Kommando »Such!« los. Der Hund lief auf das Häuschen zu, blieb stehen, verfolgte ein oder zwei andere Spuren und kehrte zu seinem Herrn zurück. »War wohl nichts«, brummte Piatke und tätschelte ihm das Fell. Mensch und Tier hatten sich geirrt: Im Giebeldreieck des Aborthäuschens hielt sich seit vier Monaten ein jüdisches Ehepaar versteckt, das von einer polnischen Küchenhilfe des Kasinos mit Essen versorgt wurde. Es gab nicht einmal Platz zum Sitzen, und der Gestank war so schlimm, daß Piatkes Hund ihre Spur verloren hatte.

Die Höhle im Wald von Rostocki lag unter meterhohem Schnee. Nichts war zu hören außer gelegentlichem Grunzen von Wildschweinen, die sich an Bäumen rieben und das Erdreich aufwühlten.

Vater Meissner war gestorben. Gegen Ende hatte er nur noch Unsinn geredet, dann hatte ihn eine Erkältung binnen einiger Tage dahingerafft. Sein Tod hatte wenig sichtbare Emotion ausgelöst, nicht einmal bei der eigenen Familie. Julek hatte das Kaddisch gebetet und den Körper seines Vaters ins Freie gezogen. Es war ein hartes Stück Arbeit gewesen, durch den Schnee hindurch ein Grab auszuheben, aber nun war Vater Meissner zur Ruhe gebettet und vielleicht schon mit seinen Ahnen vereint.

Trotz der Enge waren die letzten Wochen einigermaßen erträglich gewesen. Abgeschnitten von der Außenwelt, fühlte man sich relativ sicher, und die Anwesenheit der fünf Neulinge hatte die Atmosphäre positiv beeinflußt. Wolf Ginsburg, ein geschickter Diplomat, pflegte sowohl mit Julek Meissner als auch mit Moses Grünschlag gute Beziehungen; seine Schwester Mira und die beiden Friedländers waren ruhige, vernünftige Leute; Willi Winkler, der traurige junge Mann, sagte fast nie etwas. Die Tage vergingen mit zwölf Stunden Schlaf, zwölf Stunden Herumsitzen, dazwischen zweimal Getreidebrei, nachts heiß, mittags kalt. In der Höhle war es warm, aber – ein weiterer Vorteil des Winters – Flöhe erstarrten in der Kälte und ließen sich draußen leicht abschütteln.

Jetzt standen sie allerdings vor einem Problem, das alles andere bedeutungslos machte: Der Roggen ging zur Neige. Er wurde rationiert, erst auf eine dreiviertel, dann auf eine halbe Tasse pro Tag. Das verschlechterte den körperlichen Zustand der Eingepferchten drastisch, blieb aber sonst ohne Wirkung – die Vorräte würden auch so nie und nimmer reichen. Die Lage war mehr als bedrohlich, denn man war hier oben eingeschlossen. Undenkbar, sich jetzt ins Dorf zu wagen.

Jankusch merkte, wie er jeden Tag mehr abbaute. Beine und Bauch schwollen an. Er konnte an nichts anderes mehr denken als an Essen. Die Vorstellung einer Kartoffel, die dampfend auf seinem Teller landete, verfolgte und quälte ihn, ließ ihn nicht los. Es wurde kaum gesprochen. Selbst das Kochen der Hungerration bereitete Mühe. Lange war dieser Zustand nicht auszuhalten – Vater Meissners Tod hatte gezeigt, daß selbst eine Erkältung das Ende bedeuten konnte.

»Der Mond hat einen Hof. Wenn ein Schneesturm kommt, gehen wir hinunter, es bleibt uns nichts anderes übrig«, entschied Julek Meissner eines Nachmittags. Am Abend brach ein Sturm los, der pfeifend in die Höhlenritzen fuhr und Schneeflocken vor sich herjagte.

Keiner hatte Mantel, Stiefel, Schal oder Mütze. Eiskristalle bohrten sich in die Haut, Haare und Augenbrauen gefroren. Man watete bis zum Bauch durch Schnee. Immer wieder rutschte jemand ab, verschwand ganz und gar, mußte mit bloßen Händen ausgegraben werden. Alle waren naß bis auf die Haut. Endlich standen sie vor der ersehnten Tür.

Petro war äußerst ungehalten. »Was soll das, zum Teufel? Was macht ihr hier?«

»Petro, wir verhungern. Unsere Vorräte sind erschöpft.«

»Und die Spuren zu meinem Haus? Was ist damit? Ist euer Geld es wert, sich dafür umbringen zu lassen?«

»Vater, warum schimpfst du?« fragte eine Kinderstimme vom Ofen.

»Schlaf! Du kannst nichts dafür.«

Jankusch hätte vor Scham in den Boden sinken mögen. So weit war es gekommen: Um essen zu können, mußte er das Leben eines anderen gefährden – und konnte doch auch nichts dafür!

»Wartet!« sagte Petro.

Ihre steifgefrorene Kleidung war weich geworden, zu ihren Füßen hatten sich Pfützen gebildet. Jankuschs Herz war wieder einmal übermannt von der Sehnsucht nach Freundlichkeit, Wärme und Normalität. Verfluchtes Waldleben! Jedesmal, wenn er hier war, wurde er schwach.

Petro rief sie in die Kornkammer und gab ihnen Getreide. »Geht!« sagte er. »Und bringt mich nie wieder in solch eine Lage!«

Mutter Meissner kränkelte. Vielleicht fühlte sie ihr Ende nahen und überdachte ihr von Armut und Chancenlosigkeit geprägtes Leben. Je schlechter es ihr ging, desto aggressiver wurde sie. Besonders die Überlebenden des Binstock-Bunkers erregten ihren Zorn.

»Bist du eigentlich froh, daß mein Mann gestorben ist? Dadurch könnt ihr doch mehr essen, oder?«

Der ältere Friedländer wußte nicht, wie ihm geschah. »Wie können Sie so etwas sagen, Frau Meissner? Ich freue mich über den Tod von niemandem! Wir haben Ihrem Sohn all unser Geld gegeben und sind nicht schuldiger an unserer Lage als Sie!«

»Nicht schuldiger? Sind wir nicht wegen euch fast verhungert? Und beinahe entdeckt worden, weil ihr wie Elefanten im Wald herumgetrampelt seid? Julek hat euch gewarnt! Immer bleibt alles an ihm hängen! Wenn er nur einmal für seine Mühe belohnt wird...«

Friedländer schaute zu Boden – Mutter Meissner hatte nicht ganz unrecht.

»Julek, Liebster, komm zu deiner Mutter. Sag mir, daß du es zu etwas bringen wirst. Du wolltest ein Geschäft gründen und hattest schon alles beisammen. Versprich mir, daß du es weiterführst!«

»Ja, Mutter, ich verspreche es. Sobald wir hier herauskommen, wirst du es gut haben!«

Am nächsten Morgen war Mutter Meissner tot. Julek heulte wie ein Schloßhund. Während der folgenden Tage ging eine solche Wut von ihm aus, daß alle eingeschüchtert waren.

»Du bist an allem schuld!« fauchte er Friedländer an. »Du hast die anderen hierhergeführt, und jetzt ist meine Mutter gestorben – wegen dir! Ich hätte Lust, dich umzubringen!« Er packte ihn an der Kehle.

»Laß mich los, Wahnsinniger!« keuchte Friedländer. Sein jüngerer Bruder kam ihm zu Hilfe.

»Er bringt ihn um!« kreischte Frau Lew.

»Ruhe!« schrie Moses Grünschlag.

Plötzlich ertönte ein Schrei, so durchdringend, daß alle innehielten. Markus Korn hatte ihn ausgestoßen. Auf allen vieren kauerte er in seiner Ecke. Schweiß troff ihm von der Stirn.

»Hört endlich auf!« röchelte er. »Ich kann nicht mehr! Muß man immer streiten, schimpfen, weh tun? Ich bin vielleicht der Unwichtigste, aber auch ein Mensch, und ich KANN es nicht mehr ertragen!«

Er sackte zusammen, Schluchzen schüttelte seinen Körper. Mit Fäusten schlug er auf die Bretter seiner Pritsche.

Elia Korn liefen die Tränen über das Gesicht. »Helft ihm! Ihr seht doch, daß wir es nicht schaffen.«

Der Stöhnende wurde auf sein Lager gebettet. Elia streichelte ihm die Stirn, strich ihm über das nasse Haar. Aus seinem Mundwinkel lief Flüssigkeit.

Julek Meissner schrie: »Ich könnte mir die Augen auskratzen, so zuwider ist mir euer Anblick. Zum Teufel mit euch allen!« Mit einem unwiederholbaren Fluch kroch er durch den Ausgang. Man hörte ihn draußen rumoren, dann wurde es still. Vielleicht betete er am Grab seiner Eltern.

Markus Korn hatte den Verstand verloren. Tage- und nächtelang wälzte er sich auf seiner Pritsche, hielt Dialoge mit imaginären Personen, klagte über Ameisen, die in sein Gehirn drängen. Niemand hatte die geringste krankenpflegerische Erfahrung, kein einziges Medikament war zur Hand. Elia tat ihm Schnee auf die Stirn. Er starb, ohne das Bewußtsein wiedererlangt zu haben.

Danach verstummte Elia Korn gänzlich. Mira Ginsburg bemühte sich rührend um sie, aber Elia wollte nicht mehr. Sie hörte auf zu essen, das Leben war für sie zu Ende. Wenige Tage später fand man sie tot auf ihrem Lager.

Im März wurde Bumek krank.

»Ich will nicht kochen«, sagte er.

»Was heißt: Du willst nicht?«

»Ich will nicht, weil ich nicht kann. Ich bin so müde, daß ich nicht aufstehen kann. Alles tut mir weh.« Jankusch spürte den heißen, fiebrigen Atem seines Bruders, hörte Röcheln in der Kinderbrust.

Als Kinder hatten sie sich oft gestritten, und auch jetzt war ihr Verhältnis nicht eigentlich innig zu nennen. Jankuschs Bezugsperson war Dyzia, während Bumek zum geistigen Austausch auf Moses Grünschlag angewiesen war, einen notorisch kargen Gesprächspartner. Kaum einem war aufgefallen, mit welch wachen Augen Bumek alles um sich herum beobachtete, niemand hatte sich gefragt, wo er all seine Eindrücke hinsteckte.

Eines hatte er freilich die ganze Zeit über getan: für seine Familie gekocht, ohne Aufhebens, vernünftig und geschickt. Der Kleinste hatte wie selbstverständlich die Rolle der Mutter übernommen, seit deren Tod er nicht mehr gewachsen war.

»Steh auf, Bumek. Du mußt dagegen angehen...« Moses Grünschlags kantiges Gesicht war so besorgt, wie Jankusch es noch nie gesehen hatte. Mit seinen großen Händen drückte er auf Bumeks Brustkorb, bewegte Arme und Beine, klopfte ihm auf den Kopf. Aber Bumek konnte nicht aufstehen. Der Vater rieb ihn mit Schnee ein, bis die Haut gerötet war. Als er sich zwei Stunden später immer noch nicht rührte, wickelte er ihn in Decken und trug ihn ins Freie.

»Bewege dich! Niemand anderer kann es für dich tun.«

Der Wald gibt keinen wieder her – Jankusch selbst hatte diesen Satz einmal geprägt, jetzt ging er ihm unentwegt im Kopf herum.

Es wurde dunkel, und noch immer kniete Moses Grünschlag neben seinem Sohn und kämpfte um dessen Leben.

»Geh zu Julek. Wir brauchen Hilfe.«

Jankusch tat es, mit klopfendem Herzen.

»Wenn einer von euch krank ist, wird Hilfe geholt, wie? Und bei meiner Mutter?«

»Julek, wir waren eingeschneit. Wenn du mich gebeten hättest, wäre ich mitgegangen.«

Julek kratzte sich am Kopf. »Also gut«, sagte er unwillig.

Der Waldboden war hartgefroren. Über zwei Monate war man nicht bei Petro gewesen.

Julek klopfte an den Fensterladen, Petro öffnete.

»Leise, um Gottes willen! Habt ihr wieder Spuren gemacht?«

»Der Boden ist gefroren, Petro. Man wird nichts sehen. Warum schläfst du in Kleidern?«

»Schhhh, nicht so laut! Jede Nacht fürchte ich, daß man mich holen kommt. Eure Fußtritte im Schnee wurden natürlich entdeckt, ich wußte es! Man hat mich verprügelt und zwei von meinen Kühen erstochen. Um den Verdacht abzulenken, habe ich Vassily, meinen Ältesten, zu den Nationalisten geschickt. Er ist jetzt dort, trägt eine Waffe.«

Der Ohnmacht nahe, faßte Jankusch Mut. »Petro, wir brauchen Hilfe...«

»Was ist es diesmal?«

»Bumek ist krank. Wir fürchten, daß er stirbt.«

Petro ging aus dem Zimmer, brachte Eier und Butter, entnahm einer Kasserolle auf dem Herd ein Stück Fleisch, schlug es in ein Tuch ein.

»Merkwürdig – irgendeine Verbindung zwischen uns muß bestehen. Ich hätte euch verraten können, aber habe es nicht getan. Ich flehe euch an, seid vorsichtig! Bleibt in der Höhle! Der Wald wird wieder durchsucht werden. Am Dorfrand hat man zwei tote Juden gefunden, das nächste Mal könnt ihr es sein...«

Vater gab Bumek löffelweise rohes Ei mit Salz, winzige Portionen Fleisch, gekochtes Getreide mit Butter und brachte ihn in tagelanger, beharrlicher Bemühung zum Leben zurück.

Schneeschmelze.

Man kam sich vor wie in einem Boot, so tropfte, rieselte, gluckerte es. Rinnsale bahnten sich ihren Weg ins Höhleninnere und flossen frech um Menschen und Gegenstände, Wasser strömte erbarmungslos durch das an vielen Stellen undichte Dach und pladderte in aufgestellte Kochtöpfe. Die mächtig angeschwollene Quelle rauschte wie ein Wildbach.

Jankusch lag in einer Pfütze. Als er neben sich faßte, fühlte er Bumeks Rücken.

»Warum sitzt du?«

»Ich habe Angst zu verfaulen. So wird wenigstens nur mein Hintern naß.«

»Hörst du die Balken ächzen? Mit Wasser vollgesogen. Der Lehm auf dem Dach wird schwerer und schwerer...«

Irgendwann schlief er ein und träumte, er sei am Fluß in Bolechów. Die Brückenpfeiler standen schräg, von schmutziggrünem Wasser umspült, die Wiese bei Lozinskis Haus war überflutet, Wellen schwappten ins offene Fenster. Auf dem Dach stand Bertholt Saphierstein, der Dieb. »Sommer, Winter, Sommer, Winter, ich komme wieder!« sang er und sprang mit wehenden Rockschößen ins Wasser.

»Jankusch, wach auf! Wir müssen raus! Die Höhle bricht zusammen!«

Er krabbelte hinter Bumek durch den Ausgang. Es war Tag, alle anderen waren schon draußen. Als er sich umwandte, konnte er nur noch mit ansehen, wie Juleks Konstruktion mit einem müden Seufzer umsank.

»Steht nicht herum, geht auf und ab! Bewegt euch!« Während die anderen fassungslos den Trümmerhaufen anstarrten, machte Moses Grünschlag Freiübungen. Widerstrebend folgten die Söhne seinem Beispiel.

»Julek, was jetzt?«

»Was jetzt? Irgend jemand muß das Ding wieder aufbauen, und erfahrungsgemäß werde ich das sein. Ja, ja, so ist es – du brauchst nicht so dumm zu schauen...«

Mit einer Schaufel begann er, das eingeknickte Dach vom wasserschweren Lehm zu befreien. Andere kamen hinzu, zogen nutzlos gewordene Äste aus der Ruine, räumten Erdreich und gefrorenen Schnee zur Seite. Geeignetes Material zum Neubau war in der Schonung kaum vorhanden und mußte von weit hergeholt werden. Schon am Nachmittag war abzusehen, daß man die Nacht im Freien zubringen würde.

Nieselregen und kalter Wind. Man suchte hinter Bäumen Schutz, begann aber bald, jämmerlich zu frieren. Ungeachtet des Risikos wurde ein Feuer entfacht. Julek, fluchend, verbrauchte mehr Zündhölzer, als ihm lieb war.

Plötzlich fiel auf, daß der ältere Friedländer nicht mehr da war. Nach einiger Suche fand man ihn abseits in einer Kuhle liegen.

»He, wach auf! Was ist mit dir?«

Da er sich nicht rührte, wurde er zum Feuer getragen und an einen Baum gesetzt. Sein Bruder klopfte ihm auf den Rücken, schüttelte ihn, zwickte ihn in die Wangen, rief ihm Worte ins Ohr. Endlich bewegte er den Kopf.

»Wo bin ich?« fragte er.

»Wo wohl? Im Wald.«

»Immer noch im Wald? Nicht gestorben?«

»Unsinn! Wärme dich auf – gleich gibt es Essen!«

»Warum nicht gestorben? Wieso immer noch im Wald? Ich will doch gar nicht mehr hier sein!«

Je wacher er wurde, desto zorniger sprach er.

»Warum habt ihr mich nicht liegenlassen? Ich habe keine Lust mehr, das ist doch mein Recht! Ich war schon so weit weg, und jetzt muß ich wieder von vorne anfangen…«

Auf allen vieren kroch er aus dem Feuerschein ins Dickicht zurück. Jankusch liefen Schauer den Rücken hinunter. So etwas hatte er noch nicht erlebt.

Niemand schlief in dieser Nacht. Im Morgengrauen fand man Friedländer an derselben Stelle wie am Vorabend. Er lebte, aber Würmer fraßen bereits an seinem Körper. Am Nasenloch klebte eine weiße Made.

Gegen Mittag starb er. Er lag so friedlich in seiner Kuhle, daß man ihn dort ließ und seinen Körper nur mit Erde, Laub und Reisig zudeckte.

16. KAPITEL

Ausharren

Mai–Juli 1944

Das Erdreich trocknete, Gräser und Farne grünten, der Gesang der Vögel wurde froh und zuversichtlich – aber in der Höhle konnte man das dankbare Erwachen der Natur nur schwer nachempfinden: Ein paar hundert Meter unterhalb von ihnen war ein Lager der Nationalisten errichtet worden, und der Wald wurde erneut durchkämmt.

Die Juden mußten doch zu finden sein!

Julek hatte alle Spuren sorgfältigst getilgt, Höhlendach und Umgebung waren wahre Meisterwerke der Tarnung.

Und trotzdem: Angst, Angst, Angst, zusammengebissene Zähne, flatternde Nerven. Wie beim letzten Mal wurde mit Stöcken an Bäume geschlagen, auf den Boden getrampelt, herumgeschrien.

Die Suche dauerte drei Tage.

Dann wagte man wieder zu atmen, aber vorsichtiger denn je. Das Kochen wurde auf ein Minimum beschränkt und mußte lange vor Tagesanbruch beendet sein, so daß um Gottes willen kein Rauch sichtbar sein würde. Man sprach nur noch im Flüsterton und hörte ängstlich zu, wenn abends das Lachen der Nationalisten aus der Schlucht heraufdrang. Die Trinkwasserquelle neben der Höhle, die auch das Toilettenloch durchspülte, war aller Wahrscheinlichkeit nach dieselbe, aus der auch sie ihr Wasser bezogen. Die Vorstellung, was sich in Kochtöpfen und Bechern der Ahnungslosen befinden könnte, löste Genugtuung, aber auch Sorge aus. Beruhigend war lediglich die Gewißheit über die geringe Menge des Ausgeschiedenen.

Acht Monate Höhlenleben. Schulterlanges Haar, die Haut entzündet und zerbissen, Kleidung und Schuhwerk in ihre Bestandteile aufgelöst. Entweder von Angst geschüttelt oder von Eintönigkeit gepeinigt. Der Kontakt zu Meissners so gut wie abgebrochen, die anderen in sich gekehrt, verschlossen, Frau Lews Redefluß ungebrochen. Kaum zu überbietende Dumpfheit – und kein Ende abzusehen.

Wenn ich mich wenigstens verlieben könnte, dachte Jankusch oft. Nacht für Nacht lag er neben dem Mädchen, das nicht nur er, sondern die ganze Schule begehrt hatte, und wenn alle schliefen, müßte sich doch etwas anstellen lassen. Aber es ging nicht. Sein Körper streikte, und sein Geist auch. Statt erotischem Verlangen gaukelten ihm unweigerlich Essensphantasien vor – Fleisch, ein Stück Brot, eine Kartoffel.

Es war Bumek, der zuerst den Gedanken aufbrachte, Schluß zu machen. Alles mußte besser sein, als hier auf das Ende zu warten. Allein der Gedanke, sich frei bewegen zu können, war unwiderstehlich. Zu zweit könnten sie irgendwo unterschlüpfen, sich von Feldfrüchten ernähren, oder vielleicht doch über die ungarische Grenze gelangen.

Aber dann regten sich Zweifel, nicht so sehr an dem Unterfangen selbst wie an der Aufkündigung der Schicksalsgemeinschaft mit ihrem Vater nach dem langen gemeinsamen Weg. Zu tief verwurzelt war ihr Respekt für ihn, als daß sie einen solchen Schritt ohne seinen Segen gewagt hätten – und den, das merkten sie schnell, bekamen sie nicht.

»Was wollt ihr? Aufgeben, wo wir alles gut überstanden haben? Falsch! Durchhalten müssen wir! Irgendwann geht der Krieg zu Ende, und die Deutschen werden ihn verlieren. Lauft ihr jetzt weg, könnt ihr morgen tot sein.«

»Und? Meinst du etwa, daß wir hier am Leben bleiben?«

»In meiner Gegenwart wird so nicht gesprochen! Das Glück war uns bisher treu, und ich warne euch, es herauszufordern!

Geht es mir anders? Ich bin älter als ihr und habe mehr mitgemacht – habt ihr mich klagen gehört? Seid geduldig, ich bitte euch. Tut es für Mutter und Gedale!«

Genau wie früher konnte man Moses Grünschlag schlecht widersprechen. Unerschütterlich in seiner Überzeugung, daß Ausharren die bessere Strategie sei, rang er den immer wieder resignierenden Söhnen Tag um Tag, Woche um Woche ab. Schließlich schlossen sie einen Pakt: Wenn der Krieg bis zum Herbst nicht zu Ende war, würden sie sich gemeinsam aufgeben.

Mitte Mai rutschte Wolf Ginsburg an der Steilwand ab – ein falscher Tritt beim Klettern über bemooste Felsen. Er wollte aufstehen, sackte aber gleich wieder zusammen. Aus einer Wunde am Oberschenkel floß Blut.

»Wie komme ich nach Hause?« fragte er zaghaft.

Es wurde versucht, ihn auf die gekreuzten Hände zweier Männer zu setzen, wie man es bei den Pfadfindern lernt, aber alle drei fielen hin.

»Ich sehe schon: Zum Klettern muß man die Hände frei haben. Dann bleibe ich eben hier, ich will euch nicht gefährden...«

»Rede keinen Unsinn. Wir werden dich nicht im Stich lassen...«

»Nun, schlag etwas vor. Gehen kann ich nicht, und die Wunde blutet.« Die Bitterkeit in seiner Stimme war unüberhörbar.

»Probleme, Probleme, wo man hinschaut! Der reinste Kindergarten!« Wütend zog Julek Meissner sein Hemd aus und knotete es um Ginsburgs Bein. Dann kniete er sich hin. »Setzt ihn auf meine Schultern.«

»Julek, du spinnst. Willst du ihn allein tragen?«

»Tut, was ich sage, und laßt den Rest meine Sorge sein. Los, wie lange soll ich noch warten? Bin ich vielleicht ein Kutschpferd?«

Ginsburg, wenngleich abgemagert, war ein großgebauter Mann. Juleks Beine zitterten, als er das Gewicht hochstemmte und prüfend einige Schritte tat.

»Halt dich fest, Ginsburg.«

Und vor den erstaunten Augen seiner Gefährten kletterte Julek die Felsenschlucht empor. Er glitt ein paarmal ab, fluchte kräftig, aber schaffte es. Wie ist das möglich, dachte Jankusch. Wie kann er nach all den Strapazen immer noch so viel Kraft haben?

Trotzdem war Ginsburg nicht zu retten. Die Wunde wurde mit Quellwasser ausgewaschen, seine Schwester versuchte, das Bein zu schienen, Julek fertigte Krücken an. Aber es fehlte an Jod und Verbandszeug, und der dringend benötigte Arzt lag außerhalb jeder Möglichkeit. Wegen den miserablen sanitären Bedingungen kam es rasch zu einer Entzündung, Ginsburg bekam hohes Fieber und starb nach kurzem, heftigem Leiden. Die Grablegung fand bei Sternenlicht statt. Mira Ginsburg litt still, und auch allen anderen fehlte der umgängliche, intelligente Mann.

Kurze Zeit später entwickelte der junge Friedländer Blasenprobleme. Erst ging er immer häufiger zur Toilette, dann immer seltener. Seine Haut wurde gelb, penetranter Uringeruch erfüllte die Höhle. Binnen weniger Tage war auch er tot.

Dyzia befürchtete, in einer Gefahrensituation den Weg nach Rostocki nicht allein zu finden – sie hatte ihn nur einmal zurückgelegt, im Dunkeln, im vergangenen August. Sie wollte die Männer beim Getreideholen begleiten und bat Jankusch, dies bei Julek Meissner zu erreichen.

Wie zu erwarten, lehnte er ab. Seit dem Tod seines Vertrauten Wolf Ginsburg war er noch schwieriger geworden und bestand meist sogar darauf, allein nach Rostocki zu gehen, denn »kein anderer wüßte sich im Wald richtig zu verhalten«. Dyzia ließ nicht locker, und Jankusch – teils widerstrebend, teils froh darüber, Unabhängigkeit zu beweisen – beschloß, den Weg mit ihr allein zu wagen. Julek war außer sich, überschüttete ihn mit Spott und schalt ihn einen dummen Jungen, konnte es aber nicht verhindern.

So zogen beide los. Jankusch führte seine Freundin die Schonung hinauf und half ihr die Steilwand hinunter. Auf dem Hochplateau sah er ein Zeltlager, das vor einer Woche noch nicht dagewesen war. Statt seiner Vernunft zu folgen und umzukehren, schlich er mit Dyzia seitlich durch den Wald und erreichte Rostocki mit erheblicher Verspätung. Petro war ängstlicher und ärgerlicher, als er ihn bisher erlebt hatte.

»Hast du das Lager nicht gesehen? Der Wald ist voll von Banderowscy, sie bereiten in der ganzen Gegend Aktionen vor. Da wagt man sich doch nicht hinaus, noch dazu mit einem Mädchen! Du mußt verrückt sein! Und so spät! In einer Stunde wird es Tag. Heute könnt ihr nicht zurück, und mein Heuboden ist bis oben voll mit der frischen Ernte. Was mache ich mit euch? Schlaft mit uns in der Stube, morgen sehen wir weiter.«

Jankusch war wütend auf sich selbst und schämte sich vor Dyzia und Petro. In der Nacht quälte ihn der Gedanke an die Reaktion der Höhlenbewohner. Hoffentlich waren sie klug genug, nicht nach ihnen zu suchen.

Am nächsten Morgen ging die Familie aufs Feld. Einzig die neunjährige Kasia blieb zurück. »Setzt euch hinten auf den Ofen«, sagte Petro, »tagsüber kommt niemand.«

Der Zufall wollte es anders. Am frühen Nachmittag traten zwei Banderowscy mit geschultertem Gewehr in die Stube. Jetzt ist es aus, dachte Jankusch, diesmal gibt es keine Rettung. Woher auch? Die Männer brauchten nur den Kopf zu heben, um sie zu sehen. Dyzias Fingernägel krallten sich in seinen Arm.

Aber es gibt wohl doch Schutzengel, denn die Rettung war schon da, in Gestalt eines neunjährigen Kindes. Kasia, die auf dem Fußboden gespielt hatte, begriff die Lage blitzschnell und fing an, mörderisch zu schreien. »Ihr dürft nicht hereinkommen, meine Eltern sind nicht da, ich habe Angst vor euch! Geht weg! Geht weg!«

»Aber Kasia, du kennst uns doch«, sagte einer der Männer.

»Nein, ihr seid Fremde! Ohne meine Eltern darf niemand hereinkommen! Verschwindet!« Ihr Gebrüll wurde so durchdringend und hysterisch, daß die beiden Männer sie nur kopfschüttelnd anschauten und schließlich achselzuckend den Raum verließen.

Jankuschs Herz pochte zum Zerspringen, Dyzia zitterte unkontrollierbar, beide weinten. »Kasia, liebe, gute Kasia, du hast uns das Leben gerettet!«

»Ich weiß«, antwortete das Kind.

In der folgenden Nacht mußten sie zurück. Petro beschönigte nichts. »Ich wünschte, es wäre anders«, sagte er, »aber nach meiner Einschätzung habt ihr nicht mehr als eine Fünfzig-zu-fünfzig-Chance.«

Das Hochplateau mußte nach Petros Beschreibung in weitem Bogen umgangen werden. Aber Hügel und Täler sahen alle gleich aus, und im Wald war die Einhaltung der Richtung noch schwieriger. Einmal sahen sie Feuerschein durch die Bäume, dann ließ ein unerwartetes Geräusch Dyzia so erschrecken, daß sie in die Hose machte. Es dauerte Minuten, bis sie sich notdürftig gereinigt hatte. Jankusch starrte in die Dunkelheit und betete. Er hatte sich verlaufen, und es drohte, Tag zu werden. In seiner Panik begann er zu rennen – bergauf, bergab, über Lichtungen und Bergwiesen, Dyzia immer ein paar Schritte hinter ihm. Irgendwann wußte er, wo er war. Der Himmel wurde hell, als sie den Bergkamm zur Schonung entlangliefen und die Höhle erreichten. Jankusch ließ sich auf die Bretter fallen. Ihm wurde schwarz vor den Augen, und er fürchtete, sein Herz würde platzen.

Dann wieder Höhlenalltag. Schon beim Aufwachen feuchtes, klebriges Gefühl am ganzen Körper, Kopfjucken, unablässiger Kampf gegen das übermächtige Insektenvolk. Spannungen – mal größer, mal kleiner. Herumsitzen, herumliegen, beobachten, wie das Licht sich verändert, hoffen, daß der Abend kommt.

Im März war ein paarmal Gefechtslärm zu hören gewesen, und Petro hatte die Nachricht von der Landung der Alliierten weitergegeben. Auch jetzt krachte es manchmal in der Ferne, dann herrschte wieder wochenlang Stille.

Wie lange noch?

17. KAPITEL

Der Weg zurück

August 1944

Es war Abend, und die Luft hatte sich nach einem Hitzegewitter abgekühlt. Immer noch fiel leichter Nieselregen. Durch die Witterung ermutigt, hatten Bumek und Dyzia sich zum Holzholen weiter als gewöhnlich von der Höhle weggewagt.

Reisigbündel unter dem Arm, traten sie auf eine kleine, mit Farnen und Disteln bewachsene Lichtung, als sie plötzlich weniger als zehn Meter entfernt im grauen Zwielicht zwei Männer mit Gewehren am Waldrand stehen sahen. Bumek schmiß sein Bündel hin und verschwand im Unterholz. Mit einem erstaunten Ausruf machten sich die Männer an seine Verfolgung; Dyzia hatten sie anscheinend nicht bemerkt.

Bumek lief ein paar hundert Meter im Zickzack und verkroch sich dann in einem der vielen Gräben, die den Berghang durchzogen. Dort wartete er, bis es still war, und schlich zur Höhle zurück. Dyzia erreichte sie im demselben Moment.

»Alle herhören! Wir sind entdeckt! Wir müssen sofort weg!«

War das der immer befürchtete Ernstfall? Oder die Befreiung durch die Russen? Was tun? Jeder überlegte stumm.

»Wir gehen«, sagte Moses Grünschlag.

Julek Meissner stieß seine Schwester an. »Wir gehen auch.«

»Wir auch«, sagte Frau Lew.

»Dann gehe ich auch«, entschied Mira Ginsburg.

Nur Willi Winkler, der traurige junge Mann, wollte nicht. »Ich bin müde«, sagte er. »Vielleicht komme ich nach...«

Inzwischen hatte es kräftig zu regnen begonnen. Ein paar Sekunden stand die Gruppe unschlüssig vor der Höhle. Sollte man zusammen oder getrennt gehen? Es reichte weder für eine Beratung noch für einen Beschluß und, wie sich herausstellte, nicht einmal für einen Gruß.

»Also dann«, brachte jemand hervor, und damit war die Gemeinschaft aufgelöst.

Julek und Mirka Meissner schlugen sich seitwärts ins Unterholz; Frau Lew, Dyzia und Mira Ginsburg wagten den Abstieg in die Schlucht; Jankusch stieg mit Vater und Bumek den Berg hinauf.

Das Zeltlager der Nationalisten auf dem Hochplateau war verschwunden. Trotzdem beschlossen Grünschlags, Rostocki zu umgehen. Eine gute Stunde lang arbeiteten sie sich nach Westen bis zu einem breiten Tal vor.

»Wir müssen hinüber«, sagte Vater.

»Ich finde, wir sollten im Wald bleiben. Das ist sicherer und bringt uns auch nach Bolechów«, meinte Jankusch.

»Zu viele Berge. Wir würden Tage brauchen.«

Ohne sich auf eine Diskussion einzulassen, ging Moses Grünschlag voran. Jankusch fühlte Ärger in sich aufsteigen, aber Bumek zog ihn dem Vater nach.

Der Weg war mühsam. Felder waren zu überqueren, Wassergräben zu überspringen oder zu durchwaten. Der aufgeweichte Boden klebte an den Sohlen. Bumek fluchte, als seine Schuhe steckenblieben und per Hand aus dem Morast gezogen werden mußten. Er hatte schon vor Wochen die Kappen abgeschnitten, denn obwohl er insgesamt nicht gewachsen war, hatten sich seine Füße normal entwickelt. Die Zehen schauten aus dem zerrissenen Lederwerk hervor, und das Gehen tat ihm weh.

An einem Feld wurden Maiskolben gepflückt und in durchnäßte Hosentaschen geschoben.

Dann wurde es schon wieder hell! Vaters Plan, das Tal bei Tagesanbruch hinter sich zu haben, war nicht aufgegangen.

Ebenes, regengraues Ackerland, hier und dort mit Baumgruppen bestanden, so weit das Auge reichte. Jankusch hatte keine Ahnung, wo sie waren, und hatte Zweifel, daß Vater es wußte. Das Krachen von Geschützen war deutlich zu hören.

Nicht ohne Mühe erkletterte Vater einen mannshohen, mit Unkraut und Weidenbüschen bewachsenen Steinhaufen. Einen Moment lang sah es aus, als stünde da ein lächerliches Denkmal, aber als er sich hinhockte, war von ihm nichts mehr zu entdecken. Jankusch und Bumek folgten ihm.

Da saß man nun und wurde naßgeregnet. Der Abend schien weiter entfernt als ein kommendes Zeitalter. Jankusch fischte einen Maiskolben aus der Tasche, knabberte Korn um Korn ab und kaute lange an dem Strunk. Seine Hände waren aufgeweicht und teigig wie die einer Waschfrau. Es regnete und regnete. Im Wald hätte man es besser gehabt.

Seit dem Morgengrauen war keine Menschenseele zu sehen gewesen. Aber um die Mittagszeit kamen zwei Männer den Feldweg entlang.

»Habe ich hier mein Werkzeug liegenlassen?« fragte einer auf ukrainisch, reckte sich, bog mit beiden Armen das Gestrüpp auf dem Steinhaufen auseinander – und starrte direkt in Bumeks Gesicht.

»Nein, es muß woanders gewesen sein.« Die Weidenrohre schnellten zurück. Bumek zwickte sich in den Arm, um sicher zu sein, daß er nicht träumte.

Am Nachmittag zogen neue, schwere Regenwolken auf. Schon um fünf Uhr war es fast dunkel. Man hörte wieder Geschützdonner. Jankusch fror so erbärmlich, daß seine Zähne klapperten.

»Laß uns gehen, ich kann nicht mehr«, sagte er. Diesmal gab Vater nach, und die drei durchnäßten Gestalten trotteten auf den Waldrand zu.

»Was ist los, Bumek? Warum bleibst du stehen?«

»Schau mal...«

Zwei tote deutsche Soldaten. Der eine lag auf dem Bauch,

der andere auf der Seite, daneben ein Stahlhelm, halb mit Wasser vollgelaufen.

Jankusch mußte sich abwenden. Seit seiner Kindheit löste der Anblick von Leichen fast unüberwindlichen Ekel in ihm aus, und er hatte alles getan, die Bilder grausam entstellter Opfer in Bolechów aus seiner Erinnerung zu tilgen. »Laß uns weitergehen. Ich mag keine Toten.«

»Das könnte dir so passen – die werden untersucht! Wer weiß, was sich findet.«

Eifrig machte Bumek sich daran, ihre Taschen zu durchkramen, und wurde mit einer halbvollen Dose Marmelade und einer Flasche Schnaps belohnt, die er triumphierend hochhielt.

Der Regen hatte aufgehört, Vater schritt in flottem Tempo voran. Aber Jankusch hatte pochende Kopfschmerzen, und alle Glieder taten ihm weh. Um Mitternacht wurde in einer Waldsenke haltgemacht und die Marmelade verspeist.

Der nächste Tag war trocken und heiß. Auf Bumeks Unterarmen hatten sich riesige Blasen gebildet, Jankusch war krank und schlief. Vater machte sich auf die Suche nach etwas Eßbarem und kehrte mit Kartoffeln zurück, die gegen Abend über einem kleinen Feuer in der leeren Marmeladendose gekocht wurden und wunderbar schmeckten. Außerdem flößte er Jankusch fast den gesamten Inhalt der Schnapsflasche ein.

Von beiden Seiten wurde geschossen. Wahrscheinlich war man zwischen die Frontlinien geraten, aber die Waldsenke schien ausreichend Schutz zu bieten, und da Jankusch zu schwach zum Gehen war, wurde der Aufbruch bis zum Abend des nächsten Tages verschoben.

Vater behauptete, Bolechów liege beim Verlassen des Waldes in Sichtweite vor ihnen. Aber als sie lange nach Mitternacht offenes Land erreicht hatten, standen sie vor einem Fluß und neuen Bergen. Vater kratzte sich am Kinn.

Auf einmal wußte Jankusch, wo sie waren. »Links das Tal entlang geht es nach Cerkowna. Wir müssen nach rechts.«

»Aber der linke Weg ist der kürzere.«

»Das stimmt, aber wer wird sich freiwillig nach Cerkowna begeben, wo in jedem Haus Banderowscy sitzen?«

»Macht nichts. Es gibt einen Schleichweg. Wir gehen links.«

»Und ich sage dir: Es gibt keinen. Das Tal ist eng, und der Dorfeingang wird immer bewacht. Laß uns bitte rechts gehen. Wozu die unnötige Gefahr?«

»Wir gehen links, und damit Schluß.«

»Ich will aber nicht.«

»Du tust, was ich dir sage!«

Jankusch spürte, wie der Ärger ihn übermannte, und in Sekunden war daraus blinde Wut geworden. Er tat, was er nie im Leben getan hatte – er schrie seinen Vater an.

»Immer mußt du deinen Willen durchsetzen! Wir könnten längst in Bolechów sein, wenn du auf mich gehört hättest. Aber nein, wir mußten im Regen sitzen und leiden, weil es unbedingt nach dir gehen muß! Und jetzt führst du uns in ein Dorf, wo wir umgebracht werden, du blöder alter Esel!«

Moses Grünschlag stand wie vom Donner gerührt. »Wer so zu mir spricht, ist nicht mein Sohn«, preßte er hervor. »In Bolechów trennen sich unsere Wege, und zwar für immer. Und jetzt gehen wir links!«

Jankusch glaubte zu träumen. So reagierte er? Und wollte immer noch seinen Willen durchsetzen?

»Bumek, komm! Wir gehen nach rechts. Soll er sich in Cerkowna erschießen lassen, wenn er unbedingt will...«

Aber Bumek hatte sich bereits entschieden. Er war zum Vater gelaufen und stand neben ihm wie im Schutz eines großen Baumes. Der Vater nahm ihn an der Hand und zog ihn mit großen Schritten nach links.

In Jankusch tobte ein Kampf. Er hätte beide erschlagen können, so zornig war er, aber dann gab er nach. Er konnte nicht anders – die Bindung zum Vater war stärker.

Wie er vorausgesagt hatte, gab es keinen Schleichweg. Das Tal verengte sich, und zu beiden Seiten ragten Felswände empor.

»Stoi!« rief jemand.

Instinktiv sprang Jankusch ins Gebüsch. Zehn Schritte vor ihm tat Bumek das gleiche.

»Heraus, oder wir erschießen den Mann!« Unverkennbar eine russische Stimme.

Auf dem Weg standen drei Männer in Uniform.

»Uhren her!«

»Wir haben keine. Wir sind Juden, Jewrei, versteht ihr? Wir kommen aus dem Wald.«

»Erschießen!« befahl einer der Russen.

Die Gewehre wurden angelegt.

Jankusch schrie los, ohne zu überlegen und mit enormer Wut im Bauch. Wie damals bei Dogilewski in der Schule sprudelten die Worte aus ihm heraus, noch dazu in gutem Russisch.

»Wagt es nicht! Ich warne euch! Wir sind Sowjetbürger! Wollt ihr eure eigenen Leute erschießen? Das wird euch teuer zu stehen kommen! Wir sind nicht irgendwer, das könnt ihr mir glauben!«

»Schon gut! Beruhige dich! Mir platzt das Trommelfell. Ab zum Kommandanten!«

Soldaten patrouillierten auf der Straße von Cerkowna. Viele Häuser standen offen – die Bauern hatten sich entweder versteckt oder waren in die Wälder geflohen. Am Dorfausgang befand sich ein Zeltlager, umgeben von Geländewagen und Kettenfahrzeugen.

Der Kommandant, ein mittelgroßer Mann mit schwarzem Schnurrbart, musterte sie: »Juden, eh? Verfolgte? Wie ihr ausseht, will ich's euch glauben. Laßt euch Essen geben, oder habt ihr etwa keinen Hunger? Los, besorgt euch einen Topf.«

Bumek hatte bereits einen Eimer gefunden und ausgespült. Mit zitternden Knien standen die drei Waldmenschen in einer Schlange, an deren Ende Suppe verteilt wurde.

»Wie viele?«

»Drei.«

Dampfende Flüssigkeit ergoß sich in das Gefäß. Kartoffeln

schwammen darin herum, Fettaugen glänzten. Ein Stapel Brotscheiben flog auf den Eimerrand. Bumek rannte zu einem freien Platz, Jankusch und Vater hinterher.

Niederknien, einander beiseite schieben – alles geschah von selbst, wie bei Tieren am Futtertrog. Jankusch schlürfte heiße Suppe aus der hohlen Hand, schmatzte Kartoffeln, riß Brot entzwei und stopfte es sich in den Mund.

Es dauerte nicht lange. Ein Offizier hatte sie beobachtet, kam herbei und schüttete den Inhalt des Kübels auf die Wiese.

»Ich bin Arzt«, sagte er. »Wenn ihr so freßt, krepiert ihr. Euer Körper verkraftet das nicht. Kaut Brot, langsam und vernünftig.«

Bumek heulte vor Enttäuschung, Jankusch fühlte sich wie geohrfeigt, aber der Mann hatte recht.

Um sechs Uhr früh zog das Bataillon weiter. Vaters Bitte, sie mitzunehmen, wurde abgelehnt – sie könnten getrost allein gehen, die Rote Armee sei bis Drohobycz vorgestoßen und Bolechów in sowjetischer Hand.

Es war ein merkwürdiges Gefühl, sich nach monatelangem Leben in der Dunkelheit zum ersten Mal wieder bei Tageslicht zu bewegen. Als ihnen gegen Mittag ein Ukrainer entgegenkam, kostete es Überwindung, sich nicht zu verstecken. Ihr Anblick mußte ihn tödlich erschreckt haben, denn er machte eine abwehrende Armbewegung und rannte wie ein Besessener den Waldhang hinunter.

Am Nachmittag wurde ausgeruht. Vater war verschlossen, und wenn er sprach, wandte er sich nur an Bumek; auch Jankusch hatte ihren Streit längst nicht verarbeitet. Es betrübte ihn besonders, daß er die Stunden überschattete, in denen sich ihre Rettung immer greifbarer abzeichnete. Eigentlich sollten wir festlich gestimmt sein, dachte er. Und was tun wir? Wir streiten uns.

Nachts ging es weiter. Das Kloster Hoszów grüßte von seinem kegelförmigen Berg, unten lag das Dorf gleichen Namens. Dahinter, mondbeschienen, breitete sich bis zum Horizont die

Ebene aus, und darauf, wie ein silbernes Band, lag die Straße nach Bolechów.

»Laß uns hier warten«, sagte Vater. »In der Früh gehen wir zu Ruzia.«

Als es hell wurde, stiegen sie über taufeuchte Wiesen ab. Am Dorfrand von Hoszów lag wieder ein Toter, diesmal ein ukrainischer Zivilist.

»Laß ihn, in Gottes Namen! Ich glaube, ich weiß sogar, wie er heißt...«

»Seine Stiefel würden mir genau passen! Pack ihn an den Schultern!«

Jankusch wurde übel, als er sich über die Leiche beugte. Die geöffneten Augen starrten ihm direkt ins Gesicht. Doch Bumeks Bemühungen erwiesen sich als zwecklos – der Ukrainer war stocksteif und gab sein Schuhwerk nicht her.

Ruzias Mann, der die Tür öffnete, schaute verständnislos, kniff die Augen zusammen, verzog das Gesicht. Als ihm klarwurde, daß die drei abgerissenen Gestalten auf dem Hof tatsächlich die Grünschlags sein könnten, taumelte er ins Haus zurück. Kurz darauf erschien Ruzia, im Nachthemd, ein Tuch um die Schultern. Auch sie brachte kaum ein Lächeln zustande.

»Es ist wahnsinnig gefährlich hier. Versteckt euch hinter dem Stall und laßt ja niemand wissen, daß ihr da seid. Spätestens um sechs Uhr will ich euch weg haben.« Sie stellte einen Teller mit ein paar kalten Kartoffeln auf die Treppenstufe und schloß die Tür. Welch ein Empfang!

Bumek war wütend. »Hat man so etwas je erlebt? Die weiß so gut wie wir, daß die Russen hier sind. Was soll das Theater?«

»Petro hatte recht mit seiner Einschätzung«, sagte Vater. »Sie wird nicht begeistert sein, unsere Sachen und die Kuh zurückgeben zu müssen...«

Jankusch hielt es für möglich, daß sie wirklich Angst hatte, aber wollte Streit vermeiden und behielt seine Gedanken für sich.

Dann gingen sie auf der Dolinska stadteinwärts. Sowjetisches Militär fuhr vorbei und wurde vom Straßenrand aus begafft wie im September 1939.

»Bleibt von den Häusern weg, ich will nicht angepöbelt werden«, sagte Vater. Aber die Sorge war überflüssig – die Leute erschraken bei ihrem Anblick, manche bekreuzigten sich. Selbst Hunde wichen scheu zurück.

Rechts lag die HOBAG, da waren die Schienen der Waldbahn und Adlers Fabrikgelände. Strasmanns Haus kam in Sicht, und dann standen sie, ungläubig und halb betäubt, an der Ecke der Kolejówka. Die Linden wölbten sich grün, und die Straße war bedeckt mit trockenen Blüten.

Auch Frau Lewandowski brauchte eine Weile, bis sie erkannte, wer da vor ihr stand. Dann schrie sie auf, rief Mann und Kinder zusammen, und fast im Triumphzug wurden Moses Grünschlag und seine Söhne ins Haus geholt – niemand hätte je gedacht, sie wiederzusehen. Trotz ihres unsäglichen Zustands wurden sie umarmt und geküßt. Alle weinten. Es gab zu essen und zu trinken und, als Höhepunkt, fast schmerzhaft schön, ein Bad.

Grünschlags erfuhren, daß es in den letzten Tagen schwere Kämpfe gegeben hatte, und daß die Deutschen zum Schluß in Panik geflohen waren – nicht ohne vorher Industrieanlagen demontiert und weggeschleppt zu haben.

»Aber auch für Polen gibt es hier keine Zukunft«, sagte Herr Lewandowski. »Die Ukrainer hassen uns und haben sich gegen uns gewandt. Es war grauenvoll. Erinnert ihr euch an den freundlichen Kaminkehrer, der zu Neujahr immer Kalender brachte? Sein polnischer Vorgesetzter muß ihn so geärgert haben, daß er in den letzten Tagen der deutschen Besatzung in sein Haus eingedrungen ist und ihn und seine Familie mit der Axt erschlagen hat.«

»Unglaublich...« Moses Grünschlag schüttelte den Kopf.

»Schuster Dudzinski ist bereits fort, und auch wir bereiten unsere Abreise vor, leider ohne meinen Bruder. Er hatte eine

Gruppe Juden versteckt. Einer von ihnen wurde erwischt, als er meinte, unbedingt spazierengehen zu müssen. Die SS hat meinen Bruder und seine Frau noch vor den Juden erschossen.«

Schweigen senkte sich über die Runde.

»Trinken wir auf die Zukunft«, sagte Herr Lewandowski. »Was bleibt uns anderes übrig?«

Die Sonne stand hoch am Himmel, und in den umliegenden Häusern wurde das Mittagessen zubereitet, als Vater, Jankusch und Bumek sauber und zum Umfallen müde über die Kolejówka wankten und die Tür ihres vollkommen leeren, aber unbeschädigten Hauses aufstießen.

Es war Mittwoch, der 9. August 1944, ein Jahr auf den Tag, nachdem sie von Petro in der verlassenen Mühle abgeholt worden waren. Von sechstausend Bolechówer Juden hatten achtundvierzig die Zeit der deutschen Besatzung überlebt.

18. KAPITEL

Die Geretteten

Eigentlich könnte die Geschichte hier enden, und wäre dies ein Abenteuerroman, täte sie es auch. Aber es ist eine wahre Geschichte, und das wirkliche Leben ist komplizierter und vielschichtiger als das erfundene.

Also – Grünschlags waren zurück, abgemagert, geschwächt, aber unversehrt. Es war Hochsommer, die Gärten blühten, und das Gefühl, ohne Angst in der Sonne liegen zu können, war unbeschreiblich süß. Trotzdem war die Stimmung alles andere als heiter – wie hätte sie das auch sein können? Bolechów war eine Geisterstadt, in der man auf Schritt und Tritt von der Erinnerung verfolgt wurde.

Mißtrauen und schlechtes Gewissen waren fast greifbar. Die Bemühungen der Ukrainer um nationale Unabhängigkeit hatten sich als nutzlos erwiesen – im Gegenteil: Der sowjetische Klammergriff war womöglich noch fester geworden. Aber ihre unrühmliche Rolle als Gehilfen der Nazis war in frischer Erinnerung; geraubtes und erpreßtes jüdisches Gut lagerte in ihren Häusern. Haupttäter wie Matowiecky oder Strutynski waren untergetaucht, aber es gab genügend andere, die befürchten mußten, angezeigt zu werden. Jeder Jude, der überlebt hatte, bedeutete Gefahr.

Bumek traf den elfjährigen Michael Raduchowski, der unterwegs war, um herauszufinden, ob schon Juden zurückgekehrt seien, denn vorher wollten seine Eltern die Adler-Buben nicht aus ihrer Obhut entlassen. Obwohl Bumek seine beiden

Freunde für tot hielt, fragte er Michael, ob er etwas über Saleks und Józeks Schicksal wüßte. Nein, bedauerte der, leider habe er keine Ahnung. Selbst Bumek gegenüber getraute er sich nicht, die Wahrheit zu sagen! Wer Juden geholfen hatte, hütete dies wie ein schmutziges Geheimnis.

Zwei Wochen nach ihrer Rückkehr wurde Grünschlags Haus als neues Hauptquartier des NKWD beschlagnahmt. Vater, Jankusch und Bumek zogen mit etwa zwanzig anderen Juden in ein leerstehendes Gebäude am Anfang der Schustergasse. Sie alle standen vor dem Nichts. Das Ehepaar, das zwölf Monate im Giebel des Aborthäuschens überlebt hatte, war zum Skelett abgemagert; die Frau mußte getragen werden. Ein fünfzehnjähriger Junge hatte auf zwei Jahre Waldversteck keine andere Antwort, als sich Tag für Tag sinnlos zu betrinken. Über die Umstände des eigenen Überlebens wurden auch untereinander nur Andeutungen gemacht, aus Loyalität gegenüber den Rettern, die geflcht hatten, nur ja ihre Namen nicht preiszugeben.

An einem Markttag war auf einmal Petro wieder da. Sein Sohn Vassily, von ihm zu den Banderowscy geschickt, um den Verdacht der Hilfeleistung für Juden abzulenken, war von den Russen als ukrainischer Nationalist verhaftet worden, noch dazu im Besitz eines Gewehres. Es sah schlecht für ihn aus und konnte die ganze Familie gefährden. »Sehen Sie, Herr Grünschlag«, sagte Petro, »jetzt sind wir dran, uns im Wald zu verstecken.« Er berichtete, in der Höhle gewesen zu sein und Willi Winkler, den stummen, traurigen jungen Mann, dort tot aufgefunden zu haben.

Auch mit Julek Meissner gab es ein Zusammentreffen. Jankusch entdeckte ihn, wie er in typischer Haltung, leicht vornübergebeugt, mit einem Bauern verhandelte.

»Schaut mal, wer da ist...« flüsterte er. »Wollen wir ihn nicht begrüßen?«

Bumek drehte sich demonstrativ um und verschränkte die Arme vor der Brust.

»Gehst du mit, Vater?«

Der kratzte sich am Kinn. »Nein«, sagte er schließlich.

Jankusch ging allein, aber Julek ließ ihn abblitzen. Erst tat er, als sähe er ihn nicht, und sprach weiter mit dem Bauern, dann grinste er ironisch und ging davon.

Jankusch war trotzdem froh, es versucht zu haben, besonders als bekannt wurde, daß Julek Meissner kurz darauf von einer russischen Streife bei einem Schwarzmarktgeschäft erwischt und auf der Stelle erschossen worden war.

Im Oktober 1944 wurde Jankusch eingezogen und fand sich in einem der berüchtigten sowjetischen Strafbataillone wieder, in denen kaum ausgebildet wurde, da sie als reines Kanonenfutter gedacht waren. In Gruppen zu fünfzig standen die Soldaten Tag für Tag auf einer eingezäunten Wiese in Stanislawow, ohne daß etwas geschah. Um so reichlicher boten sich Gelegenheiten, Jankusch als einzigen Juden zu hänseln und zu quälen – seine Lage war erneut sehr gefährlich geworden. Aber eines Morgens wurde er vor das Tor gerufen, wo er in einiger Entfernung die wohlbekannte Gestalt seines Vaters sah. Moses Grünschlag hatte es wieder einmal verstanden, die richtige Person zu finden und den richtigen Preis zu zahlen.

Als Deserteur mußte Jankusch allerdings so schnell wie möglich verschwinden. Vater gab ihm falsche Papiere und Geld und riet ihm, von Lemberg aus nach Polen zu gelangen. In spätestens drei Monaten würde man sich in Lublin treffen und gemeinsam nach Westen weiterreisen.

Jankusch bestach einen russischen Sergeanten, der ihn, unauffällig zwischen anderen Soldaten sitzend, über die Grenze schmuggelte. Von Lublin schrieb er täglich nach Bolechów, ohne je eine Antwort zu erhalten. Von Sorgen geplagt, lief er regelmäßig zum Bahnhof und kontrollierte von Osten kommende Züge, aber nach mehr als fünf Monaten entschied er im April 1945, daß weiteres Ausharren keinen Sinn habe. Vater und Bumek waren entweder seinetwegen verhaftet oder,

Jankusch Grünschlag 1945 in Rumänien
auf dem Weg nach Palästina.

schlimmer noch, aus Angst vor einer Anzeige von dem Ukrainer Stepan umgebracht worden, der 1941 den SS-Mann bedrängt hatte, Mutter Grünschlag mitzunehmen.

Ein Bekannter vermittelte Jankusch den Kontakt zur »Bricha«, einer zionistischen Untergrundorganisation, die versprengte Juden sammelte und nach Palästina schleuste. Die Reise über Polen, die Tschechoslowakei, Rumänien, Österreich und Italien dauerte sieben Monate und endete in der Nacht des 25. Dezember 1945 vor der Küste von Naharyia mit einem Sprung ins kalte Wasser, als man wußte, daß die britischen Soldaten Weihnachten feierten und wahrscheinlich betrunken waren.

Die sowjetischen Behörden hatten wissen lassen, daß jeder, der vor 1939 polnischer Staatsbürger gewesen und katholischen oder jüdischen Glaubens sei, nach Westpolen ausreisen könne, bevor das frühere Ostpolen in die Sowjetunion einge-gliedert werde. Moses Grünschlag hatte für sich und Bumek sofort Anträge gestellt, aber Monate waren vergangen, ohne daß etwas geschehen war. Seine Ungeduld wuchs, besonders weil er nichts von Jankusch hörte, von dessen Briefen kein ein-ziger ankam. Schließlich fand er heraus, daß die Ausreise von Stryi schneller zu bewerkstelligen sei, und verließ Bolechów mit Bumek und einer Gruppe anderer Juden im März 1945.

Zuvor hatte er noch versucht, seinen Lebensretter Petro Il-nicki zum Mitkommen zu überreden. Aber Petro wollte nicht – er sei Ukrainer, könne sich ein Leben anderswo nicht vorstel-len und außerdem unmöglich seinen Sohn Vassily im Stich las-sen, der immer noch in sowjetischer Haft saß. Petro bat instän-dig darum, von jeglicher Kontaktaufnahme aus dem Westen abzusehen – selbst eine Postkarte könne ihn in Lebensgefahr bringen. Man trennte sich in Freundschaft und dem traurigen Bewußtsein, sich wahrscheinlich nie wiederzusehen.

Nach fünfwöchiger Zugfahrt in Kattowitz eingetroffen, machte Moses Grünschlag sich sofort auf den Weg nach Lub-lin, verpaßte aber Jankusch um einige Tage.

Das Leben in Kattowitz war zunächst recht gut. Bumek ent-warf mit ein paar Gleichaltrigen und einem russischen Major ein System, in dem das Mangelprodukt Hefe in der Tschecho-slowakei auf Armeekosten besorgt und in Kattowitz auf dem Schwarzmarkt verkauft wurde. Alle verdienten gut, Bumek kleidete sich neu ein und lebte auf großem Fuß – ganz so, wie er es sich immer gewünscht hatte. Aber das Glück war von kurzer Dauer: Wie vorauszusehen, flog das Hefegeschäft auf. Der russische Major, vielleicht um sich zu decken, lockte einen von Bumeks Partnern, einen pfiffigen jüdischen Jungen, in eine Falle und tötete ihn. Er selbst wurde verhaftet und soll in seiner Zelle Selbstmord verübt haben.

Aber nicht allein dieser tragische Zwischenfall machte die Abreise aus Kattowitz notwendig. Überall in Polen flammte der Antisemitismus wieder auf. Fluchtartig verließen Vater und Bumek das unheimlich gewordene Land und gelangten über Prag und Regensburg nach München.

Die aus ihrem Versteck wieder aufgetauchten Adler-Buben waren von Bolechów zunächst zu ihrem einzig noch lebenden Verwandten nach Kolomyja gezogen. Józek setzte sich bald nach Frankreich ab, und Salek, vierzehn Jahre alt, reiste nach Westpolen, fest entschlossen, mit dem Judentum, der Quelle seines Leidens, zu brechen und sein Leben als Pole fortzusetzen. Er gab sein Alter als siebzehn an, behauptete Kriegswaise zu sein und einen deutschen Vater zu haben und bewarb sich in Warschau bei der polnischen Polizei, wo er das Glück hatte, von einem Oberst als Diener eingestellt zu werden.

Sein Leben nahm eine dramatische Wendung zum Besseren. Er bekam Zimmer, Uniform und gutes Essen. Keiner fragte nach seiner Herkunft. Der Oberst, ein hoher Funktionär der kommunistischen Partei, war freundlich und nahm ihn häufig auf Dienstreisen mit. In Kattowitz begegnete Salek gelegentlich Juden, die ihn aus Bolechów kannten. »Donnerwetter, diese Uniform!« spöttelten sie dann. »Hilfst du etwa, das Vaterland aufzubauen?«

»Macht ruhig eure Witze«, antwortete Salek, »mir ist es ernst. Seitdem ich Pole bin, fühle ich mich als Mensch, und so soll es bleiben.«

Aber als er in Begleitung des Oberst bei einem Festakt zum Jahrestag des Warschauer Ghettoaufstandes die Berichte der Redner hörte, fing er so zu weinen an, daß er den Saal verlassen mußte. Daraufhin gestand er dem Oberst, Jude zu sein.

Monate später erhielt Salek den Hinweis, daß Bolechóws berüchtigter ukrainischer Polizeihauptmann Matowiecky in Bochnia gesehen worden sei. Der Oberst ging der Sache nach, ließ eine Liste mit Anklagepunkten von Bolechówer Juden unterschreiben und erwirkte einen Haftbefehl. Als Matowieckys Haus im Morgengrauen umstellt war, wurde aus einem Fenster geschossen und ein Polizist verletzt. Der Oberst reichte Salek eine Handgranate. »Du hast den ersten Wurf«, sagte er, »als Vergeltung für den Mord an deiner Schwester.« Salek warf die Granate durch eine Scheibe, andere folgten, dann wurde das Haus gestürmt. Drinnen lagen Matowiecky, Gewehr in der Hand, tot, neben ihm eine schwerverletzte Frau und ein Baby, ebenfalls tot. Salek war zutiefst betroffen und hatte noch stärker als bisher den Wunsch, Vergangenheit und Judentum hinter sich zu lassen.

Nach mehr als einem Jahr in seinem Dienst schickte ihn der Oberst nach Posen, um einem anderen Oberst einen persönlichen Brief zu überbringen. Als Salek nicht vorgelassen wurde und auftragsgemäß mit dem Brief nach Warschau zurückkehren wollte, wurde er ihm gewaltsam abgenommen. Salek wurde verhört, und als er auf die Frage nach seinem wirklichen Auftrag – der Brief sei offensichtlich ein Vorwand – keine Antwort wußte, wurde er mit einem Bündel Elektrokabel ohnmächtig geschlagen und in eine Zelle geworfen. Am nächsten Morgen wurde die Prozedur wiederholt und Salek vor die Wahl gestellt, erschossen zu werden oder in Zukunft seinen Dienstherrn zu bespitzeln und über all seine Tätigkeiten zu berichten. In Todesangst wählte er die zweite Alternative.

In Warschau hinterließ er dem Oberst einen kurzen Abschiedsbrief und floh in panischer Suche nach jemandem, der ihm helfen könnte, nach Kattowitz. Dort fand er Pesach Lew, seinen alten Lehrer.

»Na, Salek, was macht der Aufbau des Vaterlandes?«

»Sei still! Ich fürchte um mein Leben und will so schnell wie möglich nach Palästina!«

»*Jak bida, to do Żyda* – Wenn in Not, geh zum Juden«, sagte Pesach Lew, griff zum Telefon und vermittelte ihm einen Platz in einem jüdischen Auffanglager, wo er einen falschen Namen bekam. Über Nürnberg und Paris gelangte er nach Marseille, aber sein Schiff wurde in der Bucht von Haifa von den Briten zum Umkehren gezwungen, und er verbrachte sieben Monate in einem Internierungslager auf Zypern.

Józek und Salek Adler in Jaffa 1949.

Auch dort ließ die Angst ihn nicht los. Erst in Palästina fühlte er sich etwas sicherer. Als er ankam, war er gerade siebzehn Jahre alt.

Sein Vetter Józek traf acht Monate später ein.

München, März 1946. Bumek räumt sein Frühstücksgeschirr zusammen und wickelt das Stückchen Butter ein. Durch das Küchenfenster ist ein kahler Baum zu sehen, an dessen Ästen schwarze Laubreste hängen.

»Also, ich gehe jetzt.« Er nimmt den Mantel von dem Haken an der Tür.

Vater, den Kopf in die Hände gestützt, sieht kaum auf. »Ich bleibe hier«, sagt er.

Eigentlich könnte ich auch bleiben, denkt Bumek, ich habe ja doch kein Ziel. Aber die Aussicht, den Tag in dem vom Wohnungsamt zugewiesenen Zimmer zu verbringen, ist wenig verlockend – ohne Aufgabe hat sich Vater schon immer schlecht mit sich selbst abgefunden, und dementsprechend nörglerisch ist sein momentaner Zustand.

Bumek schleicht über den Flur, aber man muß ihn gehört haben, denn die Wohnzimmertür öffnet sich und Frau Krause erscheint, eine Wolldecke um die Schultern. »Albert«, ruft sie ins Zimmer, »du wartest noch zehn Minuten, bis du hinausgehst.«

Was soll das nun wieder? Will sie vermeiden, daß ihr Söhnchen mit dem »Polenjungen« zusammentrifft? »Judenjunge« traut sie sich anscheinend nicht zu sagen, obwohl sie es natürlich weiß. Sie ahnt wohl, daß Bumek jedes Wort versteht, denn kein Tag vergeht ohne zweideutige Bemerkungen.

Auf der schnurgeraden, langweiligen Straße, die von Berg am Laim in die Innenstadt führt, liegen schmutzige Schneehaufen. Sehnsüchtig beobachtet Bumek amerikanische Militärfahrzeuge ohne Eile über das Pflaster rollen. Sie sind den russischen nicht unähnlich, und doch – welch ein Unterschied! Sogar das Geräusch der Schneeketten klingt bei ihnen weich und entspannt.

Seit Bumek in München ist, hat ihn eine Verlorenheit ergriffen, wie er sie lange nicht gespürt hat. Es ist, als ob tausend Kilo auf ihm lasten.

Die Straßenbahn hält – wenn er zur Möhlstraße will, muß er aussteigen. Dort, im zerbombten Villenviertel Bogenhausen, hat das jüdische Komitee seinen Sitz. Bumek fährt jeden Tag in die Stadt und landet jedesmal in der Möhlstraße.

Im Hinterhof des Gebäudes geht es etwa so zu wie an einem guten Tag am Bolechówer Ringplatz. Nur die Handelsware ist anders: nicht weißer Käse und Heringe, sondern Uhren, Diamanten, Whisky, Gin, Dollars, Kleidungsstücke, amerikani-

Bumek, neunzehnjährig, in München
vor der Abreise nach Australien.

sche Zigaretten, freilich auch Butter, nicht in Kohlblatt gewik-
kelt, sondern in Stanniol verpackt. Man sagt, hier befinde sich
Europas größter Schwarzmarkt.

Am Nachmittag geht Bumek ins Kino. Vom Amerikanisch
versteht er nichts, und die deutschen Untertitel wechseln, bevor er sie entziffert hat. Aber der Anblick der Stars und ihrer
Partnerinnen ist genug, ihn in die heile, freie Welt zu entfüh-
ren, die er so begehrt. Ach, wer daran teilhaben könnte!

Statt dessen muß er zurück zu Familie Krause nach Berg am
Laim. Er wartet vergeblich auf eine Straßenbahn und läuft fast
eine Stunde zu dem verhaßten Reihenhaus.

»Bumek, es ist zehn vor zehn«, sagt Vater, der noch immer
auf dem Bett sitzt. »Ich will nicht, daß du nachts allein unterwegs bist. Geh schlafen!«

Bumek tut es, und Vater knipst die schwache Glühbirne aus,
auf die er aus Sparsamkeitsgründen besteht.

Der Aufenthalt in München dauerte zweieinhalb Jahre. Nach und nach gewöhnte sich Bumek daran, besonders weil Vater und er von der unsympathischen Familie Krause zu der netten Familie Müller nach Schwabing zogen. Frau Müller kümmerte sich um ihn wie um einen leiblichen Sohn und half manche Wunde heilen. Er lernte am Hebräischen Gymnasium und schloß Frieden mit seiner jüdischen Identität. Die Nachricht vom Judenmassaker in Kielce, bei dem 1946 mindestens vierzig Menschen starben, hatte seine Begeisterung für alles Polnische gründlich gelöscht.

München, Durchgangsstation für Tausende von Juden, war ein goldenes Pflaster, auf dem große Vermögen begründet wurden. Aber Moses Grünschlag hatte Schwierigkeiten, den Faden seines Lebens wieder aufzunehmen. Äußerlich war er nach wie vor aktiv. Er ging weite Strecken zu Fuß, studierte in der Möhlstraße die endlosen Listen vermißter Personen, las Zeitungen, betätigte sich hier und da auf dem Schwarzmarkt, aber die Dämonen der Leere und der Einsamkeit hatten bereits begonnen, von ihm Besitz zu ergreifen.

Im Sommer 1947 erlitt er einen Herzanfall, im Januar 1948 einen zweiten. Ein Spezialist verordnete eine Diät und riet zu einer grundsätzlichen Änderung der Lebensumstände. Das Wohnen zur Untermiete konnte nicht als Dauerzustand gelten, und in Deutschland zu bleiben wurde nicht ernsthaft in Betracht gezogen. Als sich die Möglichkeit einer Einreise nach Australien bot, wurde sie kurzerhand ergriffen. Im August 1948 bestiegen Vater und Bumek ein Schiff in Marseille und landeten elf Wochen später in Sydney.

Jankusch hatte am israelischen Unabhängigkeitskrieg teilgenommen, erst als Funker, dann in einer kämpfenden Truppe an der Südfront. Dort, im Staub der Wüste, wurde seine Seele gesund. Zum ersten Mal fühlte er sich dazugehörig, akzeptiert und gebraucht. Viele seiner Freunde hatten Ähnliches wie er selbst erlebt, und das Gefühl, gemeinsam etwas erreicht zu haben und endlich nicht mehr auf der Verliererseite zu stehen, war überwältigend – daß ihr Gewinn neue Verlierer schuf, konnte seiner Generation kaum bewußt sein. Nach Kriegsende hatte er Sarah geheiratet, ein schönes, stilles Mädchen aus Uschgorod, kaum einhundert Kilometer Luftlinie von Bolechów entfernt, das er auf dem Einwandererschiff kennengelernt hatte. Beide sprachen fließend hebräisch und betrachteten Israel als ihr Zuhause.

Aber es ging nicht nur nach ihnen. Immer ungeduldiger meldete sich der Vater aus Australien, immer länger und eindringlicher wurden seine Briefe, in denen er sie beschwor, ihm dorthin zu folgen, so daß die Familie endlich wieder vereint wäre. Ein schwerer Gewissenskonflikt bahnte sich an. Jankusch wollte nicht nach Australien und seine Frau noch weniger. Aber konnte er den Vater im Stich lassen, der für ihn und Bumek kein Opfer gescheut hatte? Eine Kompromißlösung, das wußte er, war bei Moses Grünschlag ausgeschlossen. Was tun?

Wie so oft in der Vergangenheit siegte der Vater. Jankuschs Loyalität ließ keinen anderen Ausgang zu. Für Sarah glich die Entscheidung einem Todesurteil, aber sie folgte ihrem Mann. Der junge Haushalt wurde aufgelöst, von den Freunden Abschied genommen. Ein Flugzeug brachte sie nach Australien, ans Ende der Welt. Dort warteten, nach siebenjähriger Trennung, Moses Grünschlag und Bumek. Es war ein trauriges Wiedersehen.

1959. Australien hatte sich für die Söhne Grünschlag als segensreich erwiesen. Bumek hatte sich in der Textilbranche hochgearbeitet und war drauf und dran, Teilhaber einer Fabrik zu werden. Jankusch war Wirtschaftsprüfer geworden. Ein ganz so zupackender Unternehmer wie sein Vater war er zwar nicht, aber er hatte sein eigenes Büro, die Zahl der Angestellten wuchs, und das erste Haus war gekauft worden. Selbst Sarah hatte sich nach schwerer Eingewöhnung mit dem neuen Land versöhnt und angefangen, seine unbestreitbaren Annehmlichkeiten zu schätzen.

Nur an Vater Grünschlag war das gute Leben vorbeigegangen. Daß er kaum englisch sprach, war nicht das Problem – es gab genügend Menschen, die mit schlechtem Englisch gute Geschäfte machten, und das Australien der fünfziger Jahre bot reiche Möglichkeiten. Aber Moses Grünschlag hatte den Schwung verloren, hatte den Anfang nicht gefunden, aus dem sich Dinge hätten entwickeln können, und mit jeder verpaßten Gelegenheit war sein Inneres dunkler und bitterer geworden.

Dabei hatte er es nicht lassen können, sich in das Leben seiner Söhne einzumischen. Der Junggeselle Bumek, der nach wie vor mit ihm zusammenwohnte, hatte dies mit Humor ertragen und sogar wie früher seinen Wochenverdienst bei ihm abgeliefert. Mit Jankusch war es schwieriger gewesen, und am schwierigsten mit Jankuschs Frau Sarah. Sie konnte noch so nett sein, er hatte es nicht akzeptieren können, daß die Ehe ohne seine Zustimmung geschlossen worden war. Jankusch solle sich scheiden lassen, hatte er immer wieder gedrängt, er werde ihm helfen, eine neue Frau zu finden. Darüber war es zum Bruch gekommen, und nun sprach man nicht mehr miteinander.

Als dann ein jüdischer Arzt im Auftrag der deutschen Regierung seinen Wiedergutmachungsantrag prüfte und befand, daß seine zwei Herzinfarkte nicht notwendigerweise mit der erlittenen Verfolgung zusammenhingen, schlug die Verzweiflung über ihm zusammen. »Ich hätte im Wald sterben sollen«, sagte er oft.

Er besuchte seine Schwester in Amerika, hielt es nicht aus, reiste weiter nach Deutschland und kam zurück nach Australien – rund um die Welt war die Verzweiflung ihm gefolgt.

»Ich fahre ein paar Tage nach Melbourne«, sagte er zu Bumek. »Vielleicht geht es mir dort besser.« Das nächste Lebenszeichen war eine Karte aus München mit der Angabe eines Postfachs am dortigen Hauptbahnhof.

Die Sonne sticht, und überall sind Leute. Sie kommen aus Häusern und Geschäften, überqueren die Straßen, steigen in Straßenbahnen, fahren Auto oder Fahrrad. Sie sind gut gekleidet, tragen Einkaufstüten, unterhalten sich, scherzen, essen Eis. Es sind so viele, daß man ihnen ständig ausweichen muß. Sie bewegen sich schnell und scheinen Langsamere zu übersehen.

Gott sei Dank ist da eine Parkbank. Der Koffer ist schwer und der Weg noch weit. Ihn einfach rauszuschmeißen! Zahlte er nicht immer pünktlich die Miete? Vielleicht ist es doch keine gute Idee gewesen, nach München zurückzukehren. Aber man versteht wenigstens, was die Leute sagen.

Der alte Mann erhebt sich und tritt auf die Straße. Grelles Klingeln schreckt ihn auf. Mein Gott, er hat die Bahn glatt übersehen – die Augen werden nicht besser. Er schleppt den Koffer zum Fußgängerübergang. Das Sonnenlicht ist so stark, daß er die Ampel kaum erkennt.

»Guten Tag. Ich hatte angerufen.«

»Sie kommen wegen des Zimmers? Bitte, schauen Sie es sich an.«

Es liegt zum Hof hinaus. Das Bett scheint sauber zu sein. Waschbecken, Zahnputzglas, Kleiderschrank, Tisch, Stuhl, Sessel. Stilleben an der Wand. Steckdosen? Zwischen Waschbecken und Kommode, das wird klappen.

»Bad und Toilette sind im Flur. Rauchen Sie?«

»Nein. Ich empfange auch keine Besucher. Das Zimmer sagt mir zu, ich möchte es mieten.«

»Gut. Richten Sie sich ein. Ich erwarte Sie vorne wegen der Formalitäten.«

Er hebt den Koffer auf den Tisch und klappt den Deckel auf. Zuoberst liegt, zusammengefaltet, ein Mantel, darunter ein Anzug. Beide kommen in den Schrank. Hemden, Schlafanzüge, Unterwäsche. Ein hebräisches Gebetbuch verschwindet in der Kommode. Halbschuhe. Jetzt der Elektrokocher. Tagsüber kann er in die Schublade, abends kommt er auf den Tisch,

Zeitung drunter wegen der Flecken. Topf, Teller, Besteck in das oberste Schubfach, Pullover davor, geht niemanden etwas an. Brotlaib, Margarine, zwei Äpfel. Für heute wird es reichen. Jetzt zu der Frau wegen dem Formular, und dann ins Bett. Der Wohnungswechsel hat ihn den ganzen Tag gekostet.

Moses Grünschlag lebte fast zwanzig Jahre allein in München. Was er in dieser langen Zeit tat, ist unklar. Man weiß lediglich, daß es ihm gelang, gegen den Befund des Arztes in Australien Widerspruch einzulegen und sich von den deutschen Behörden Wiedergutmachung und Rente zu erstreiten. Fest steht außerdem, daß seine Forderung auf Erstattung der im September 1939 in Danzig abhanden gekommenen zwei Waggons Edelholz zu einem bis zu seinem Tod ungeklärten Rechtsstreit führte. Aber wie er die Tage und Wochen verbrachte, was seine Abende ausfüllte, mit wem er verkehrte, wird man nie erfahren. Briefe seiner Söhne an das Postfach beantwortete er selten und karg. In Münchens Israelitischer Kultusgemeinde erinnert sich niemand an ihn.

Einmal hatte er wohl eine eigene Wohnung, aber als Nachbarn ihn mit Namen anzusprechen begannen, gab er sie auf und lebte anonym in Pensionen, die er häufig wechseln mußte, da er darauf bestand, die ihm nach seinem Herzinfarkt verordnete Diät heimlich auf dem Zimmer zuzubereiten.

Was dachten Münchens Bürger, wenn sie den merkwürdigen alten Mann seinen Koffer durch die Straßen schleppen sahen? Wie hätten sie reagiert, wenn sie seine Geschichte gekannt hätten?

1970 kam Bumek geschäftlich nach München. Seine Reisedaten hatte er dem Postfach mitgeteilt. Nun saß er in seinem Hotelzimmer und wartete.

Punkt zehn Uhr klopfte es, Moses Grünschlag trat herein. Er schien Bumek um fast die Hälfte seiner früheren Körpergröße reduziert.

Moses Grünschlag in München um 1970.

»Leise!« sagte er. »Weißt du nicht, daß man überall beobachtet wird? Hast du Geld mitgebracht? Dann gehen wir gleich zur Bank.«

Er lief noch immer so schnell, daß man Mühe hatte, Schritt zu halten, aber Bumek bemerkte, daß er sich häufig umdrehte und Passanten mißtrauisch beäugte.

»Willst du nicht doch zurück nach Sydney?« fragte Bumek ihn schließlich.

»Nein, auf keinen Fall. Es geht mir gut, laßt mich in Frieden.«

1975 unternahm Jankuschs Tochter Deborah ihre erste Europareise. Sie hatte viel von ihrem Großvater gehört und war gespannt darauf, ihn endlich kennenzulernen. Er empfing sie sehr freundlich. Zu ihrer Überraschung stellte sie fest, daß er passabel englisch sprach und über das Zeitgeschehen erstaunlich gut informiert war, sogar über die in Australien gerade schwelende Whitlam-Regierungskrise. Sein Zimmer, in das er sie einlud, war sauber und aufgeräumt. Hinter der Tür bemerkte sie gepackte Koffer.

1978 sprang Moses Grünschlag aus einem fahrenden Zug, weil er glaubte, die Gestapo sei hinter ihm her. Wie durch ein Wunder blieb er unverletzt, aber er wurde in die psychiatrische Klinik in München-Haar eingeliefert.

Bumek rief ihn an.

»Hol mich heraus!« verlangte Moses Grünschlag ungeduldig.

»Aber nur, wenn du versprichst, nach Sydney zurückzukehren.«

»Das kann ich nicht.«

»Wie du willst. Dann bleibe ich in Australien und du in der Klinik. Überlege es dir, ich rufe dich morgen an.«

Bumek ließ mit Absicht einen Tag verstreichen.

»Nun?«

»Ich kann mich nicht entscheiden.«

»In Ordnung. Ich melde mich in ein paar Monaten.«

»Halt, nein! Ich komme. Kannst du morgen hier sein?«

Bumek flog nach München, um ihn zu holen. Vor der Abreise gab es noch einen Streit mit dem Sozialamt, das seine Rente zur Abdeckung der Klinikkosten eingefroren hatte. Grünschlag protestierte wütend: Er sei nicht freiwillig in die Klinik gegangen und werde keinen Pfennig beisteuern. Der Beamte sprach von gerichtlicher Klärung, aber als Bumek damit drohte, ohne seinen Vater nach Australien zurückzufliegen, gab er nach.

»Gut hast du gesprochen«, sagte der Vater draußen.

In Sydney lebte er noch zwei Jahre, fast blind, aber immer noch gut über Politik und Tagesgeschehen informiert. Nur wenn das Gespräch auf Geld oder seine Verluste kam, wurde er mißtrauisch und verdächtigte sogar die eigene Familie.

Als er sich den Oberschenkelhals brach, war das Ende da.

Jankusch und Bumek wachten bis zuletzt an seinem Bett. Minuten vor seinem Tod setzte er sich noch einmal auf und sagte mit gewohnt fester Stimme: »Packt eure Sachen, morgen fahren wir nach Bolechów!«

Er starb am 6. Juli 1980, neunundachtzig Jahre alt, einundvierzig Jahre nach Kriegsausbruch und nach mehr als dreißig Jahren ruhelosen Wanderns.

19. KAPITEL

Die Retter

In den langen Monaten im Verschlag zwischen den zwei Wänden des Bauernhauses in Gerynia hatten sich Salek und Józek Adler oft gefragt, warum Herr und Frau Raduchowski das große Risiko ihrer Rettung auf sich nahmen. Bei einer Entdeckung wären die Eheleute mit Sicherheit verloren gewesen. Sie hatten keinerlei Ausrede – es war undenkbar, daß sich Salek und Józek ohne ihr Wissen in ihrem Haus aufhielten. War es der christliche Glaube, der sie zu diesem Heldentum befähigte? Materieller Gewinn konnte das Motiv nicht sein, denn die Adler-Buben besaßen keinen Pfennig.

Bald nach ihrer Ankunft in Israel begannen die Vettern, Pakete nach Gerynia zu schicken, immer mit der unterschwelligen Angst, die Empfänger dadurch in Schwierigkeiten zu bringen. Die Sowjetunion war scharf antiisraelisch, kein Artikel durfte eine hebräische Aufschrift oder den Vermerk »Made in Israel« tragen. Geldüberweisungen waren ausgeschlossen.

Aber alles schien gutzugehen. Dankesbriefe trafen ein, mit kurzen Mitteilungen über das tägliche Leben und versteckten Hinweisen darauf, was sich am besten verkaufen ließ: Das Sohlenleder sei besonders schön, oder braune Stoffe gefielen besser als grüne. Als Salek und Józek für ihre Wiedergutmachungsklage gegen Deutschland eine Bescheinigung brauchten, wurde sie ihnen geschickt, mit allen Einzelheiten. Wer Repressalien durch das Sowjetregime befürchtete, hätte solches kaum in einen Brief geschrieben.

Dann, 1953, mehr als acht Jahre nach Kriegsende, geschah das Unfaßbare: Nach dem Erhalt eines Paketes muß Herr Raduchowski solche Freude empfunden haben, daß er vielleicht ein Gläschen zuviel trank. Jedenfalls gestand er Nachbarn, die regelmäßigen Auslandssendungen nicht von polnischen Verwandten, sondern von zwei Juden zu erhalten, die er im Krieg bei sich versteckt hätte. Kurze Zeit später stand ein Trupp Männer vor seiner Tür – die Angelegenheit verlangte nach einem Denkzettel. Herr Raduchowski wurde so verprügelt, daß er an den Folgen starb.

Außer sich vor Entsetzen unterbrachen Adlers ihre Sendungen. Der Gedanke, den grausamen Tod ihres Lebensretters mit heraufbeschworen zu haben, lastete schwer auf ihnen. Dann besannen sie sich: Ihre Hilfe fortan zu unterlassen, machte die Tragödie nicht ungeschehen und strafte den Rest der Familie. Also schickten sie wieder Pakete, und bald trafen auch die Dankesbriefe wieder ein, herzlich im Ton wie vorher, mit Berichten über die Obsternte, den milden Winter und dergleichen. 1976 waren Fotos von Frau Raduchowskis Beerdigung beigefügt. Man sah das ukrainische Doppelkreuz am Kopf der Toten und Michael, den Sohn, am offenen Sarg. Drei Jahre später erlag er, achtundvierzigjährig, einem Krebsleiden.

Der ukrainische Bauer Petro Ilnicki war zuletzt 1945 gesehen worden, in sehr ängstlichem Zustand wegen der Verhaftung seines Sohnes Vassily. Jankusch und Bumek hatten seinen ausdrücklichen Wunsch, ihn nicht zu kontaktieren, lange Zeit beherzigt, aber als sich Anfang der siebziger Jahre Anzeichen eines Tauwetters zwischen Ost und West bemerkbar machten, schickten sie durch Adlers die Bitte an Familie Raduchowski, sich in Rostocki nach Petro und seinen Angehörigen zu erkundigen. Zu ihrer Überraschung erfuhren sie, daß dessen Haus abgerissen war und die Familie schon lange nicht mehr im Dorf wohnte. Eine Adresse in Ivano-Frankivsk, dem früheren Stanislawów, war beigefügt.

Ein vorsichtiger Brief wurde verfaßt: Man sei in Australien, der Vater in München, allen ginge es gut. Eine Antwort ließ nicht lange auf sich warten. Sie kam von Petros Sohn Michailo und löste bei den Empfängern tiefe Bestürzung aus: Wegen Vassilys Zugehörigkeit zu den ukrainischen Nationalisten war die gesamte Familie Ilnicki bereits 1946 verhaftet und für zwanzig Jahre nach Sibirien verbannt worden. Vassily selbst war nie wieder gesehen worden.

Überwältigt und beschämt schrieben die Brüder zurück. Könnten sie wenigstens jetzt etwas tun? Bräuchte man Kleider, Haushaltsgegenstände, Lebensmittel, Butter? Sie würden gern behilflich sein.

Petros Reaktion war charakteristisch: Man lasse danken, aber die Ukraine sei ein reiches Land; man sei, im Gegenteil, bereit, Butter nach Australien zu schicken, falls es dort zu Engpässen käme. Eine Sache könnte man allerdings brauchen – ein Auto, und zwar eine Wolga-Limousine. Wenn die Möglichkeit bestünde, eine solche zu bekommen, würde man nicht nein sagen.

Jetzt war es an den Brüdern Grünschlag, Format zu zeigen. Sie taten es. Das Auto, in Australien bezahlt und von Michailo in Moskau abgeholt, machte Petro über Nacht zum Millionär – niemand in seinem Umfeld hatte Vergleichbares aufzuweisen. Als Hochzeitskarosse, Taxi oder Trauerfahrzeug bildete es für etliche Jahre das wirtschaftliche Fundament der Familie Ilnicki.

Von nun an wurde regelmäßig und freundschaftlich korrespondiert und natürlich auch nach Gelegenheiten gesucht, sich wiederzusehen. Aber durch Beruf und Familie in Anspruch genommen, entschlossen sich Jankusch und Bumek erst 1989 zu einem Besuch. Um die komplizierten sowjetischen Visabestimmungen zu umgehen, einigte man sich auf eine Zusammenkunft in Polen. Da traf von Michailo die traurige Nachricht ein, sein Vater sei gerade gestorben – wenn es recht sei, komme er allein.

Man traf sich in Kattowitz, nach mehr als vierzig Jahren. Jankusch und Bumek waren ältere Herren, und aus dem Knaben Michailo war ein stattlicher Mann mit markanten Gesichtszügen und schwarzgrauem Haar geworden. Nach erster Befangenheit verbrachte man viele Stunden im Gespräch.

Tausend Erinnerungen wurden wach. Jankusch spürte den Schnee auf dem Gesicht und das Gewicht des Getreidesacks auf seinen Schultern. Das Krabbeln der Flöhe und Läuse war ebenso gegenwärtig wie der Anblick der zitternden Überlebenden des Binstock-Lagers im Morgengrauen.

Wieder und wieder sprach man von Petro und seiner Rolle in ihrem Leben. »Wann genau ist er gestorben?« fragte Bumek beiläufig. »Das Ende scheint sehr plötzlich gekommen zu sein...«

Da wurde Michailo verlegen, und es dauerte eine Weile, bis er mit der Wahrheit herausrückte: Sein Vater war schon fast zehn Jahre tot. Er hatte es verschwiegen, weil er befürchtete, das Interesse der Brüder zu verlieren...

Am letzten Abend des Zusammenseins, als eigentlich schon alles erzählt war, erinnerte sich Michailo plötzlich an seinen Onkel Nicola, der vom Sterbebett aus Petro zu sich gerufen hatte. Er war mit dessen Hilfeleistung für die Juden nie einverstanden gewesen und hatte ihretwegen mit seinem Bruder in Unfrieden gelebt; aber jetzt bedeutete er Petro, sich über ihn zu beugen.

»Sag mir die Wahrheit«, flüsterte er, »dein Reichtum – ist das alles von den Juden?«

»Wenn du es wirklich wissen willst: ja.«

»Mein Gott«, stöhnte Nicola, »ich hätte so schlau sein sollen wie du!«

Und kurz bevor man sich trennte, fiel Michailo noch eine Episode ein. Ein Bauer hatte einmal mit wodkagelöster Zunge zu Petro gesagt: »Kompliment, mein Freund – du hattest Kraft genug, bis zum Ende durchzuhalten. Ich nicht – ich habe meine Juden umgebracht...«

Es wurde ganz still im Raum. Jeder hing seinen Gedanken nach.

»Gehen wir schlafen«, sagte Jankusch und stand auf. »*Tehe nischmatam zrura bizror ha'chaijm* – Mögen die Seelen der Toten weiterleben.«

»Amen«, antwortete Bumek, und Michailo machte das Zeichen des Kreuzes.

Epilog

Dramatisches bleibt nicht zu berichten. Die Brüder Grünschlag führen ein bürgerliches Leben in Australien. Jankusch, in Gesicht und Statur dem Vater immer ähnlicher werdend, wohnt mit Sarah in einer der schönsten Gegenden Sydneys. Am Wochenende kommen Kinder und Enkel zu Besuch, und oft steht auch Bumeks Auto vor dem Haus. Dieser ist seit langem verwitwet, hat zwei erwachsene Töchter, arbeitet und reist viel, spielt in seiner Freizeit Tennis. Salek und Józek Adler, beide pensioniert, wohnen in Israel und schicken nach wie vor Pakete an die Raduchowskis – mittlerweile an die Enkel des tapferen Paares. Der Hauslehrer Pesach Lew wurde Bürgermeister der israelischen Stadt Lod und verstarb vor einigen Jahren. Sein Sohn Abraham, als Baby von der Frau des deutschen Arbeitsamtsleiters im Schornstein versteckt, ist Rechtsanwalt in Belgien. Der Bauer, der sie zu vergiften versuchte, wurde jahrelang unterstützt – er hat sie gerettet, und das allein zählt. Das Ehepaar, das im Giebel des Aborthäuschens überlebte, ist noch immer zusammen und führt ein Bekleidungsgeschäft in Israel. Der Junge, der nach seiner Befreiung jeden Tag betrunken durch Bolechów lief, erreichte einen hohen Offiziersrang in der israelischen Armee und betreibt seit seiner Entlassung aus dem aktiven Dienst einen Parkplatz in Tel Aviv. Eda Lew fand bald nach der Rückkehr aus dem Wald einen neuen Partner und lebte bis zu ihrem Tod in der Sowjetunion. Dyzia, ihre Tochter, heiratete einen russischen Offizier und wohnte bis 1990 in der weißrussischen Stadt Minsk. Von Israel aus erstritt sie sich eine kleine Rente von der deutschen Regierung und hofft nun auf eine eigene Wohnung.

Übrigens: Im Sommer 1996 fand eine Reise nach Bolechów statt – seit 1945 war keiner seiner ehemaligen Juden dort gewesen. Grünschlags Haus steht unverändert, Dr. Raifaizens auch, von Adlers Fabrik ist kein Stein geblieben. Der Ringplatz ist mit Gras überwachsen, Hühner und Gänse laufen darauf herum, die meisten Häuser sind abgerissen. Die Kastanien vor dem Magistrat sind so hoch, daß sie die Uhr am Turm verdekken. Die Große Synagoge beherbergt eine Schneiderwerkstatt, der jüdische Friedhof ist verwüstet. Weder Gedenktafel noch Monument erinnern an das, was hier geschehen ist.

Der Boden ist noch genauso schwarz und sumpfig, die Karpatenberge schimmern blau. Züge kommen an, Menschen gehen ihrer Wege. Auf der Kolejówka wölben sich die Linden, und sie trifft an derselben Stelle auf die Dolinska wie früher. Aber alles ist anders und – leider, aber unleugbar – brennen die Wunden unter den Narben noch immer.

ANHANG

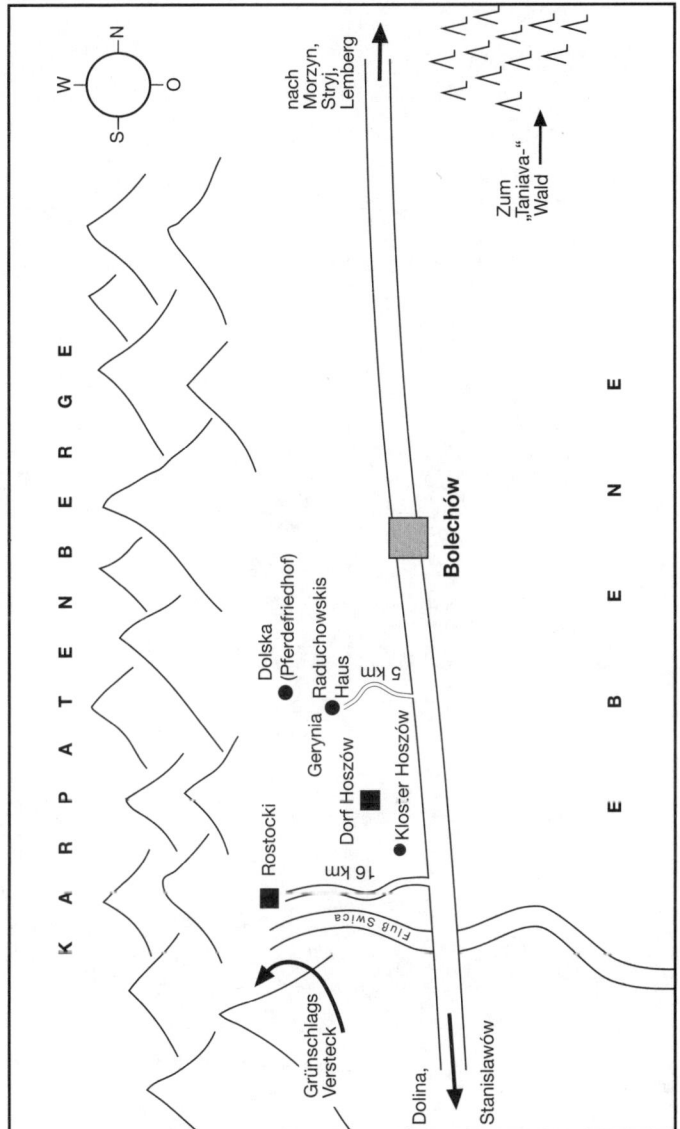

N
W — O
S

KARPATENBERGE

nach
Morzyn,
Stryj,
Lemberg

Zum
„Taniava-"
Wald

Bolechów

Dolska
(Pferdefriedhof)
Gerynia Raduchowskis
Haus
5 km

Dorf Hoszów
Rostocki
Kloster Hoszów

16 km

Fluß Swica

EBENE

Grünschlags
Versteck

Dolina,
Stanislawów

259

Bolechów

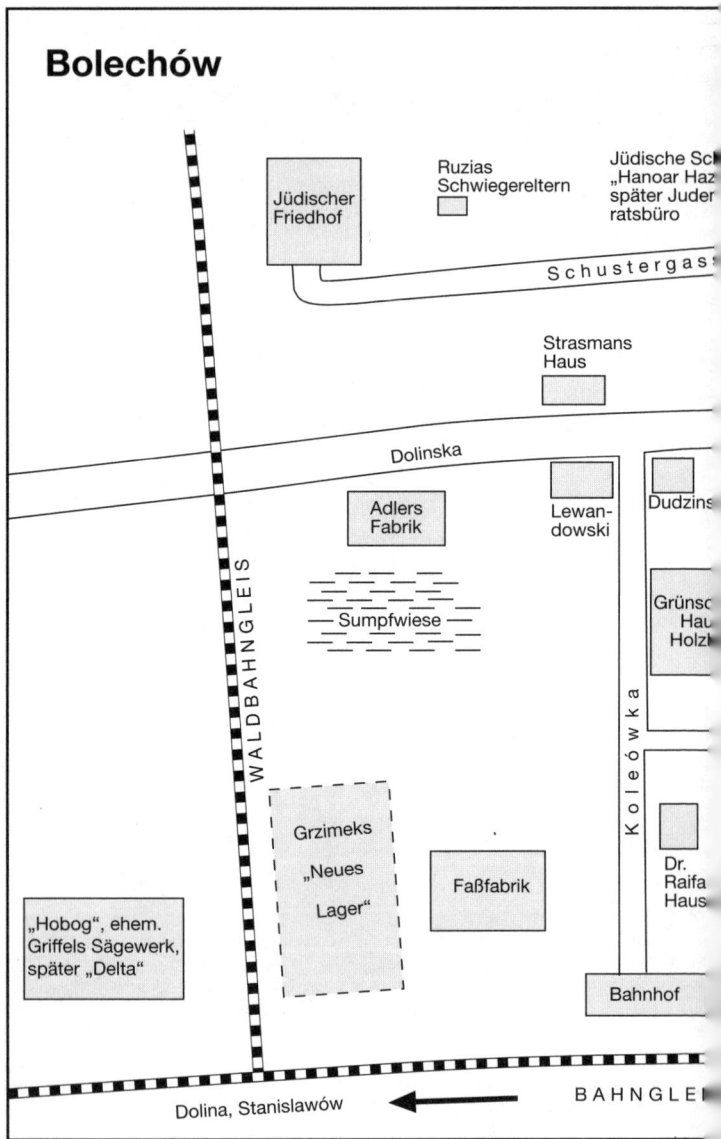

Jüdischer Friedhof

Ruzias Schwiegereltern

Jüdische Sch "Hanoar Haz später Juder ratsbüro

Schustergas

Strasmans Haus

Dolinska

Adlers Fabrik

Lewandowski

Dudzins

Grünso Hau Holzl

Sumpfwiese

WALDBAHNGLEIS

Koleówka

Grzimeks "Neues Lager"

Faßfabrik

Dr. Raifa Haus

"Hobog", ehem. Griffels Sägewerk, später "Delta"

Bahnhof

Dolina, Stanislawów

BAHNGLEI

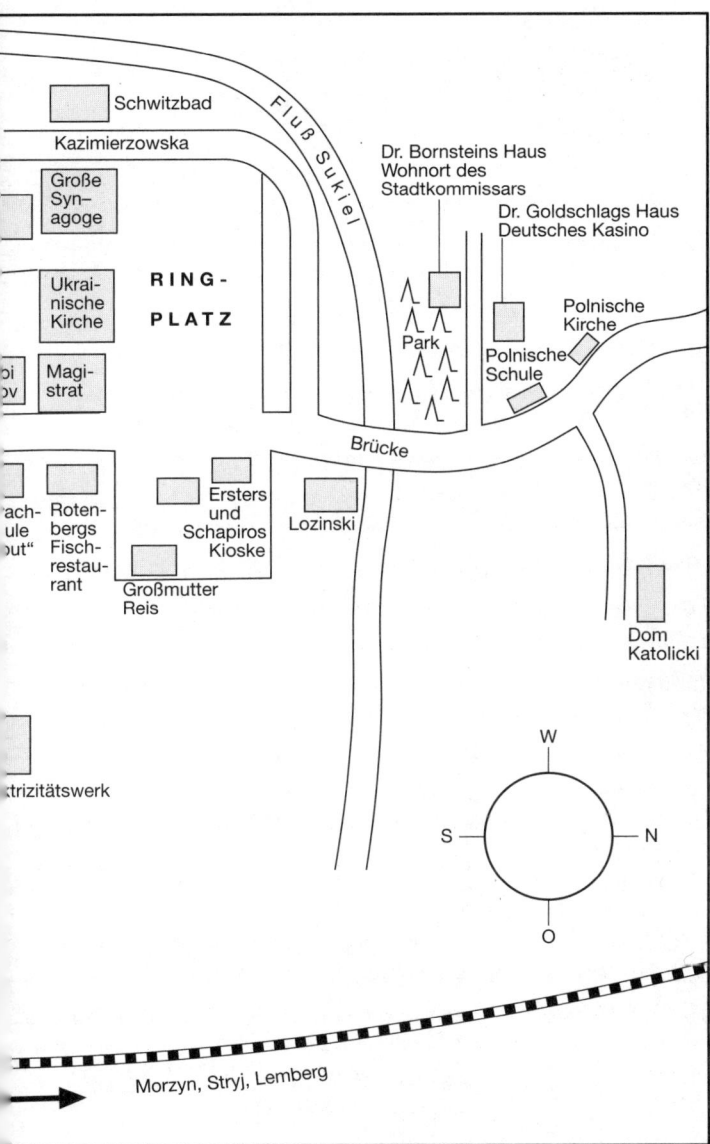

Schwitzbad

Kazimierzowska

Große
Syn–
agoge

RING-

PLATZ

Ukrai-
nische
Kirche

Fluß Sukiel

Dr. Bornsteins Haus
Wohnort des
Stadtkommissars

Dr. Goldschlags Haus
Deutsches Kasino

Park

Polnische
Kirche

oi
ov

Magi-
strat

Polnische
Schule

Brücke

ach-
ule
out"

Roten-
bergs
Fisch-
restau-
rant

Ersters
und
Schapiros
Kioske

Lozinski

Großmutter
Reis

Dom
Katolicki

trizitätswerk

W

S   N

O

Morzyn, Stryj, Lemberg

261

Moses Grünschlag – Holzgroßhändler aus Bolechów, geboren 1891.

Dora Grünschlag – seine Frau, geboren 1891, ermordet 29. Oktober 1941.

Gedale Grünschlag – ihr ältester Sohn, geboren 1924, ermordet 29. Oktober 1941.

Jakob Grünschlag (Jankusch) – zweiter Sohn, geboren 1925.

Abraham Grünschlag (Bumek) – jüngster Sohn, geboren 1929.

Jozef Adler (Józek) – Klassenkamerad von Bumek, geboren 1929.

Stanislaw Adler (Salek) – Józeks Vetter, geboren 1930.

Hermann Adler – Józeks Vater, Teilhaber in Adlers Lederfabrik, geboren 1892, ermordet 28. Oktober 1941.

Luba Adler – Józeks Mutter, geboren 1900, ermordet März 1943.

Adolph Adler (Dolek) – Saleks Vater, Teilhaber in der Lederfabrik, geboren 1900, verhaftet im Frühjahr 1942, wahrscheinlich im Gefängnis von Stanislawów ermordet.

Sara Adler – Saleks Mutter, geboren 1903, verhaftet im April 1942, wahrscheinlich ermordet.

Miriam Adler (Musia) – Saleks Schwester, geboren 1924, ermordet März 1943.

Israel Adler (Srulek) – Hermanns und Adolphs Bruder, Teilhaber in der Lederfabrik, geboren 1898, verhaftet im Frühjahr 1942, wahrscheinlich im Gefängnis von Stanislawów ermordet.

Pesach Lew – Direktor der hebräischen Sprachschule »Tarbut«, später Hauslehrer bei den Adlers.

Bernhard Lew (nicht mit Pesach Lew verwandt) – Direktor des Elektrizitätswerks von Bolechów, ermordet 13. Juli 1943.

Eda Lew – seine Frau.

Dyzia Lew – ihre Tochter, geboren 1923.

Dogilewski – Direktor der jüdischen Grundschule in Bolechów, am 28. Oktober 1941 erschlagen.

Jakob Perlov – Bolechóws einflußreichster Rabbi, von Ukrainern im Herbst 1942 erschlagen.

Max Blecher – Besitzer der Faßfabrik, von Ukrainern im Juni 1943 erschlagen.

Józek Friedmann – pensionierter Schuldirektor, im August 1943 ermordet.

Sabina Friedmann – seine Frau, Lehrerin, im August 1943 ermordet.

Jehoschua Frailich – Salek Adlers Onkel, seit Frühjahr 1943 vermißt.

Moische Frailich – sein Sohn, ermordet März 1943.

Dr. Raifaizen – Rechtsanwalt, erster Präsident des Bolechówer Judenrats, erhängte sich im September 1941.

Dr. Schindler – Rechtsanwalt, Dr. Raifaizens Nachfolger als Präsident des Judenrats, erhängte sich im März 1943.

Backenroth – Moses Grünschlags Nachfolger im Judenrat, erschossen März 1943.

Józio Bilinski – Wachtmeister und Stadtausrufer in der Vorkriegszeit, polnischer Kriegsveteran.

Ruzia Dimitriv – Grünschlags ukrainische Magd.

Johann Strutynski – ukrainischer Elektriker, Bernhard Lews Nachfolger als Direktor des Elektrizitätswerks, 1944 untergetaucht.

Matowiecky – Chef von Bolechóws ukrainischer Polizei, 1945 von der polnischen Polizei erschossen.

Mordechai Hirsch – jüdischer Kollaborateur, von der SS 1943 liquidiert.

Piatke – Stadtkommissar von Bolechów, späteres Schicksal unbekannt.

Josef Grzimek – genannt der »Schlächter von Lemberg«, tauchte 1943 nach der sogenannten »erfolglosen« Aktion in Bolechów auf, 1949 in Polen hingerichtet.

Belke – Arbeitsamtsleiter in Bolechów, verschwand September 1942.

Willi Schulz – ziviler deutscher Verwalter des »Sägewerks Skole II« in Bolechów, 1944 von der SS verhaftet und wahrscheinlich im Gefängnis gestorben.

Petro Ilnicki – ukrainischer Bauer aus Rostocki.

Michailo Ilnicki – sein Sohn.

Julek Meissner – Dorfjude aus Rostocki, baute die Höhle im Wald. Von russischer Streife im Herbst 1944 erschossen.

Mirka Meissner – seine Schwester.

Abraham und Ester Meissner – Juleks und Mirkas Eltern, starben im Winter 1943/44 im Wald.

Markus und Elia Korn – Verwandte von Frau Meissner, starben im Winter 1943/44 im Wald.

Wolf Ginsburg – Dorfjude aus Sloboda, starb im Wald im Frühsommer 1944.

Mira Ginsburg – seine Schwester.

Zwei Brüder Friedländer – starben im Wald im Frühjahr 1944.

Willi Winkler – starb im Wald im Sommer 1944.

Michael und Maria Raduchowski – polnisch-ukrainisches Ehepaar aus Gerynia bei Bolechów.

Familie Lewandowski – polnische Nachbarn der Grünschlags in Bolechów.

Dudzinski – Grünschlags polnischer Nachbar, bei Kriegsende vertrieben.

ANMERKUNGEN

Das polnische ó wird wie u ausgesprochen, also Lwuw und Bolechuw, letzteres mit Betonung auf der zweiten Silbe. Die Juden betonten allerdings die *erste Silbe*, folgten damit der in Osteuropa üblichen askenasischen Aussprache, die auch den jiddischen Sprachklang färbt.

S. 12 *Tallis* (hebr.) – Gebetstuch, Gebetsmantel, viereckiges wollenes oder seidenes Tuch, das beim Morgengebet über Kleidung und Kopf getragen wird.

S. 12 *Schul* (jidd.) – Synagoge.

S. 12 *Jom Kippur* (hebr.) – Tag der Versöhnung. Fastentag, höchster jüdischer Feiertag, an dem Gottes Vergebung erbeten und das Schicksal des nächsten Jahres im Himmel festgeschrieben werden.

S. 13 *Keren Kayemet* – jüdischer Nationalfond. Mit gespendetem Geld wurde Land in Palästina gekauft und aufgeforstet. Die blauen Büchsen sind bis zum heutigen Tag in jüdischen Häusern und Geschäften üblich.

S. 17 *Gazdo* (russ./ukr.) – Hausherr, Meister. Gebräuchliche Anrede, ähnlich wie das amerikanische »boss«.

S. 19 *Kalle* (hebr./jidd.) – Braut.

S. 22 *Kantschuk* – Holzstock mit daran befestigten Lederriemen.

S. 23 Erev Schabbat – Abend des Schabbat (Freitagabend). Jüdische Festtage beginnen immer mit Sonnenuntergang am Vorabend des eigentlichen Tages.

S. 25 *Ignacy Moscicki* (1867–1946) – Polens Präsident von 1926–39, *Józef Pilsudski* (1867–1935) galt als Staatsgründer.

S. 25 *Tsures* (jidd.) – Sorgen, Probleme.

S. 25 *meschugge* (jidd.) – verrückt.

S. 31 *Tarbut* (hebr.) – Kultur.

S. 36 *Zionismus* – Ende des 19. Jahrhunderts entstandene politische Bewegung, die Einigung und Rückführung des jüdischen Volkes nach Palästina anstrebte. Der zionistische Gedanke liegt dem Staat Israel zugrunde.

S. 36 *Schaliach* (hebr.) – Gesandter. Schon in den dreißiger Jahren wurden Abgeordnete von Palästina aus in die Diaspora geschickt, um Jugendliche zu informieren, zu motivieren und die zionistische Idee zu stärken.

S. 36 *Haschomer Hazair* (hebr.) – junge Wächter. *Betar* ist der Name eines biblischen Ortes, von dem aus die Makkabäer Widerstand gegen die Römer leisteten. *Ze' ev Wladimir Jabotinsky* (1889–1940), militanter Zionistenführer und Begründer der »*Betar*«, galt als einer der größten Redner seiner Zeit. *Schtei gadot la Jarden, su scheilanu, su gamken* (hebr.) = Zwei Ufer hat der Jordan, und beide gehören uns.

S. 37 *Madrich* (hebr.) – Leiter.

S. 38 *Naftali Herz Imber* (1856–1909) – Dichter der hebräischen Nationalhymne »*Hatikwa*«.

S. 48 *Pessach* (hebr.) – Überschreitungsfest. Erinnert an den Auszug der Juden aus Ägypten und wird etwa zeitgleich mit dem christlichen Osterfest gefeiert. Es beginnt am 14. Tag des jüdischen Monats *Nissan* und dauert acht Tage.

S. 48 *Seder* (hebr.) – Ordnung. Häuslicher Familiengottesdienst am ersten Abend von *Pessach*. Vor dem Mahl zu Hause geht man traditionell in die Synagoge.

S. 49 *Matze* (hebr. *Matza*) – ungesäuertes Brot, in der Pessach-Woche gegessen.

S. 49 *Hagaddah* – Buch mit Gebeten und Gesängen vom Auszug des jüdischen Volkes aus Ägypten, am *Seder*-Abend bei Tisch gelesen – der erste Teil vor, der zweite nach der Mahlzeit.

S. 49 *Bar-Mizwa* – Zeremonie der religiösen Mündigkeit von Knaben im Alter von 13 Jahren, bei der sie in der Synagoge einen Abschnitt der Bibel vorlesen und kommentieren.

S. 55 *Rosch-ha-Schana* – jüdisches Neujahrsfest, findet Ende September statt.

S. 58 *Purim* – Freudenfest zur Erinnerung an die Errettung der persischen Juden durch Esther und Mordechai vor den Anschlägen Hamans. Wird mit Verkleidung, Singspielen und besonderem Gebäck *(»Homentaschen«)* gefeiert.

S. 71 NKWD *Narodnij Kommissarijat Wnutrennich Djel* (Volkskommissariat für innere Angelegenheiten) – Nachfolgeorganisation der GPU (politische Staatsverwaltung), Vorläufer des KGB.

S. 143 *Mein Städtele Belz* – populäres jiddisches Lied, oft in Singspielen und Komödien jiddischer Wanderbühnen zur Aufführung gebracht. *Chaveren* (hebr. *chaver*) bedeutet Freund. Der Ortsname Belz hat nichts mit dem Vernichtungslager Belsec zu tun, in dam fast alle aus Bolechów deportierten Juden ihren Tod fanden. Warum das Lied auf dem Weg zum Deportationszug gesungen wurde, ist nicht bekannt.

S. 147 OUN-B *(Orhanizatsya Ukrainsyhk Nationalistiv-Bandera* oder *Banderowscy)* – Radikaler Flügel der ukrainischen Nationalisten, nach ihrem Führer *Stepan Bandera* (1909–1959) benannt, später von ihm zur ukrainischen Befreiungsarmee *Ukrainska Povstanzka Armyia* (UPA) umgeformt.

S. 157/158 Der Deutsche, der die Arbeiter der Faßfabrik schikanierte und Izio Aizenstab erschlug, war *Hans-Günter Sobotta.* 1971 wurde er in München zu lebenslanger Haft verurteilt. Salek Adler nahm als Zeuge an dem Prozeß teil.

S. 174 *Wlassow, Andrej Andrejewitsch,* geb. 1900, hingerichtet in Moskau 1946 – sowj. Armeegeneral, der 1942 in Deutschland aus sowj. Kriegsgefangenen eine Truppe aufstellte, die auf deutscher Seite am Krieg teilnahm.

S. 198 *Zaddik* – hebräische Benennung des »vollendeten Frommen«, bezieht sich auf den Bibelvers »Der *Zaddik* ist das Fundament der Welt« (Sprüche 10,25).

S. 206 *Kaddisch* – hebräisch/aramäisches Gebet für das Seelenheil Verstorbener.

S. 234 *Bricha* (hebr. = weglaufen, Flucht), zionistische Untergrundorganisation, in der von jüdischen Partisanen und Soldaten der jüdischen Brigade Menschen aus ehemaligen Kriegsgebieten, vornehmlich aus Polen, zur Flucht verholfen wurde. Über hunderttausend Juden sind auf diese Weise nach Palästina geschleust worden.

S. 241   In der polnischen Stadt *Kielce* kam es am 4. Juli 1946 zu einem Massaker an Juden, bei dem 41 Menschen starben. Es löste nicht nur weltweite Empörung, sondern auch die panikartige Flucht vieler Juden aus Polen aus.

S. 247   *Gough Whitlam* – australischer Premierminister der Labor Party, 1975 von Generalgouverneur *Sir John Kerr* seines Amtes enthoben, ein in der Geschichte des Landes einmaliger Vorgang.

CHRONOLOGIE

von Thomas Sandkühler*

1939

1. September: Mit dem deutschen Überfall auf Polen beginnt der Zweite Weltkrieg. Deutsche Truppen rücken über den San vor und besetzen Teile Ostgaliziens, eine bis 1918 österreichische Provinz um Lemberg (polnisch Lwów, ukrainisch Lviv) mit ukrainischer – meist bäuerlicher – Bevölkerungsmehrheit und starken Minderheiten von Polen und Juden. Bereits jetzt wird in der deutschen Führung erwogen, ukrainische Antisemiten mit Hilfe der Organisation Ukrainischer Nationalisten (OUN) zu Pogromen aufzuhetzen. Tatsächlich kommt es im Machtvakuum des polnischen Zusammenbruchs zu antijüdischen Ausschreitungen. Viele Polen und Juden flüchten nach Rumänien, kehren aber meist wieder nach Galizien zurück, als dort sowjetische Verbände eintreffen.

17. September: Entsprechend dem geheimen Zusatzprotokoll zum sogenannten Hitler-Stalin-Pakt besetzt die Rote Armee Ostpolen. Sie wird von der jüdischen Bevölkerung vor allem der kleineren Ortschaften freundlich, teilweise begeistert empfangen.

Oktober–Dezember: Auf beiden Seiten der Ende September vereinbarten deutsch-sowjetischen Grenze richten sich die neuen Teilungsmächte ein. Sowjetisch-Ostgalizien jenseits des San wird der Ukrainischen Sowjetrepublik einverleibt. Das Deutsche Reich annektiert Westpolen; das zentralpolnische Gebiet dazwischen wird als »Generalgouvernement« einer Zivilverwaltung unter Leitung von Dr. Hans Frank unterstellt.

---

* Dr. Thomas Sandkühler ist Historiker an der Universität Bielefeld und Verfasser des Buches »›Endlösung‹ in Galizien« (Bonn 1996).

Das »Generalgouvernement« und Ostgalizien sind Schauplatz großer Bevölkerungsverschiebungen: Juden werden zu Zehntausenden aus dem deutschen Bereich nach Ostgalizien vertrieben oder flüchten dorthin; Ukrainer fliehen umgekehrt ins »Generalgouvernement«. Seit Jahresende läßt der Reichsführer SS, Heinrich Himmler, die Galiziendeutschen, eine im 18. Jahrhundert zugewanderte Volksgruppe, »heim ins Reich« holen. Im Mai 1940 werden Ukrainer aus Ostgalizien als angebliche Volksdeutsche in das »Generalgouvernement« geschleust und später in die Vorbereitungen zum Krieg gegen die UdSSR eingespannt.

Die ostgalizischen Juden werden unter sowjetischer Besatzung keineswegs einheitlich behandelt. Das Regime stellt anfänglich vereinzelt Juden in öffentlichen Ämtern ein. Dies und die Tätigkeit meist junger jüdischer Kommunisten im Geheimdienst, dem NKWD, schürt antisemitische Vorurteile. Der polnische und ukrainische Antisemitismus wird von den neuen Machthabern bekämpft; andererseits treffen wirtschaftliche Repressionen die jüdische Mittelschicht besonders hart. Enteignete Inhaber werden oft als Leiter ihres eigenen Betriebes weiterbeschäftigt, vielfach aber auch verhaftet und deportiert.

1940

Juni: In Ostgalizien wird die dritte Massendeportation politisch Mißliebiger in sibirische Zwangslager durchgeführt. Im Unterschied zu den beiden ersten Wellen vom Februar und April dieses Jahres ist nunmehr vor allem die jüdische Bevölkerung betroffen. Verschleppt wird der überwiegende Teil der seit dem »Polenfeldzug« nach Ostgalizien vertriebenen und geflüchteten Juden, die sich kurz zuvor geweigert hatten, die sowjetische Staatsangehörigkeit anzunehmen. Auch im »Generalgouvernement« wird das deutsche Vorgehen gegen die Juden systematisiert und radikalisiert. Diese Verschärfung hängt unter anderem mit dem Sieg über Frankreich zusammen.

November: Ausarbeitung erster Pläne zum Krieg gegen die UdSSR. Hitler macht schnell klar, daß es sich um einen rassenideologischen Vernichtungskrieg handeln wird, der unter Mißachtung sämtlicher völkerrechtlicher Normen zu führen ist.

1941

Januar–März: Im Reichssicherheitshauptamt unter Reinhard Heydrich werden Pläne für eine »Endlösung der Judenfrage« im gesamteuropäischen Maßstab entwickelt. Gedacht ist zu diesem Zeitpunkt noch nicht an die physische Vernichtung der jüdischen Bevölkerung, sondern an riesige »Umsiedlungen« in ein nicht näher definiertes Territorium auf dem Gebiet der UdSSR.

Mitte März: Hitler stellt Frank in Aussicht, seinen Herrschaftsbereich nach Osten zu erweitern, um Platz für die Deportation von Juden aus dem bisherigen »Generalgouvernement« zu gewinnen. Mittelfristig soll das neue Territorium, Ostgalizien eingeschlossen, ebenfalls »judenfrei« gemacht werden, wobei Frank und seine Beamten davon ausgehen, Massendeportationen in die weißrussischen Pripjetsümpfe in Gang setzen zu können, wo ihre Opfer bei härtester Zwangsarbeit umkommen sollen. Der »Führer« vermeidet aber bewußt, sich hinsichtlich Ostgaliziens festzulegen, auf das auch der spätere Reichsminister für die besetzten Ostgebiete, Alfred Rosenberg, Anspruch erhebt.

Gleichzeitig beginnt die Ausarbeitung der »verbrecherischen Befehle« für den Einsatz der Wehrmacht im Vernichtungskrieg und ihr Verhältnis zu den Einsatzgruppen der Sicherheitspolizei, die mit der Liquidierung des angeblich »jüdischen Bolschewismus« beauftragt sind.

22. Juni: Deutscher Überfall auf die UdSSR, Beginn des »Unternehmens Barbarossa«. Lemberg wird am 29. Juni von deutschen Verbänden eingenommen. In ganz Ostgalizien fallen den Deutschen mindestens 530 000 Juden in die Hände, weil weder eine großangelegte Evakuierung noch eine Massenflucht dieser am meisten gefährdeten Bevölkerungsgruppe stattgefunden hat. NKWD-Kommandos ermorden vor dem sowjetischen Abzug politische Gefangene, die im Vorfeld einer weiteren geplanten Deportationswelle verhaftet worden waren.

30. Juni–Mitte Juli: Vertreter des radikalen, von Stepan Bandera geführten Flügels der OUN (OUN-B) proklamieren in Lemberg einen »Selbständigen Ukrainischen Staat«. Gleichzeitig beginnt ein Judenpogrom großen Ausmaßes, gefolgt von Massenerschießungen jüdischer Männer durch die Einsatzgruppe C des Reichssicherheitshauptamtes und weitere Mordkommandos aus dem benachbarten »Generalgouvernement«. Die Wehrmacht billigt und unterstützt diese Verbrechen. Obwohl die deutsche Seite – wie schon im September 1939 – zweifellos ein Interesse an Pogromen hat, sind meist die sowjetischen Verbrechen unmittelbarer Auslöser der von Ukrainern schon zuvor angedrohten »Rache am jüdischen Bolschewismus«. Allein in Lemberg werden Juden zu Tausenden getötet. Eine Reihe von Pogromen finden ohne deutsche Beteiligung statt, vor allem in kleineren Orten. Dies unterstreicht die Virulenz des ukrainischen Antisemitismus. Akteure sind in dieser Phase vor allem ukrainische Milizen, die teilweise aus sowjetischen Polizeieinheiten hervorgehen.

16. Juli–Ende Juli: Nachdem die Lemberger OUN-»Regierung« schon einige Tage zuvor verhaftet worden war, ordnet Hitler an, Ostgalizien dem mehrheitlich von Polen bewohnten »Generalgouvernement« anzugliedern. Dies steigert die Aktivitäten der ukrainischen Milizen. Die aus dem »Generalgouvernement« kommenden Einheiten der Sicherheitspolizei haben inzwischen Standorte in einer Reihe von Städten Ostgaliziens bezogen.

Eine neue Stufe der Gewalt wird erreicht. Die führende jüdische Schicht wird mit tatkräftiger ukrainischer Hilfe ermordet. Diese sogenannten »Intelligenzaktionen«, die teilweise auch gegen polnische Bürger gerichtet sind, dauern bis zum Spätherbst an, um dann von Massenerschießungen viel größeren Umfangs abgelöst zu werden.

Zugleich werden sogenannte Judenräte eingesetzt, die als Vollzugsorgan der deutschen Anordnungen dienen sollen. Ihre erste Aufgabe besteht in der Aufbringung riesiger »Kontributionen«, die unter Androhung schärfster Repressalien eingetrieben werden. Außerdem müssen die Judenräte für die Bereitstellung von Zwangsarbeitern sorgen. Als jüdische Polizei dient der sogenannte Ordnungsdienst, der meist mit Knüppeln bewaffnet ist und der örtlichen deutschen Polizei untersteht. Im folgenden Jahr werden die Judenräte mit einer Mischung aus plumper Täuschung und Drohung fast durchweg zur Beteiligung an der »Endlösung« gezwungen.

1. August: Generalgouverneur Frank übernimmt Ostgalizien als »Distrikt Galizien« in seine Verwaltung. Chef des neuen Gebietes wird Dr. Dr. Karl Lasch, als stellvertretender Gouverneur fungiert SS-Obersturmbannführer Dr. Ludwig Losacker. Distriktshauptstadt ist Lemberg.

In Anpassung an den Verwaltungsaufbau im bisherigen »Generalgouvernement« gliedert sich der Distrikt in Landkreise, die sogenannten Kreishauptleuten unterstehen. Unterhalb der Kreisebene gibt es

272

Land- und Stadtkommissariate. Ein solcher Stadtkommissar übernimmt auch die Zivilverwaltung von Bolechów. Die Stadt gehört zunächst zum Kreis Kalusz, ab Frühjahr 1942 zum Kreis Stryj, der dem Kreishauptmann Viktor von Dewitz untersteht.

September: Aus den kleineren Kommandos von Gestapo und SD, die im Juli 1941 in Galizien eingetroffen waren, gehen Außendienststellen der Sicherheitspolizei und des SD hervor, die für einen großen Teil der »Endlösungs«-Verbrechen verantwortlich zeichnen. Bolechów wird von der Außenstelle Stanislau (Stanislawów) »bearbeitet«, die der fanatisch antisemitische SS-Hauptsturmführer Hans Krüger leitet.

Etwa gleichzeitig kommt die Entwaffnung der ukrainischen Miliz zum Abschluß. Diese Miliz wird in den folgenden Wochen zur ukrainischen Polizei umgeformt und überwiegend der Gendarmerie unterstellt, die Posten auf dem flachen Land bezieht.

Die gesamte Bevölkerung Galiziens hungert wegen der Ausplünderung des Gebietes durch deutsche Truppen und ihre Verbündeten und infolge einer Hochwasserkatastrophe Anfang des Monats, von der vor allem der Süden des Distrikts betroffen ist. Dies fördert auf deutscher Seite die Bereitschaft zur radikalen »Lösung« der »Judenfrage«.

Oktober–Dezember: Früher als im übrigen »Generalgouvernement« beginnt im »Distrikt Galizien« die systematische Ermordung der Juden. Sie werden bis zum Jahresende zu Zehntausenden erschossen. Die Deutschen handeln stets nach der gleichen Methode: Die Juden werden entweder unter einem Vorwand oder mit Gewalt auf dem Ringplatz beziehungsweise anderen öffentlichen Plätzen zusammengetrieben und entweder dort oder in einer sogenannten Sammelstelle festgehalten. Meist findet eine Selektion unter Beteiligung der Arbeitsämter statt, bei der Facharbeiter ausgesondert werden. Dies nährt die oft bezeugte Hoffnung der Davongekommenen, daß die Juden nicht erschossen, sondern in ein Arbeitslager verlegt worden seien, wie von den Deutschen immer wieder behauptet wird. Anschließend werden die Opfer zur Erschießungsstätte abtransportiert, die sich häufig in einem Waldstück außerhalb des Ortes, mitunter aber auch mitten in der Stadt befindet. Dort müssen sie sich teilweise oder ganz entkleiden und ihre Wertsachen abliefern. Sie werden zu einem zuvor ausgehobenen Massengrab geführt und erschossen.

Zu diesem Zweck werden Schutzpolizisten aus Wien und das Reserve-Polizei-Bataillon 133 aus Nürnberg in den Distrikt verlegt. Diese Einheit ist an der Ermordung von mindestens 10 000 Juden am jüdischen Friedhof von Stanislau beteiligt, die am 12. Oktober unter dem Kommando Hans Krügers umgebracht werden. Nachrichten über dieses Massaker, den sogenannten »Blutsonntag«, sprechen sich schnell herum. Vier Wochen später läßt der SS- und Polizeiführer des »Distrikts Galizien«, Friedrich Katzmann, Tausende von Juden in Lemberg töten. Dies sind nur die größten, aber keineswegs einzigen Morde dieser Phase. Sie finden bisweilen in aller Öffentlichkeit statt, wie beim »Blutsonntag«.

In beiden Fällen steht die Entscheidung der zivilen Verwaltungsorgane, die Juden in Ghettos zu pferchen, am Anfang der Befehlskette. Die weitere Einschaltung der Behörden, insbesondere der Arbeitsämter, durch die Distriktsverwaltung macht sich schnell bemerkbar. In Stanislau wurden die Juden wahllos ermordet; in Lemberg fallen Katzmanns »Todesbrückenaktion« vor allem als »arbeitsunfähig« ausgesonderte Juden zum Opfer. Dieses Selektionsprinzip wird bis weit in das Jahr 1942 aufrechterhalten.

28./29. Oktober: In Bolechów findet eine »Aktion« der Außendienststelle Stanislau statt. In ihr sind beide Stufen der Judenverfolgung in Galizien enthalten: die noch ansatzweise politisch motivierten Morde der vorangehenden Phase (»Intelligenzaktion«) sowie die systematische Vernichtung von Juden in ungleich größerer Zahl.

1942

Anfang Januar: Im »Distrikt Galizien« läuft die sogenannte »Pelzaktion«. Die jüdische Bevölkerung wird unter Androhung der Todesstrafe gezwungen, Pelze, Wintersachen und Skiausrüstungen für den vor Moskau ins Stocken geratenen Vormarsch der Wehrmacht abzuliefern. Die Distriktsverwaltung ordnet an, das Aufkommen an Pelzen durch Erschießungen zu erhöhen, wohl wissend, daß ein Teil dieser Beute von deutschen Beamten und ihren Ehefrauen unterschlagen wird. Polizeiführer Katzmann will 35 Güterwaggons mit Gegenständen aus der »Pelzaktion« gefüllt haben.

Die Kreishauptleute werden angewiesen, verstärkt Ghettos zu errichten. Dies sind bereits Maßnahmen für die bevorstehende »Aussiedlung« der Juden, auf die man sich in Lemberg noch vor der »Wannsee-Konferenz« geeinigt hat.

20. Januar: Staatssekretärsbesprechung über die »Endlösung der Judenfrage« am Berliner Wannsee. Diese Konferenz dient nicht der Beschlußfassung über die Vernichtung des europäischen Judentums, sondern einer Vereinheitlichung des längst im Gang befindlichen Mordens. Die endgültige Entscheidung über die Tötung aller Juden ohne Rücksicht auf Arbeitskräftegesichtspunkte fällt erst im Mai 1942.

Ende Januar: Der bisherige Gouverneur des »Distrikts Galizien«, Karl Lasch, wird wegen Korruptionsvorwurfes verhaftet und durch den aus Wien stammenden SS-General Dr. Otto Wächter ersetzt. Damit beginnt die zunehmende Schwächung der Position des Generalgouverneurs Frank durch Himmler und dessen Satrapen, die bis Juni 1942 dahingehend abgeschlossen wird, daß alle Polizeifragen einschließlich der »Judenangelegenheiten« in die Vollmacht des Höheren SS- und Polizeiführers für das »Generalgouvernement«, Friedrich-Wilhelm Krüger, übergehen.

Februar: In Lemberg findet eine Besprechung Katzmanns und Wächters mit verschiedenen Kreishauptleuten statt. Dabei gibt der SS- und Polizeiführer kurz bevorstehende Abtransporte von Juden »nach Osten« bekannt. Um Reibungen wie noch im letzten Herbst zu vermeiden, befiehlt Katzmann im Einvernehmen mit Wächter die Bildung von »Aussiedlungskommissionen« aus Polizei und Zivilverwaltung auf Kreisebene. Die ersten dieser Kommissionen nehmen im April 1942 ihre Tätigkeit auf.

15. März: Mit der Verschleppung Tausender von Juden aus dem Lemberger Ghetto in das Vernichtungslager Belzec beginnt in Galizien die »Aktion Reinhard«. Massendeportationen werden im März/April auch außerhalb der Distrikthauptstadt durchgeführt, vor allem in den südlichen Landkreisen Drohobycz, Kolomea (Kolomyja) und Stanislau. Nach dieser ersten Welle werden die Deportationen wieder eingestellt; es folgt eine »Umsiedlungspause«, die in Galizien bis Ende Juli 1942 dauert.

März–April: Gleichzeitig regeln die Arbeitsämter die Beschäftigung jüdischer Arbeitskräfte neu. Den ersten Vergasungen fallen überwiegend Juden zum Opfer, die als »arbeitsunfähig« aussortiert worden sind. Die Überlebenden erhalten neue Ausweise und Abzeichen mit dem Buchstaben »A« für »Arbeitsjude«. Die Zahl dieser Ausweise schwankt; in Lemberg ist sie besonders hoch.
Damit geht – wegen der militärischen Lage – eine stärkere kriegswirtschaftliche Ausnutzung des Distrikts einher. Ende März teilt Gou-

verneur Wächter Bolechów dem Kreis Stryj zu. Offenbar soll auf diese Weise verhindert werden, daß Hans Krüger von der Sicherheitspolizei Stanislau die jüdischen Arbeiter sofort umbringen läßt, denn Bolechów ist nach Lemberg die Stadt mit den meisten jüdischen Facharbeitern im Distrikt. Fortan unterstehen sie in sicherheitspolizeilicher Hinsicht der Außendienststelle Drohobycz, die ab Mai 1942 von SS-Sturmbannführer Hans Block geführt wird.

Viele Juden deuten die vermehrten Aktivitäten deutscher Betriebe im Distrikt so, daß eine »vernünftige« Haltung der Deutschen an die Stelle der bisherigen Verfolgungen getreten ist. Diese Fehleinschätzung wird durch die Tatsache begünstigt, daß nach den ersten Erschießungen im Sommer und Herbst 1941 vielerorts relative Ruhe herrscht.

März–Mai: In vielen Städten und Ghettos Galiziens grassiert eine Typhusepidemie. Verschiedene Kreishauptleute drängen auf eine Beschleunigung der »Endlösung«.

25. Juni: Die Arbeitsämter des »Generalgouvernements« werden angewiesen, den jüdischen Arbeitseinsatz nur noch in Abstimmung mit den SS- und Polizeiführern vorzunehmen. Damit geht prinzipiell der sogenannte »Judeneinsatz« in SS-Regie über.

19. Juli: Der Reichsführer SS Himmler befiehlt die Ermordung aller Juden im »Generalgouvernement« bis Jahresende. Nur Zwangsarbeiter, die der Verfügungsgewalt der SS unterstehen sollen, dürfen vorläufig am Leben bleiben.

Ende Juli: Im »Distrikt Galizien« setzen die Massendeportationen nach Belzec wieder ein. Bis dieses Vernichtungslager seinen Betrieb am Jahresende einstellt, rollen die Transporte ohne Unterbrechung. Die Juden werden in den Waggons so eng zusammengepfercht, daß ein Teil der Opfer bereits auf der Fahrt zur Gaskammer erstickt.

Anfang August: Das Arbeitsamt Drohobycz übergibt weisungsgemäß den jüdischen Arbeitseinsatz an die Außendienststelle der Sicherheitspolizei und des SD in Drohobycz, die sukzessive neue »Ausweise für Arbeitsjuden« verteilt, um weitere Aussonderungen und Massendeportationen vorzubereiten.

3. September: Die Außendienststelle Drohobycz führt eine Massendeportation aus Bolechów durch. Dies geschieht im Rahmen einer »Säuberung« des gesamten Kreises Stryj. Angekündigt wurden die Maßnahmen durch die schon länger existierende »Aussiedlungskommission«, die für die Detailplanung vor Ort verantwortlich zeichnet und ihre Anordnungen im Namen Katzmanns erteilt.

7. Oktober: Kreishauptmann Viktor von Dewitz befiehlt, alle Juden seines Gebietes in das Ghetto von Stryj umzusiedeln. »Bis zum 30. 10. d. J. melden die Bürgermeister und Vögte, ob ihr Dienstbereich tatsächlich judenfrei ist. Das kleinste Dorf, auch allein liegende Gehöfte, sind nachzuprüfen.« Ausgenommen sind nur Angehörige bestimmter Berufsgruppen, wie Ärzte, Apotheker, Abfallsammler und Arbeiter in der Landwirtschaft. Die Ausführung dieser Weisung geht mit einem »wüsten Ausplündern der jüdischen Wohnungen durch die örtliche Bevölkerung und die der angrenzenden Dörfer« einher, wie ein Landkommissar aus dem benachbarten Skole berichtet.

17. Oktober: SS- und Polizeiführer Katzmann trifft mit dem Rüstungskommando Lemberg eine Vereinbarung über den »geordneten« Entzug jüdischer Arbeitskräfte aus kriegswichtigen Betrieben. Sie gehen am 6. November kollektiv in Katzmanns »Obhut« über und sind in besonderen Lagern unterzubringen, in denen aber, wie der Polizeiführer ausdrücklich bestimmt, ihre Familienangehörigen keine Unterkunft finden dürfen. Folglich werden ab November 1942 vor allem die Frauen und Kinder jener Arbeiter ermordet, die als »Rüstungs-« oder »Wehrmachtsjuden« vorläufig verschont bleiben und durch entsprechende Abzeichen gekennzeichnet sind (»R« und »W«). Ihre Arbeitsausweise sind nur bis zum 31. März 1943 gültig. Die Juden tragen ihren »Totenschein« in der Tasche.

10. November: Der Höhere SS- und Polizeiführer Krüger sichert in einer Polizeiverordnung seinem Untergebenen Katzmann den alleinigen Zugriff auf die Ghettos des Distrikts. Den Kreishauptleuten wird einige Tage später die Beteiligung an »Umsiedlungen« durch die vorgesetzte Lemberger Dienststelle verboten. Nunmehr werden innerhalb der Ghettos besondere Straßenzüge für die Unterbringung kriegswichtiger Arbeitskräfte abgegrenzt, die »Judenlager«. Damit wird die Auflösung der Restghettos vorbereitet. Die Judenräte werden zu dieser Zeit überall im »Distrikt Galizien« ermordet.

November: In Bolechów leben nach zwei Mordaktionen nur noch 1748 jüdische Arbeiter, darunter »Rohstoffsammler«, die für ihren Arbeitsplatz bezahlt haben dürften, und 253 Frauen, die überwiegend in der Faßfabrik beschäftigt sind. Der Judenrat zählt 147 Mitarbeiter. Der ukrainische Bürgermeister der Stadt, Ostap Hucalo, beklagt sich bei seinen Vorgesetzten, die Juden seien noch nicht in Lagern untergebracht und hätten daher die Möglichkeit, »sich in der ganzen Stadt herumzutreiben«. Das beschleunigt die Errichtung neuer Zwangsarbeitslager, in denen die »Wehrmachts-« und »Rüstungsjuden« eingesperrt werden. Lagerführer ist zeitweise Hans-Günter Sobotta aus Katzmanns Stab.

1943

Januar: Die Betriebe der »Holzbau AG« (HOBAG) gehen in den Besitz der Berliner »Delta«-Barackenwerke über, darunter auch das Werk in Bolechów.

Juni: Das Ghetto in Stryj wird aufgelöst. Darüber berichtet Kreishauptmann Viktor von Dewitz: »Die Aussiedlung der Juden hat insofern zu einer Beunruhigung unter der polnischen Bevölkerung geführt, als von ukrainischer Seite das Gerücht ausgestreut wurde, daß nach Bereinigung der Judenfrage nunmehr die Polen darankämen. Aus der Bevölkerung selbst sind Klagen über mangelhafte Bestattung der Juden eingelaufen. Die Nachprüfung durch den Amtsarzt ergab, daß einige Massengräber tatsächlich nicht sachgemäß hergerichtet waren, so daß sie infolge geringer Erdschüttung eine Gefahr für die allgemeine Gesundheit bildeten.«
Seit März werden die Zwangsarbeitslager in Bolechów nach und nach aufgelöst. Auch hier werden Juden teilweise lebendig begraben; nach dem Krieg berichtet der ehemalige Bürgermeister Hucalo vom Gestank der Massengräber.

Anfang Juli: Im Landkreis Tarnopol trifft eine sowjetische Partisaneneinheit unter Sidor Kovpak ein, mit dem Auftrag, die Erdölanlagen von Boryslaw und Drohobycz zu zerstören. Auch die nationalukrainischen Partisanen der Ukrainischen Befreiungsarmee (UPA) werden verstärkt aktiv; sie kämpfen zeitweise sowohl gegen Kovpaks »rote« Einheiten als auch gegen deutsche Truppen – und machen Jagd auf Juden, die in die Wälder geflohen sind. Der Nachfolger Katzmanns, SS- und Polizeiführer Theobald Thier, nimmt den »Bandenkampf« gegen kommunistische Partisanen zum willkommenen Anlaß, in schneller Folge die jüdischen Zwangsarbeitslager aufzulösen und die Insassen als angebliches »Sicherheitsrisiko« erschießen zu lassen. Bei diesen Massakern wird zum Teil eine Gruppe von Aserbaidschanern aus dem Kaukasus eingesetzt, die dem SD untersteht.

Anfang August: In Broszniów-Osada, nicht weit von Bolechów, erschießt die Sicherheitspolizei-Außendienststelle Stanislau die jüdischen Arbeitskräfte der dortigen »Delta«-Betriebe. Die Leichen der Ermordeten werden vor den Augen der nächsten Opfer auf einem Scheiterhaufen verbrannt. Die Unternehmensleitung meldet kurz darauf: »Die Werke Broszniów I und II sowie Werk Wygoda sind bereits judenfrei.« In Bolechów eröffnet Josef Grzimek, der letzte Kommandant des bereits aufgelösten Lemberger Ghettos, nochmals das Zwangsarbeitslager. Damit sollen wohl vor allem geflüchtete Juden in Sicherheit gewiegt und ins Lager zurückgelockt werden. Auch »Delta«-Arbeiter aus Skole werden nach Bolechów verlegt.

24. August: Letzte Massenerschießung in Bolechów; das Lager wird endgültig aufgelöst. Die Produktion der »Delta« kommt wegen der Ermordung der Juden offenbar zum Erliegen, da Arbeitskräfteersatz fehlt.

25./26. August: Letzte Massenerschießung in Stryj. Der Kreis Stryj ist damit »judenfrei«.

September: Nach der Auflösung der Arbeitslager durchkämmt die Gendarmerie systematisch die Wälder nach entflohenen Juden, die teilweise bewaffneten Widerstand leisten. »Judenjagden« und Erschießungen dauern bis in das Jahr 1944 an.

1944

März: Die Rote Armee erobert erste Teile des »Distrikts Galizien« zurück. Mit der Räumung des Kreises Kolomea beginnt der Zusammenbruch der deutschen Herrschaft.

Juli: Der gesamte Distrikt wird geräumt und von sowjetischen Truppen besetzt. Ukrainische Partisanen liefern sich noch bis in die fünfziger Jahre bewaffnete Kämpfe mit den verhaßten »Bolschewisten«. Die wenigen Überlebenden des Holocaust werden als polnische Staatsangehörige in die ehemaligen deutschen Ostgebiete »repatriiert« und wandern später meist aus.

DANK

Allen, die mir in zahllosen Gesprächen und unvergeßlichen Stunden Einblick in ihr Leben gewährt haben und ihr Leid, ihre Erinnerung, ihr Wissen und ihren Humor mit mir geteilt und damit das Entstehen dieses Buches möglich gemacht haben, danke ich für ihre Offenheit, ihre Geduld und, vor allem, für ihre Freundschaft.

Jack Greene (Jakob Grünschlag), Australien
Robert Abraham Grünschlag, Australien
Shlomo Adler, Israel
Joseph Adler, Israel
Dyzia Rybak (Lew), Israel
Miriam Reinharz, Israel
Shlomo Reinharz, Israel
Klara Scheinfeld, Schweden
Jasha Gal, Israel
Bernhard Reissmann, Israel
Pat Brauner (Josefsberg), Australien
Avraham Lev-Klein, Belgien/Israel
Arieh Reichman, Israel
Avraham Weber, Israel
Amos Hendel, Israel
Sol Reiss, Israel
Benny Hendel, Israel
Boris Goldschmid, Australien
Max Mannheimer, München
Andrzej Bodek, Frankfurt/Main.

Ein besonderer Dank an Dr. Thomas Sandkühler für die Durchsicht des Textes und wertvolle Hinweise zur historischen Genauigkeit.

Aus großer Zeit
Roman
450 Seiten
btb 72015

Walter Kempowski

Die tragikomischen Geschicke der großbürgerlichen Reederfamilie Kempowski in der Zeit des Ersten Weltkriegs, erzählt von einem der bedeutendsten Romanciers der Nachkriegszeit und dem wohl wichtigsten literarischen Chronisten Deutschlands.

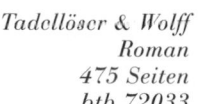

Tadellöser & Wolff
Roman
475 Seiten
btb 72033

Mit subtiler Ironie und einem Blick für das nur Allzumenschliche schildert der Rostocker Reederssohn Kindheit und Jugend in der Nazizeit. Mit dem atmosphärisch dichten und milieugetreuen Roman gelang Walter Kempowski Anfang der siebziger Jahre der literarische Durchbruch.

Der Winter unsres
Mißvergnügens
Aus den Aufzeichnungen
des OV Diversant
220 Seiten
btb 72057

Aus Freude am Lesen

Stefan Heym

Ein brisantes politisches Lehrstück und ein Beispiel für Mut und Zivilcourage unter den Bedingungen der Diktatur: Stefan Heyms Tagebücher aus der Zeit der Biermann-Ausbürgerung, ergänzt durch bislang unbekannte Stasi-Dossiers, beschreiben auf beklemmende Weise die Mechanismen von Bespitzelung, Psychoterror und Einschüchterung.

❧

Lebenszeit
280 Seiten
btb 72019

Aus Freude am Lesen

Erwin Strittmatter

Kurze Erzählungen, Betrachtungen, Zeugnisse und Auszüge aus Erwin Strittmatters wichtigsten Romanen sind in diesem Lesebuch zusammengefaßt, das einen hervorragenden Einstieg in das Gesamtwerk des Autors bietet. Eines der persönlichsten Bücher des großen Sprachkünstlers und Dichters.

Und Nietzsche weinte
Roman
375 Seiten
btb 72011

Irvin D. Yalom

Das Wien des Fin de siècle: Josef Breuer, der angesehene Arzt und Mentor Sigmund Freuds, soll den unter betäubenden Kopfschmerzen leidenden Philosophen Friedrich Nietzsche heilen. So beginnt die außergewöhnliche Beziehung zwischen dem ruhigen, einfühlsamen Therapeuten Breuer und dem verschlossenen, verletzlichen Denker Nietzsche.

❧

Seelensprung
Ein Leben
in zwei Welten
220 Seiten
btb 72006

Susanna Kaysen

»Seelensprung« beruht auf Susanna Kaysens eigenen Erfahrungen in einer berühmten psychiatrischen Anstalt. Sie beschreibt darin ihr Leben als entmündigte Patientin, das einem Balanceakt zwischen Realität und Alptraum gleicht.